S. Jeuch

Gabriele Münnix

Nirgendwo?

Gesellschaft und Ethik

Philosophie für Einsteiger

ERNST KLETT SCHULBUCHVERLAG LEIPZIG
Leipzig Stuttgart Düsseldorf

Inhalt

Marcus Hüller

Einleitung

Liebe Schülerinnen und Schüler, liebe Lehrerinnen und Lehrer!

Was können wir hoffen? Was sollen wir tun? Dies sind zwei von vier Grundfragen, mit denen der deutsche Philosoph Immanuel Kant den Bereich des philosophischen Nachdenkens über den Menschen und seine Möglichkeiten umreißt. Er will, dass wir s e l b e r denken und dass wir lernen, uns jederzeit in die Stelle eines jeden anderen zu denken. So finden wir Prinzipien, nach denen wir alle zusammen sinnvoll leben können. Und darum wollen wir uns in diesem Buch, das den Untertitel »Gesellschaft und Ethik« trägt, bemühen. Die Frage »Was können wir hoffen?« betrifft nicht nur den Bereich der Religionsphilosophie. Sie kann auch unser Nachdenken über die ideale Gesellschaft und die bestmögliche Art des Zusammenlebens anregen. Wie kann man z. B. aus der Geschichte für die Zukunft lernen? Können wir durch Nachdenken Weichen für eine bessere Zukunft stellen?
Im Folgenden geht es also um eine Philosophie des Miteinander, und da ein Philosoph sich um Weisheit bemühen muss (*philos* griech. = der Freund, *sophia* = die Weisheit), geht es hier nicht einfach um Wissen. Wir wollen zusammen nachdenken und uns um Einsichten bemühen. Vielleicht können wir dann so handeln, dass wir später nicht unzufrieden damit sind.
Jostein Gaarder lässt in seinem Buch »Sofies Welt« eine seiner Figuren sagen: »Manchmal frage ich mich, ob Krieg und Gewalt sich wohl vermeiden ließen, wenn die Menschen bloß ein bisschen besser denken könnten. Vielleicht wäre das beste Mittel gegen Krieg und Gewalt ein kleiner Philosophiekurs« – und den haben wir hier vor uns.
Unser Zusammenleben ist ja tatsächlich oft keineswegs ideal – wir spüren starke Vereinzelung, wenig Solidarität und Freiheit und erfahren Recht nicht immer als Gerechtigkeit. Deshalb sind Vorstellungen, wie es anders oder besser sein sollte oder könnte, durchaus wichtig. Was macht unser Zusammenleben in der Gemeinschaft wertvoll? Welche Werte liegen dem zugrunde? Diese Verbindung von Staatsdenken bzw. Sozialphilosophie und ethischen Grundwerten findet sich in vielen Gesellschaftsutopien und auch in Science-fiction-Romanen.
»**Nirgendwo**« ist die deutsche Übersetzung des griechischen Wortes Utopie (*u topos* = kein Ort). Utopisch ist also etwas, das keinen Ort hat, das sich nirgendwo befindet, außer vielleicht in unseren Köpfen.
Das heißt aber nicht, dass Utopisches unwichtig ist, im Gegenteil: Viele gesellschaftliche Umwälzungen sind durch utopisches Denken vorbereitet und in Gang gesetzt worden. Für einen einzelnen Menschen ist es schwer, sich so große Aufgaben wie die Schaffung von mehr Gerechtigkeit in der Welt vorzunehmen. Aber man kann einen Anfang machen und sich einen konkreten Bereich dafür wählen. Dazu muss man erst einmal nachdenken, was man gerecht findet und was ungerecht. Ebenso verhält es sich mit den anderen Grundwerten, die für unser gesellschaftliches Zusammenleben wichtig sind. Doch was i s t für uns wertvoll und für unser Zusammenleben wichtig?
Die Freiheit der Person steht in unserer Verfassung unter besonderem Schutz. Aber wer von uns kann sich schon ganz frei fühlen? Freiheit, was ist das überhaupt? Es gibt immer Zwänge und Rücksichten, die wir nehmen müssen. Und doch können wir versuchen, uns für mehr Freiheit einzusetzen, ohne dass andere darunter leiden müssen. Auch dass Menschen wirklich menschlich miteinander umgehen und einander so behandeln, wie sie selbst gern behandelt werden möchten, ist keineswegs die Regel. Wir haben also Grund, mit unserer alltäglichen gesellschaftlichen Wirklichkeit unzufrieden zu sein.

Die Unzufriedenheit mit bestehenden Verhältnissen und das Suchen nach Wegen zu ihrer Veränderung ist nicht neu. Schon die Losung der französischen Revolution »Freiheit – Gleichheit – Brüderlichkeit« entstand aus dem tiefen Bedürfnis nach einer besseren Welt, ebenso wie die marxistische Vorstellung von einer klassenlosen Gesellschaft ohne Unterdrückung und Bevormundung. Auch die christliche Forderung, seinen Nächsten, ja sogar seine Feinde zu lieben, kann als utopisch bezeichnet werden. Wie wir in der Wirklichkeit mit diesen Idealen umgehen, ist entscheidend. Wir sehen daran, wie ohnmächtig, aber auch wie mächtig utopische Ideale sein können: Oft genug haben sie Veränderungen ausgelöst. Sie beeinflussen unser Streben und geben ihm Richtung.
Viele Philosophen und Schriftsteller haben über die Jahrhunderte hinweg versucht, in Gedanken (nirgendwo?) eine solche ideale Gesellschaft zu entwerfen – oder ihr abschreckendes Gegenbild. Sie haben sich Gedanken darüber gemacht, wie eine solche ideale Gesellschaft sein oder auch nicht sein sollte. Wenn wir uns hier damit beschäftigen, soll dies dazu anregen, dass ihr selbst euch fragt, wie denn eure ideale Gesellschaft aussehen sollte.
Je klarer dieses Bild ist, umso gezielter kann man sich dafür einsetzen. Kant hat solche Zielvorstellungen »regulative Ideen« genannt, das heißt sie geben uns Regeln und Orientierungshilfen für unser Handeln.
»Die Eule der Minerva – das war die römische Göttin der Weisheit – fliegt erst in der Dämmerung, am Abend«, sagt der deutsche Philosoph Friedrich Hegel. Das heißt, man kann erst am Abend weise werden, wenn man auf seine Erfahrungen und Erlebnisse zurückschaut und alles noch einmal überdenkt. Doch philosophisches Denken ist nicht immer nur nachträglich, es kann auch eine bessere Zukunft vorbereiten helfen und uns den Weg weisen. Auf der Grundlage unseres Nachdenkens können wir sagen, was für uns wichtig und was unwichtig ist.
Die »Eule der Minerva« wird ihren Flug antreten und uns »beim Nach- und Vordenken« begleiten. Vielleicht sind die Dinge, die uns wichtig und wertvoll sind, ja auch schon irgendwo Wirklichkeit. Dann können wir uns dafür stark machen, dass sie auch anderswo wirklich werden.

Dieses Buch ist nicht einfach eine Textsammlung, sondern enthält viele Anregungen für die Beschäftigung mit den vorgestellten Ideen. Die Reihenfolge der Texte, Geschichten, Bilder, Film- und Lesebeispiele sowie Rollenspielanregungen ist genau durchdacht, alles baut aufeinander auf. Die Popsongs könnt ihr euch auch anhören, bevor ihr über sie nachdenkt. Die Fragen sollen nur ein Anstoß sein, es fallen euch sicher noch andere ein.
Viel Spaß beim Nachdenken wünscht euch

Gabriele Münnix

René Magritte:
»La Revolution«, 1935
Privatsammlung

Henri Rousseau:
»Der Traum«, 1910
Museum of Modern Art, New York

George Grosz:
»Der graue Mann tanzt«, 1949
Heckscher Museum, Huntington, New York

George Grosz:
»Drinnen und Draußen – Arm und Reich«, 1926
Privatsammlung

Konrad Klapheck:
»Der Krieg«, 1965
Kunstsammlung NRW, Düsseldorf

George Grosz:
»Republikanische Automaten«, 1920
Metropolitan Museum of Art, New York

George Grosz:
»Sonnenfinsternis«, 1926
Heckscher Museum, Huntington, New York

Gerhard Keller:
»Der grüne Tisch«, 1953
Stadtmuseum Düsseldorf (Leihgabe)

Pablo Picasso:
»Les quatre parties du monde«
aus dem Fresko: La guerre et la paix, 1952
Kapelle von Vallauris (Museè Picasso)

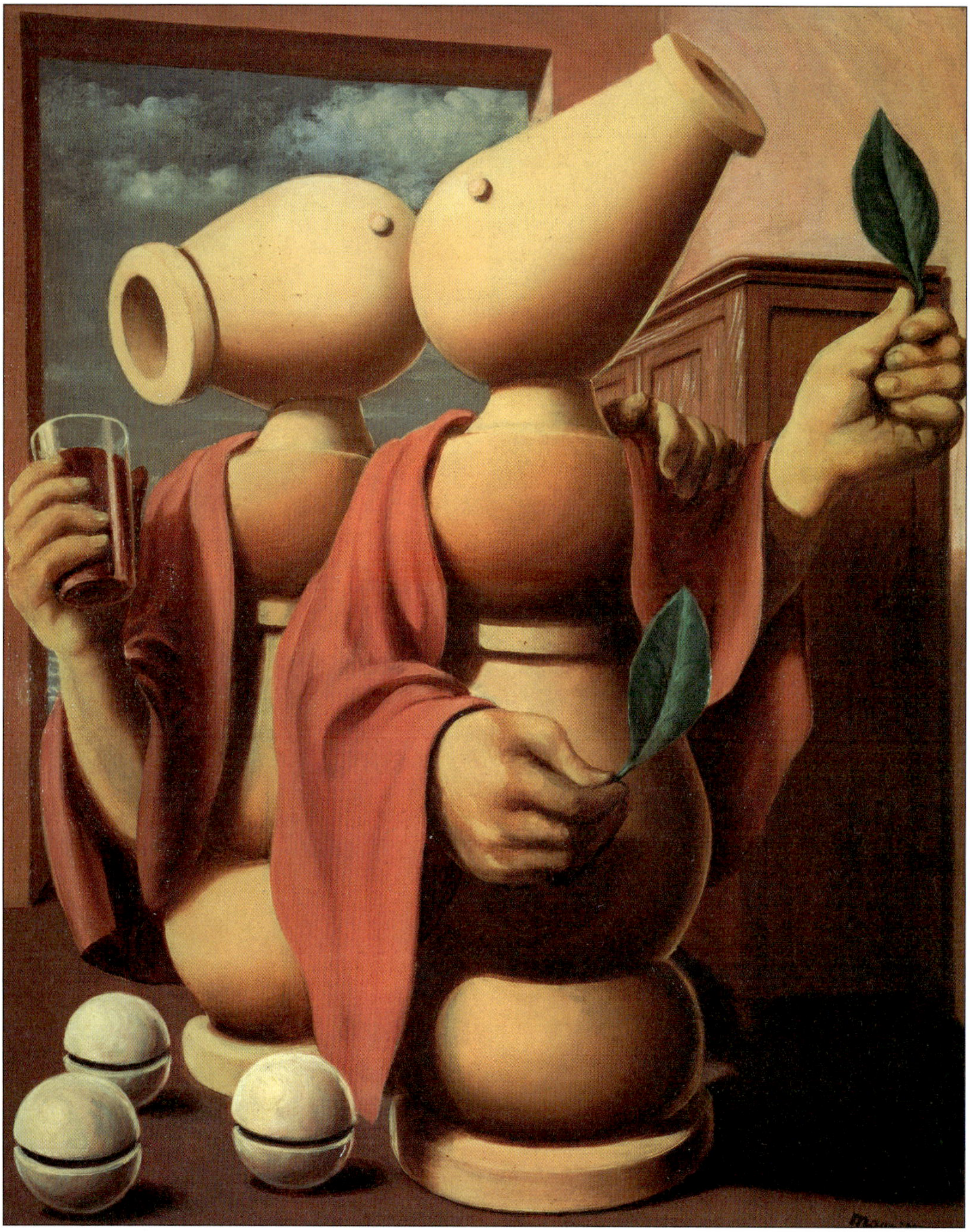

René Magritte:
»Das gelobte Land«, 1947
Joseph Bronka, New York

Welchen Sinn haben utopische Ideale? 1

Fantasiereisen und Gedankenexperimente machen Spaß. Wir können ohne Furcht vor möglichen Folgen und ohne drückende Verantwortung munter darauf los fantasieren. Entweder wir malen uns eine glorreiche Vergangenheit aus, ein goldenes Zeitalter, ein Paradies, in dem alles noch in Ordnung war, oder wir träumen uns in eine Zukunft, die uns von allem befreit, was wir in der Gegenwart belastend finden. Wir brauchen solche hoffnungsvollen Träume: Wir stehlen uns aus der Gegenwart und hoffen auf Befreiung von unseren Sorgen. So kann Jim Knopf den Kindern in der Kummerland-Schule Hoffnung auf ein anderes Leben machen, so hoffen Willi Fährmanns Mäuse auf die Erfüllung aller Sehnsüchte. Wir malen uns aus, wie eine bessere Zukunft sein könnte, so wie der belgische Maler René Magritte von einem düsteren, dunklen Himmel umgeben einen strahlend blauen Himmel mit schneeweißen Wolken malt. »La Revolution« nennt er dieses Bild (vgl. Farbbildteil, S. 7), und das heißt: Die erste Revolution findet in unseren Gedanken statt, wenn wir uns eine Wirklichkeit ausmalen, die von unserer eigenen abweicht. Wir »stürzen damit etwas um«, nämlich die Vorstellung, es *müsse* alles so sein, wie es ist. Es könnte auch ganz anders sein!

Wir können uns in unserer Vorstellung ausmalen, *wie* es sein könnte.

Vielleicht kann ja auch scheinbar Unmögliches – wie der schwebende Stein mit dem Luftschloss (auf dem Titelbild) – Wirklichkeit werden. Auch wenn die Schwerkraft – das, was wir gewohnt sind – uns und den Stein immer nach unten ziehen wird, so kann man in Gedanken die Erfahrung des Gewohnten ausschalten. Das gilt auch für unsere gesellschaftliche Wirklichkeit.

So sagt der deutsch-jüdische Philosoph Martin Buber in seinem Buch »Pfade in Utopia – Über Gemeinschaft und deren Verwirklichung«: »Den Utopien, die in die Geistesgeschichte des Menschengeschlechts eingegangen sind, erscheint auf den ersten Überblick das gemeinsam, dass sie Bilder sind, und zwar Bilder von etwas, was nicht vorhanden ist, sondern nur vorgestellt wird. Solche Bilder pflegt man im Allgemeinen als Fantasiebilder zu bezeichnen, aber damit ist noch wenig gesagt ... Das utopische Bild ist ein Bild dessen, was ›sein soll‹, wovon der Bildende wünscht, dass es sei ... Was hier waltet, ist die Sehnsucht nach dem *Rechten* ...«

Solche Sehnsüchte können sehr real werden und Folgen für unser Zusammenleben haben. Das Entwerfen anderer Welten ist nicht nur ein Spiel, auch wenn wir Fantasie und Vorstellungskraft dazu brauchen. Es hat einen sehr ernsten Hintergrund: Wir werden uns dabei klar über unsere Wünsche und Hoffnungen, über unsere Sehnsüchte und Träume, die zu uns gehören. Wir lernen uns besser kennen. Wir stellen dabei fest, dass wir *gemeinsame* Wünsche mit anderen haben, für deren Verwirklichung wir uns *gemeinsam* einsetzen können. Wir erfahren auch: Wenn wir uns für etwas einsetzen wollen, sind wir aufeinander angewiesen. Gemeinsam können wir mehr erreichen. Schon in der Schule, in unserem persönlichen Lebensbereich können wir uns für mehr Freiheit, Gleichheit und Solidarität einsetzen und damit Konfliktursachen mindern. So können wir Anfänge schaffen, die Hoffnung auf eine friedlichere Welt machen.

Wenn wir miteinander über das nachdenken, was uns wertvoll ist, so können daraus gemeinsame Werthaltungen und Einstellungen entstehen.

Allerdings müssen wir auch akzeptieren lernen, dass nicht alle Menschen unsere Wünsche und Träume teilen. Deshalb dürfen wir sie nicht zum Massstab erheben, sondern müssen offen bleiben für das Denken der anderen. Unsere Hoffnungen und Ideale können uns in eine bessere Zukunft tragen. Wir dürfen nicht auf unsere Ideale verzichten, sonst gehen wir unter, wie der Philosoph Ernst Bloch es formuliert. Im Gegensatz zu den Tieren können und müssen wir unsere Zukunft planen und mitgestalten und haben daher auch eine Verantwortung für uns und unsere Zukunft. Unsere Ideale – auch wenn sie utopisch sind – d. h. nirgendwo, außer vielleicht in unseren Köpfen – sind überlebenswichtig. Denkend überschreiten wir unsere Gegenwart und loten die Möglichkeiten aus, die wir für unser Leben als Gemeinschaft in der Zukunft sehen. Daher geben unsere Ideale und Wertvorstellungen uns Hoffnung und auch den Wunsch, das Mögliche zu verwirklichen.

Ton Smits

Jostein Gaarder:
Sofie und der schwebende Stein

René Magritte:
Das Gefühl von Wirklichkeit, 1963

»Hast du nicht gesagt, dass viele Philosophen, von denen du gehört hast, in ihrer eigenen Welt leben, und dass dich die wirkliche Welt mehr interessiert?«

»So ungefähr, ja.«

»Hume hätte genau dasselbe sagen können. Aber wir wollen uns seinen Gedankengang etwas genauer ansehen. Hume lehnte Wunder einfach deshalb ab, weil er keine erlebt hat. Aber er hat auch nicht erlebt, dass es keine Wunder geben kann.«

»Das musst du genauer erklären.«

»Hume bezeichnet ein Wunder als einen Bruch der Naturgesetze. Aber wir können auch nicht behaupten, wir hätten die Naturgesetze *erfahren*. Wir erfahren, dass ein Stein auf den Boden fällt, wenn wir ihn loslassen, und wenn er nicht fallen würde – nun, dann würden wir das auch erfahren.«

»Ich würde das als Wunder bezeichnen – oder als etwas Übernatürliches.«

»Du glaubst also an zwei Naturen, eine Natur und eine Übernatur.«

»Vielleicht, aber ich glaube, der Stein fällt jedes Mal zu Boden, wenn wir ihn loslassen.«

»Und warum?«

»Jetzt bist du wirklich ekelhaft.«

»Ich bin nicht ekelhaft, Sofie. Für einen Philosophen ist es nie falsch, Fragen zu stellen. Vielleicht sprechen wir hier über den allerwichtigsten Punkt in Humes Philosophie. Antworte jetzt: Wieso kannst du so sicher sein, dass der Stein immer zu Boden fällt?«

»Ich habe es so oft gesehen, dass ich ganz sicher bin.«

»Hume würde sagen, dass du oft erfahren hast, dass ein Stein zu Boden fällt. Aber du hast nicht erfahren, dass er *immer fallen wird*. Normalerweise wird gesagt, dass der Stein durch das Gesetz der Schwerkraft zu Boden fällt. Aber wir haben ein solches Gesetz nie erfahren. Wir haben nur erfahren, *dass* die Dinge fallen.«

»Ist das nicht dasselbe?«

»Nicht ganz. Du hast gesagt, dass du glaubst, der Stein wird zu Boden fallen, weil du das so oft gesehen hast. Und gerade darum geht es Hume. Du bist so daran gewöhnt, dass eines aufs andere folgt, dass du schließlich erwartest, dass jedes Mal, wenn du einen Stein fallen lässt, dasselbe passiert. Auf diese Weise entstehen Vorstellungen von dem, was wir als die ›unwandelbaren Naturgesetze‹ bezeichnen.«

»Meint er wirklich, dass es vorstellbar ist, dass der Stein nicht wieder zu Boden fällt?«

»Er war sicher genauso überzeugt davon wie du, dass der Stein bei jedem Versuch wieder auf den Boden fallen wird, aber er weist darauf hin, dass er nicht erfahren hat, *warum* das so ist. Wer, glaubst du, wäre überraschter davon, dass ein Stein ein oder zwei Stunden in der Luft schwebt – du oder ein einjähriges Kind?«

»Ich wäre überraschter.«

»Und warum, Sofie?«

1.

Der britische Philosoph David Hume beschäftigte sich mit der menschlichen Erkenntnis der Naturgesetze.

Wie erklärt man Sofie im vorliegenden Text die Sicherheit der Naturgesetze? Was hältst du davon?

2.

Weshalb haben Kinder andere Vorstellungen und Erwartungen als Erwachsene?

3.

Weshalb denkt man nicht mehr über das Gewohnte nach? Findest du das richtig?

4.

Kennst du auch Gesetzmäßigkeiten für die Gesellschaft? Welche?

Jean-Jaques Sempé

»Die schönsten Reisen, die ich je gemacht habe, die habe ich hier gemacht.«

»Wahrscheinlich, weil ich besser verstehe als ein kleines Kind, wie naturwidrig das wäre.«

»Und warum würde das Kind das nicht verstehen?«

»Weil es noch nicht gelernt hat, was die Natur ist.«

»Oder weil ihm die Natur noch nicht zur Gewohnheit geworden ist.«

»Und warum?«

»Weil ich begreifen würde, wie irre das ist.«

»Nun gut. Das kleine Kind hat Freude daran, dass die Naturgesetze aufgehoben werden, weil es sie noch nicht kennen gelernt hat.«

»So kannst du das auch sagen.«

»Und wir befassen uns noch immer mit dem Kern von Humes Erfahrungsphilosophie. Er hätte hinzugefügt, dass das Kind noch nicht zum Sklaven seiner Erwartungen geworden ist. Das kleine Kind hat also weniger Vorurteile als du. Es fragt sich, ob das Kind nicht auch der größte Philosoph ist. Ein Kind hat nämlich keinerlei vorgefasste Meinungen. Und das, meine gute Sofie, ist die allererste Tugend der Philosophie. Das Kind empfindet die Welt so, wie sie ist, ohne mehr in die Dinge hineinzulegen, als es erlebt.«

»... Hume wollte zurück zum ursprünglichen menschlichen Empfinden der Welt. Keine Philosophie werde uns jemals hinter die täglichen Erfahrungen führen oder uns Verhaltensregeln geben können, die anders sind als die, die wir durch unser Nachdenken über das tägliche Leben erhalten, meinte er.«

5.
Siehst du einen Unterschied zwischen gesellschaftlichen Gesetzen und Naturgesetzen? Weshalb bzw. weshalb nicht?

6.
Welche Wichtigkeit hat für dich das Nachdenken über das tägliche Leben?

7.
Glaubst du, dass man das Gewohnte überwinden kann? (In Gedanken? InWirklichkeit?) Beziehe in deine Überlegungen das Bild von René Magritte »Das Gefühl von Wirklichkeit«, S. 17 mit ein. Was meinst du zu dem Ausspruch, dass der Glaube an ein Ziel »Berge versetzen« kann? (Vgl. auch mit dem »Luftschloss« auf dem Titelbild!)

Die wahren Abenteuer sind im Kopf,
und sind sie nicht im Kopf, dann sind sie nirgendwo.
Die wahren Abenteuer sind im Kopf, in deinem Kopf,
und sind sie nicht in deinem Kopf, dann suche sie.
Die wahren Abenteuer sind im Kopf, in euren Köpfen,
und sind sie nicht in euren Köpfen, dann suchet sie.
Die Wirklichkeit,
die Wirklichkeit trägt wirklich ein Forellenkleid
und dreht sich stumm
und dreht sich stumm
nach anderen Wirklichkeiten um.

André Heller

PUR: Abenteuerland

Der triste Himmel macht mich krank
Ein schweres, graues Tuch
Das die Sinne fast erstickt
Die Gewohnheit zu Besuch

Lange nichts mehr aufgetankt
Die Batterien sind leer
In ein Labyrinth verstrickt
Ich seh den Weg nicht mehr

Ich will weg, ich will raus
Ich will – Wünsch mir was
Und ein kleiner Junge nimmt mich an die Hand

Er winkt mir zu und grinst:
Komm hier weg, komm hier raus
Komm ich zeig dir was
Das du verlernt hast, vor lauter Verstand

Komm mit
Komm mit mir ins Abenteuerland
Auf deine eig'ne Reise
Komm mit mir ins Abenteuerland
Der Eintritt kostet den Verstand
Komm mit mir ins Abenteuerland
Und tu's auf deine Weise
Deine Phantasie schenkt dir ein Land
Das Abenteuerland

Neue Form verspielt und wild
Die Wolken mal'n ein Bild
Der Wind pfeift dazu dieses Lied
In dem sich jeder Wunsch erfüllt

Ich erfinde, verwandle mit Zauberkraft
Die Armee der Zeigefinger brüllt:
»Du spinnst !!!«

Ich streck den Finger aus
Ich verhexe, verbanne, ich hab die Macht
Solange der Kleine da im Spiegel noch grinst

Komm mit,
Komm mit mir ins Abenteuerland
Auf deine eig'ne Reise
Komm mit mir ins Abenteuerland
Der Eintritt kostet den Verstand
Komm mit mir ins Abenteuerland
Und tu's auf deine Weise
Deine Phantasie schenkt dir ein Land
Das Abenteuerland

Peter Pan und Captain Hook mit siebzehn Feuerdrachen
Alles kannst du sehen, wenn du willst

Donnervögel, Urgeschrei, Engel, die laut lachen
Alles kannst du hören, wenn du willst

Du kannst flippen, flitzen, fliegen und das größte Pferd kriegen
Du kannst tanzen, taumeln, träumen und die Schule versäumen

Alles das ist möglich in dir drin, in deinem Land
Trau dich nur zu spinnen, es liegt in deiner Hand

Komm mit ...

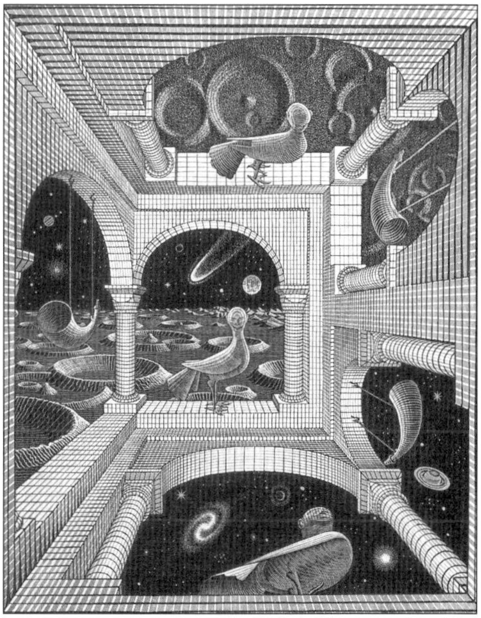

M. C. Escher: Andere Welt II, 1947

1.2 **Michael Ende:**
Kummerland und Lummerland

In ganz Kummerland durfte es keine Stufen geben, und der Grund dafür ist leicht einzusehen: Große Stufen hätten die kleinen dackelartigen Drachen nicht ersteigen können, und niedrige Stufen mussten wieder viel zu unbequem für die güterzuggroßen Drachen sein. Also wurden Stufen ganz weggelassen. Außerdem hatte diese Lösung noch einen anderen Vorzug. Eben kam nämlich eine Drache von oben heruntergesaust. Er hatte sich einfach auf seinen horngepanzerten Schwanz gesetzt und rutschte wie auf einem Rodelschlitten die Treppenspirale abwärts.

Als die beiden Freunde sich vorsichtig dem anderen Ende des Ganges näherten, hörten sie plötzlich aus dem letzten Zimmer eine schrille, hässliche Stimme, die laut und wütend aufbrüllte. Dann war es wieder still. Jim und Lukas lauschten angespannt. Jetzt kam es ihnen vor, als vernähmen sie ganz leise, kaum hörbar, eine ängstliche Kinderstimme, die stockend etwas aufsagte. Die Freunde wechselten einen bedeutungsvollen Blick. Rasch schlichen sie auf die Tür dieses Raumes zu und spähten hinein.

Vor ihnen lag ein großer Saal, in dem drei Reihen steinerner Schulbänke standen. An diesen Pulten saßen etwa zwanzig Kinder aus den verschiedensten Ländern, Indianerkinder und weiße Kinder und kleine Eskimos und braune Jungen mit Turbanen auf dem Kopf, und in der Mitte saß ein ganz entzückendes kleines Mädchen mit zwei schwarzen Zöpfen und einem zarten Gesicht wie eine chinesische Porzellanpuppe. Das war ohne Zweifel Prinzessin Li Si, die Tochter des Kaisers von China.

Alle Kinder waren mit Eisenketten an die Schulbänke gefesselt, sodass sie sich zwar bewegen, aber nicht weglaufen konnten. An der hinteren Wand des Saales stand eine große steinerne Schultafel, und daneben erhob sich wie ein Kleiderschrank ein riesiges Pult aus einem Felsblock. Dahinter saß ein ganz besonders scheußlicher Drache. Er war noch ein gutes Stück größer als Emma, die Lokomotive, aber sehr viel dünner, geradezu mager. Er hatte ein spitze Schnauze, die mit dicken Warzen und Borsten bedeckt war. Die kleinen stechenden Augen blickten durch funkelnde Brillengläser, und in einer Tatze hielt er einen Bambusstock, den er beständig durch die Luft pfeifen ließ. Ein dicker Adamsapfel tanzte an dem langen dünnen Hals auf und nieder, und aus dem großen grausamen Maul ragte ein einziger langer Zahn unsagbar abstoßend hervor.

Die Kinder saßen alle sehr aufrecht da und wagten nicht, sich zu bewegen. Sie hatten ihre Hände vor sich auf die Pulte gelegt und blickten mit angstvollen Augen auf den Drachen.

»Das sieht ja aus wie eine Schule«, flüsterte Lukas Jim ins Ohr.

»Ojemine!«, hauchte Jim, der noch nie eine Schule gesehen hatte. »Is' Schule immer so?«

»Gott bewahre!«, raunte Lukas. »Manche Schulen sind sogar ganz nett. Allerdings sind dort keine Drachen als Lehrer, sondern einigermaßen vernünftige Leute!«

»Rrrrrruhe!«, schrie jetzt der Drache und ließ den Stock durch die Luft pfeifen. »Werrrr hat da eben geflüsterrrrt?«

Lukas und Jim verstummten und zogen ihre Köpfe zurück. Angstvolles Schweigen herrschte in der Klasse.

Der Drache funkelte die Kinder mit seinen Brillengläsern wütend an und schrie mit einer schrillen, keifenden Stimme: »Achchchch, ihrrr wollt mirrr nichchcht antworrrten, werrr da eben geflüsterrrt hat? Na, warrrtet nurrrrr!«

Der Adamsapfel tanzte erbost auf und nieder, und plötzlich kreischte das Ungeheuer:

»Wiiiiiviiiiel issssst – siiiieben mal achchcht? Du da!«

Ein Indianerjunge, auf den der Drache mit dem Stock gezeigt hatte, sprang auf. Er war noch sehr klein, vielleicht erst vier oder fünf Jahre alt. Aber er hatte schon drei Federn in seinem schwarzen Haarschopf. Wahrscheinlich war er ein Häuptlingssohn. Er blickte den Drachen aus großen verstörten Augen an und stammelte:

»Sieben mal acht ist – sieben mal acht – das ist – das ist –«

»Das ist, das ist!«, keifte der Drache giftig. »Wirrrd's bald?«

»Sieben mal acht ist zwanzig«, sagte der kleine Indianerjunge entschlossen.

»Ssssso?«, zischte der Drache höhnisch, »wassss du nichchchcht sagst. Zwanzig ist dassssss?«

»Nein, n-n-n-nein!«, stotterte der kleine Indianerjunge verwirrt. »Ich wollte sagen fünfzehn.«

»Schlusssssssss!«, schrie der Drache schrill und funkelte den kleinen Indianer mit seinen Brillengläsern an. »Du weißßßt es also nichchcht? Du bisssst dassss dümmste und faulste Kind, das ich kenne. Und Dummheit und Faulheit müsssssen bestrrrrraft werrrden!«

Damit stand der Drache auf, ging auf den Jungen zu, legte ihn über die Bank und hieb wütend auf ihn ein. Als die Exekution vorüber war setzte sich der Drache befriedigt schnaufend wieder hinter sein Pult.

Dem kleinen Indianer standen die Augen voller Tränen, aber er weinte nicht. Indianer sind ja bekanntlich sehr tapfer.

Jim war vor Zorn und Empörung ganz fahl im Gesicht geworden, trotz seiner schwarzen Hautfarbe.

»So eine Gemeinheit!«, knirschte er.

Lukas nickte. Er konnte nicht reden, sondern ballte nur die Fäuste.

Jetzt fragte der Drache lauernd:

»Wiiiiiviiiiel issst also siiiieben mal achchcht? Li Si?«

Die kleine Prinzessin stand auf und sagte mit einer Stimme, die so süß klang wie das Gezwitscher eines kleinen Vogels.

»Sieben mal acht ist sechsundfünfzig.«

»Achchch!«, fauchte der Drache ärgerlich, weil es nämlich richtig war.

»Und wiiiieviiiel issssst drrrreizehn weniger sechchchsss?«

Dreizehn weniger sechs«, antwortete Li Si mit ihrer Vogelstimme, »ist sieben.«

»Bahhhh!«, machte der Drache wütend, »du kommst dirrr wohll sehrrr klug vorrrr, weil du alles weißßßt, wassssss? Du bist ein ganz frrrreches, eingebildetes Ding, verrrrstehst du?«

Sie hatte keinen Fehler gemacht. Aber gerade deshalb war der Drache erst recht wütend. Er lief auf Li Si zu, knuffte sie und schrie:

»Ssssssssso, und nun bildessst du dirrrr wohl ein, du könntest michch damit ärrrrgerrrrrn, dass du keinen Fehlerrrr gemachchcht hast, du hochchchnäsiges und eingebildetes Görrrrrr! Wasssss? Wiiiiie? Antworrrrrrte, wenn man dich frrrrrrragt!«

Die Prinzessin blieb stumm. Was hätte sie auch antworten sollen?

»Wasss!«, zischte der Drache, »du bist wohl zu stolzzzz, mir zu antworrrrrten, he? Na, das werde ich dir austrrrrreiben! Warrrte nurrrr! Du bist hochmütig und eitel. Und Hochmut und Eitelkeit müssen bestrrrrraft werrrrrden!«

Eben wollte der Drache die kleine Prinzessin über die Bank legen, als plötzlich eine helle zornige Jungenstimme rief: »Einen Augenblick, Frau Mahlzahn!«

1.

Michael Ende beschreibt im »Kummerland« die missliche Situation, in der Kinder gefangen sind.

Diskutiert über eure eigenen Schulerfahrungen!

2.

Beurteile das Verhalten des Drachens! Hältst du es für gerecht?

Weshalb verhält er sich so?

3.

Gibt es für dich oder einen deiner Freunde auch ein »Kummerland«, aus dem ihr gern befreit werden möchtet? Denkt darüber nach!

4.

Jim Knopf kommt von der sehr kleinen Insel »Lummerland«, auf der es nur vier Einwohner und keine Schule gibt.

Dort könnte er den ganzen Tag nur Lokomotive fahren, wenn das Land für ihn, den fünften Einwohner, nicht zu klein wäre.

Lest nach (z.B. am Anfang des Buches) und beurteilt das Leben in Lummerland! Würdet ihr dort wohnen wollen?

5.

Welches wäre eure Vorstellung von »Lummerland«? (Vgl. Kasten, S. 34!)

6.
Diskutiert über Wilhelm Buschs Ausspruch: »Also ist es ein Beschluss, dass der Mensch was lernen muss« und überdenkt Jim Knopfs »Lummerland«.

Der Drache wandte sich erstaunt um und sah einen kleinen schwarzen Jungen in der Tür stehen, der ihn furchtlos anblickte.
»Sie dürfen Li Si nichts tun«, sagte Jim fest.
»He, du frrrrecher schwarrrrzer Drrrreckspatz!«, grunzte der Drache verblüfft. »Wo kommst du denn her, und werrr bist du überrrrrhaupt?«
»Ich bin Jim Knopf«, antwortete Jim ruhig. »Ich komm von Lummerland, um die Prinzessin Li Si zu befreien. Und die andern Kinder auch.«

1.3 Willi Fährmann:
Der Turm in den Mäusehimmel

Der Turm zum Mäusehimmel

»Wenn ich das schon höre«, schimpfte Willibald. »Fantasie, Fantasie! Lauter brotlose Künste. Zu nichts sind sie nütze, diese Vorschläge. Aber was sollte aus deinem Kopf auch Gutes kommen? Ein fauler Kopf denkt faule Gedanken.
Schluss mit den Fantastereien! Wir wollen uns an das halten, was wir riechen können und sehen und hören. Das genügt uns, die Luftschlösser mögen für einen Luftikus gut sein. Verständige Mäuse lassen sich von so etwas nicht beeindrucken. Punktum!«
Der schlaue Mäusejosef spürte, dass die Mäuse der Eisenbahn nachtrauerten und mürrisch wurden. Er riet dem Boss:
»Wir müssen uns für unser Rudel etwas Neues einfallen lassen. Müßiggang ist aller Laster Anfang.«
»Gut. Aber nicht ganz gut«, sagte der überaus starke Willibald. »Was ist es denn, was wir uns einfallen lassen sollen?«
»Das Rudel muss etwas zu arbeiten haben. Sonst kommen bald wieder ein paar dumme Lumpenmäuse auf gefährliche Gedanken.« Mäusejosef kannte sein Rudel.
»Jaja«, stimmte Willibald zu. Insgeheim dachte er: Der gibt auch niemals Ruhe! und hätte sich viel lieber darum gekümmert, eine Mausefrau zu finden und eine Mausesippe zu gründen.
»Wir müssen den Himmel stürmen«, sagte Mäusejosef entschlossen. Dieser Vorschlag störte selbst die dicke Hermannmaus aus ihrem trägen Halbschlaf auf.
»Den Himmel?«, fragte sie verblüfft. »Stürmen?«
»Den Wurst- und Schinkenhimmel wollen wir erobern«, bestätigte Mäusejosef zuversichtlich.
»Stürmen. Erobern. Gut. Aber es gibt ein Hindernis«, gab Willibald zu bedenken.
»Wie, frage ich dich, Josef, wie willst du stürmen und erobern?«
»Die gekachelten Wände sind glatt, der Aufstieg ist lebensgefährlich«, wusste die dicke Hermannmaus. »Erinnere dich doch an unsere Stammmutter, die Mausesandra. Sie war geschickt und kräftig. Und was ist geschehen? Sie hat es versucht und ist die Wand hochgegangen. Abgestürzt ist sie, kurz

bevor sie den Wurst- und Schinkenhimmel erreicht hatte. Das Genick hat sie sich gebrochen, und hin war sie.«

»Wärme keine alten Geschichten auf«, sagte Mäusejosef ärgerlich. »Wir fassen die Sache ganz anders an. Wir leben in einer fortschrittlichen Zeit. Keiner würde heute noch mit bloßen Pfoten die Wand erklettern wollen. Wir bauen einen Turm mit den Holzklötzen.«

Der überaus starke Willibald und die dicke Hermannmaus schauten den Mäusejosef mit Bewunderung an und nickten mit den Köpfen. »Klar, einen Turm bauen wir. Das ist die Lösung«, bestätigte Willibald.

Haarfein legte der Mäusejosef ihnen den Plan auseinander. So gründlich wie nie zuvor überdachten sie alle möglichen Schwierigkeiten. Aber schon sieben Nächte später verkündete der überaus starke Willibald dem Rudel, dass er die Mäuse bis zum Himmel führen werde. Als er die ungläubigen Blicke sah und das erstaunte Geraune hörte, da sagte er: »Ein gutes Schicksal hat uns die Spielkiste mit den Holzklötzen geschickt. Damit bauen wir einen Turm, flink wie Fledermäuse, hart wie Tirolerbrot, zäh wie Schweineschwarte. Einen Turm bauen wir, der bis hoch hinein in den Wurst- und Schinkenhimmel reicht. Und dann, und dann ...«, er konnte nicht weitersprechen, denn das Wasser lief ihm wie aus vielen Quellen im Munde zusammen.

Voll Sehnsucht schauten die Mäuse empor zu den fetten Leberwürsten, den roten Salamis, den Schwartenmagen, den geräucherten Mettwürsten und zu den beiden Schinken, die dort hoch an der Decke hingen und tausend angenehme Träume aufblühen ließen.

»Das ist unmöglich«, sagte der Mausephilipp.

Lillimaus dachte an ein Buch, das sie gelesen hatte. Da hatten vor langen Zeiten die Menschenriesen versucht, einen großartigen Turm bis über die Wolken zu bauen, und ihr fiel das böse Ende ein, dass diese Geschichte genommen hatte.

»Unmöglich«, wiederholte der Mausephilipp.

»Gestern hat der kleine Menschenriese mit den Bauklötzen einen Turm gebaut, einen sehr, sehr hohen Turm. Mit Donner und Krachen ist er zusammengestürtzt. Ich hätte nicht darunter begraben werden wollen.«

»Wir werden das Unmögliche möglich machen«, prahlte Willibald. »Ruckzuck und Punktum!«

»Die Menschenriesen haben in ihren groben Fingern kein Gefühl«, behauptete der schlaue Mäusejosef.

»Kein Wunder also, dass der Turm zusammenfiel. Aber wir mit unseren zarten Pfoten, wir werden den Turm höher und höher bauen, sorgfältig Klotz auf Klotz schichten, kerzengerade, Holz über Holz bis an die Tischkante und höher, immer höher, bis über die Lampe hinaus, mit Kraft und Sorgfalt werden wir bauen, den Himmel werden wir stürmen, den Himmel, den Himmel, den Himmel!«

Unvorstellbarer Jubel brach aus. Erst brüllten die Mäuse wild durcheinander, aber mehr und mehr

1.
Die Mäuse in Willi Fährmanns Geschichte – einer Parabel auf den Nationalsozialismus – sehnen sich nach »himmlischen« Genüssen.
Welchen Rat gibt der Mäusejosef dem »Boss« Willibald und weshalb?

2.
Welche Wirkung hat sein Vorschlag auf die Mäuse?

M.C. Escher:
Der Turmbau zu Babel, 1928

schrien sie sich ein auf den Ruf: »Ein Boss, ein Haus, ein Rudel!« Wohl hundertmal gellten abgehackt und scharf diese Worte durch das Haus, und die Mäuse ließen nicht ab, bis sie sich heiser geschrien hatten.
Endlich wurde es stiller. Der Mausephilipp kletterte auf die höchste Spitze der Stuhllehne und rief: »Ihr wollt den Himmel stürmen. Aber was versprecht ihr euch davon? Was stellt ihr euch eigentlich unter Himmel vor?«
»Wir werden die leckersten Sachen fressen«, sagte Mäuseemil. »So viel wird da sein, dass wir nie mehr hungern müssen. Wir werden alle guten Sachen haben, die da oben hängen.«
»Ein voller Bauch kann doch nicht alles sein«, warf Mausephilipp ein.
»Wir werden keinerlei Arbeit mit der Suche nach unserem täglichen Fressen haben. Alles wird sehr bequem sein, wenn wir den Himmel erreicht haben«, schwärmte die dicke Hermannmaus.
»Alles bequem zu haben, das kann doch nicht alles sein.« Mausephilipp sprach sehr leise.
»Wenn wir erst da oben sind«, sagte die Mausemimi mit zittrigem Stimmchen, »dann brauchen wir keine Angst mehr vor der Katz zu haben. Dorthinauf kommt die nie.«
»Keine Angst mehr zu haben, Mausemimi, das ist wunderbar«, gab der Mausephilipp zu. »Aber das kann doch nicht alles sein.«
»Mach ein Ende mit deinem Gerede«, befahl der Mäusejosef. »Genug zu fressen, Sicherheit, ohne Angst. Und du willst immer noch mehr.«
»Der Himmel, denk ich, ist mehr als alles, unendlich viel mehr«, flüsterte Mausephilipp.

3\. Welche Wünsche sollen für die Mäuse wahr werden, welche Ziele wollen sie erreichen?

4\. Welche Kritik hat der Mausephilipp an dem Vorhaben ?

5\. Erkunde den Mythos des Turmbaus zu Babel in der Bibel, der die Verschiedenheiten der Menschensprachen erklärt und betrachte das Bild von M.C. Escher, S. 23! Welche Folgen hatte das Scheitern dieses Vorhabens?

6\. Warum ist es den Mäusen so wichtig, dass der Turmbau gelingt?

7\. Hältst du es für möglich, dass man gemeinsam Ziele erreicht? Welche? Wie?

1.4 Ovid:
Das goldene Zeitalter

Als Erstes entstand das goldene Zeitalter, das keinen Rächer kannte, freiwillig, ohne Gesetz, Treue und Recht pflegte.
Strafe und Furcht gab es nicht, weder drohende Worte las man in Erz gemeißelt, noch fürchtete eine bittende Schar den Spruch ihres Richters, sondern sie waren ohne Rächer geschützt.
Noch nicht war die Pinie gefällt und noch nicht, um einen fernen Erdkreis zu besuchen, von ihren Bergen in die klaren Wellen hinabgestiegen, und die Sterblichen kannten keine Küste außer der ihren. Noch nicht umgaben steil abfallende Gräben die Städte: es gab keine Tuba aus geradem, keine Hörner aus gebogenem Erz, keine Helme, kein Schwert: Ohne Soldaten zu brauchen, lebten die Völker sicher in sanfter Muße.
Frei von Pflichten auch gab die Erde, von keiner Hacke berührt und unverletzt von Pflugscharen, alles von selbst her.
Und zufrieden mit den Speisen, die gewachsen waren, ohne dass einer Zwang ausübte, sammelten sie die Früchte der Meerkirsche, Bergerdbeeren, Kornelkirschen, Brombeeren, die an stachligen Sträuchern hingen, und Eicheln, die von Jupiters ausladendem Baum gefallen waren.
Ewiger Frühling herrschte und sanfte Westwinde streichelten mit lauen Lüften Blumen, die ungesät entsprossen waren.
Bald auch trug die ungepflügte Erde Früchte.
Und der Acker, ohne wieder bearbeitet worden zu sein, war weiß von schweren Ähren.
Ja, Ströme von Milch, ja, Ströme von Nektar flossen, und golden tropfte Honig von der grünen Steineiche.

1\. Welche Vorstellungen von idealer Gesellschaft beschreibt Ovid? Warum sind das Idealvorstellungen?

2\. Wo siehst du solche Vorstellungen von Gesellschaft heute verwirklicht?

3\. Welche Zustände werden im biblischen Paradies geschildert? Wie bewertet ihr sie?

4\. Welche Gründe könnte es geben, sich in eine bessere Vergangenheit zurückzusehnen? Was spricht dagegen?

5\. Gibt es Idealvorstellungen, die wirklich werden könnten? (Schlaraffenland?) Welche? Wie? Malt Bilder zu eurer Vorstellung von einem goldenen Zeitalter!

Günther Eich:
Träume

1.5

Ich beneide sie alle, die vergessen können,
die sich beruhigt schlafen legen und keine Träume haben.
Ich beneide mich selbst um die Augenblicke blinder Zufriedenheit:
erreichtes Urlaubsziel, Nordseebad, Notre Dame,
roter Burgunder im Glas und der Tag des Gehaltsempfangs.
Im Grunde aber meine ich, dass auch das gute Gewissen nicht ausreicht,
und ich zweifle an der Güte des Schlafes, in dem wir uns alle wiegen.
Es gibt kein reines Glück mehr (– gab es das jemals? –),
und ich möchte den einen oder andern Schläfer aufwecken können
und ihm sagen, es ist gut so.

Fuhrest auch du einmal aus den Armen der Liebe auf,
weil ein Schrei dein Ohr traf, jener Schrei,
den unaufhörlich die Erde ausschreit und den du
für Geräusch des Regens sonst halten magst oder das Rauschen des Winds.
Sieh, was es gibt: Gefängnis und Folterung,
Blindheit und Lähmung, Tod in vieler Gestalt,
den körperlosen Schmerz und die Angst, die das Leben meint.
Die Seufzer aus vielen Mündern sammelt die Erde,
und in den Augen der Menschen, die du liebst, wohnt die Bestürzung.
Alles, was geschieht, geht dich an.

1.
Kann Günther Eich Augenblicke blinder Zufriedenheit genießen? Welche sind es für ihn? Welche sind es für dich?

2.
Wie beschreibt Eich die reale Wirklichkeit der Welt? Wie erlebst du sie?

3.
Welche Folgerungen zieht Eich in seinem Gedicht aus dem Leid der Menschen? Welche Folgerungen könnt ihr ziehen?

4.
Vergleicht die Gedichte von Ovid und Eich! Welche unterschiedlichen Haltungen kommen in ihnen zum Ausdruck? Diskutiert darüber! Welcher Haltung neigt ihr eher zu?

Dem obigen Gedicht folgt bei Günther Eich ein Hörspiel mit vier Traumszenen. In der ersten werden Menschen einer Familie in einem dunklen Waggon zu einem unbekannten Ziel gebracht. Sie müssen schon sehr lange unterwegs sein, denn nur der alte Mann erinnert sich noch an gelbe Blumen, die dem Kind kein Begriff sind. Das Eingeschlossenensein in der Dunkelheit ohne Kenntnis des Ziels ist Eichs Sinnbild für menschliche Existenz: Nur manchmal dringt ein Lichtstreifen in den Waggon.
Besorgt euch den Text, spielt die Szene nach und diskutiert darüber. Wie habt ihr euch dabei gefühlt? Gibt es Hoffnung?
Welche Bedeutung hat sie für euch?

Martin Luther King:
Ich habe einen Traum

1.6

Als die Architekten unserer Republik die großartigen Worte der Verfassung und der Unabhängigkeitserklärung schrieben, unterzeichneten sie einen Schuldschein, zu dessen Einlösung alle Amerikaner berechtigt sein sollten. Dieser Schein enthielt das Versprechen, dass allen Menschen – ja, schwarzen Menschen ebenso wie weißen – die unveräußerlichen Rechte auf Leben, Freiheit und den Anspruch auf Glück garantiert würden.
Jetzt ist es Zeit, die Versprechungen der Demokratie Wirklichkeit werden zu lassen. Jetzt ist es Zeit, aus dem dunklen und trostlosen Tal der Rassentrennung aufzubrechen und den hellen Weg der Gerechtigkeit für alle Rassen zu beschreiten. Jetzt ist es Zeit, unsere Nation aus dem Flugsand rassischer Ungerechtigkeit zu dem festen Felsen der Brüderlichkeit emporzuheben. Jetzt ist es Zeit, Gerechtigkeit für alle Kinder Gottes Wirklichkeit werden zu lassen. Es wäre verhängnisvoll für diese Nation, wenn sie nicht die Dringlichkeit der gegenwärtigen Lage wahrnehmen würde.

Martin Luther King (1929–1968)

Jan Tomaschoff

Und das muss ich meinem Volk sagen, das an der abgenutzten Schwelle der Tür steht, die in den Palast der Gerechtigkeit führt, während wir versuchen, unseren rechtmäßigen Platz zu gewinnen, dürfen wir uns keiner unrechten Handlung schuldig machen. Lasst uns nicht aus dem Kelch der Bitterkeit und des Hasses trinken, um unseren Durst nach Freiheit zu stillen.

Wir müssen unseren Kampf stets auf der hohen Ebene der Würde und Disziplin führen. Wir dürfen unseren schöpferischen Protest nicht zu physischer Gewalt herabsinken lassen. Immer wieder müssen wir uns zu jener majestätischen Höhe erheben, auf der wir physischer Gewalt mit der Kraft der Seele entgegentreten. Der wunderbare, neue kämpferische Geist, der die Gemeinschaft der Neger erfasst, darf uns nicht verleiten, allen Weißen zu misstrauen. Denn viele unserer weißen Brüder – das beweist ihre Anwesenheit heute – sind zu der Einsicht gekommen, dass ihre Zukunft mit der unseren untrennbar verbunden ist. Sie sind zu der Einsicht gekommen, dass ihre Freiheit von unserer Freiheit nicht zu lösen ist.

Heute sage ich euch, meine Freunde, trotz der Schwierigkeiten von heute und morgen habe ich einen Traum. Es ist ein Traum, der tief verwurzelt ist im amerikanischen Traum. Ich haben einen Traum, dass eines Tages diese Nation sich erheben wird und der wahren Bedeutung ihres Credos gemäß leben wird: »Wir halten diese Wahrheit für selbstverständlich, dass alle Menschen gleich erschaffen sind.« Ich habe einen Traum, dass eines Tages auf den roten Hügeln von Georgia die Söhne früherer Sklaven und die Söhne früherer Sklavenhalter miteinander am Tisch der Brüderlichkeit sitzen können. Ich habe einen Traum, dass sich eines Tages selbst der Staat Mississippi, ein Staat, der in der Hitze der Ungerechtigkeit und Unterdrückung verschmachtet, in eine Oase der Freiheit und Gerechtigkeit verwandelt.

Ich habe einen Traum, dass meine vier kleinen Kinder eines Tages in einer Nation leben werden, in der man sie nicht nach ihrer Hautfarbe, sondern nach ihrem Charakter beurteilen wird. Ich habe einen Traum ...

Das ist unsere Hoffnung. Mit diesem Glauben kehre ich in den Süden zurück. Mit diesem Glauben werde ich fähig sein, aus dem Berg der Verzweiflung einen Stein der Hoffnung zu hauen. Mit diesem Glauben werden wir fähig sein, die schrillen Missklänge in unserer Nation in eine wunderbare

1.

Der amerikanische Bürgerrechtler und Pfarrer Martin Luther King hielt seine berühmte Rede am Ziel des »Marsches auf Washington« 1963.

Welche Idealvorstellungen von Gesellschaft werden in der Rede deutlich? Wie begründet er sie?

2.

1956 organisierte er einen Omnibusboykott, der zur Aufhebung der Rassentrennung in den öffentlichen Verkehrsmitteln von Montgomery (Alabama) führte.

Wie beurteilst du das? Suche andere Beispiele, in denen jemand gewaltlos sein Ziel erreicht hat! Informiere dich z. B. über die Geschehnisse im Herbst '89 in Leipzig und über Mahatma Gandhis Rolle im Unabhängigkeitskampf Indiens!

3.

Wie beschreibt King die Situation der Schwarzen in Amerika? Welche Wege zum Erreichen seiner Ziele fasst er ins Auge?

4.

Wie beurteilst du die Verwendung des Begriffs »Traum«? Welche »Träume« hast du? Malt ein Bild zu euren Träumen! Vergleicht auch mit Henri Rousseaus »Der Traum« (Farbbildteil, S. 7)!

5.

Betrachtet René Magrittes Bild »La Revolution« (Farbbildteil, S. 7)! Der Maler hat trotz düsteren Himmels in der Bildrealität einen anderen Himmel ins Bild gemalt. Wo findet die »Revolution« zuerst statt? (Nirgendwo?)

Die Kugel neben der Staffelei ist eine Klingel, wie sie früher an Hotelrezeptionen stand. Sie symbolisiert den Wunsch »Bitte kommen«.

Symphonie der Brüderlichkeit zu verwandeln. Mit diesem Glauben werden wir fähig sein, zusammen zu arbeiten, zusammen zu beten, zusammen zu kämpfen, zusammen ins Gefängnis zu gehen, zusammen für die Freiheit aufzustehen, in dem Wissen, dass wir eines Tages frei sein werden.
Wenn wir die Freiheit erschallen lassen – wenn wir sie erschallen lassen von jeder Stadt und jedem Weiler, von jedem Staat und jeder Großstadt, dann werden wir den Tag beschleunigen können, an dem alle Kinder Gottes – schwarze und weiße Menschen, Juden und Heiden, Protestanten und Katholiken – sich die Hände reichen und die Worte des alten Negro Spiritual singen können: »Endlich frei! Endlich frei! Großer allmächtiger Gott, wir sind endlich frei!«

Michael Jackson: Heal the World

There 's a place in your heart
and I know that it is love
and this place could be much brighter than tomorrow.
And if you really try
You 'll find that there´s no need to cry.
In this place you´ll feel
there 's no hurt or sorrow.
There are ways to get there
if you care enough for the living.
Make a little space, make a better place ...
Heal the world, make it a better place
for you and for me and the entire human race.
There are people dying.
If you care enough for the living
make a better place for you and for me.
If you want to know why:
there 's a love that cannot lie.
Love is strong, it only cares of joyful giving.
If we try we shall see:
In this biss we cannot feel fear or dread
we stop existing and start living.
And the dream we are conceived in
will reveal a joyful face
and the world we once believed in
will shine again in grace.
We could fly so high
Let our spirits never die.
In my heart I feel you are all my brothers
Create a world with no fear!
Together we cry happy tears
see the nations turn their swords into ploughshares.
We could really get there
if you care enough for the living.
Make a little space to make a better place.
Heal the world!
There are people dying ...
If you care enough for the living
Make a better place for you and for me, for you and for me, ...

1.
Von welchem »Platz im Herzen« singt Michael Jackson?

2.
Wie soll der Einzelne die Welt »heilen«?
Welche Vorschläge enthält der Song? Was meinst du dazu? Denke auch über den Song »Somewhere« aus dem Musical »West Side Story« (hinterer Innentitel) nach!

3.
Wie kann man »aufhören zu existieren und anfangen zu leben«?
(Vgl. Oscar Wilde in 3.8!)

4.
Auch Jackson singt von einem Traum. Welche Hoffnung drückt er aus?

5.
Lest Fjodor Dostojewskis Erzählung »Der Traum eines lächerlichen Menschen«. Welche Einstellungen und Sehnsüchte werden darin deutlich?

»Schwerter zu Pflugscharen« (swords into ploughshares), diese Formulierung wird bereits im Alten Testament verwendet (vgl. Kasten) und z. B. auch von Gerald Winstanley aufgegriffen, der die englischen Bauern nach dem Bürgerkrieg Cromwells ermunterte, das brachliegende Land zu bebauen.
Erkundige dich, welche Bedeutung dieser Spruch für die Friedensbewegung in der ehemaligen DDR gehabt hat! Wie beurteilst du ihn?

Folgende Worte Jesajas stehen am Eingang des Gebäudes der Vereinten Nationen in New York:
»Am Ende der Tage wird es geschehen: Der Berg mit dem Haus des Herrn steht fest gegründet als höchster der Berge; er überragt alle Hügel. Zu ihm strömen alle Völker.
Viele Nationen machen sich auf den Weg; sie sagen: Kommt, wir ziehen hinauf zum Berg des Herrn und zum Haus des Gottes Jakobs.
Er zeige uns seine Wege, auf seinen Pfaden wollen wir gehen.
Denn von Zion kommt die Weisung des Herrn, aus Jerusalem sein Wort.
Er spricht Recht im Streit der Völker, er weist viele Nationen zurecht.
Dann schmieden sie Pflugscharen aus ihren Schwertern und Winzermesser aus ihren Lanzen. Man zieht nicht mehr das Schwert, Volk gegen Volk, und übt nicht mehr für den Krieg.«
(Jes. 2,4)

1.7 Karl Liebknecht:
Wo liegt Nirgendwo?

Ja, wo liegt *Nirgendwo*? Nun, wo soll es liegen? *Welches* Nirgendwo? Welches von den vielen Tausend und Hunderttausend Millionen und Billionen Nirgendwo, die es gegeben hat, gibt und geben wird, solange der Mensch etwas anderes ist als eine selbsttätige Maschine … Hat doch jeder Mensch sein Nirgendwo – und die meisten nicht bloß eines, sondern mehrere, viele. Und das Einzige, was wir über die Lage von Nirgendwo wissen, ist, dass es *nicht* da liegt, wo wir sind.
Nirgendwo, das Land der Wünsche, der Träume, der Ideale, der Zukunft. Das Land der Zukunft – die kommende Zeit. The good time coming – »die gute kommende Zeit« des gegenwartsmüden Arbeiters. In die Zukunft flüchten sich die Wünsche. Alles Schöne und Gute, das die Gegenwart mit rauer Hand zurückweist, flieht in die schrankenlose unbegrenzte, allem und allen Raum bietende, schimmernde Zukunft.
Immer weiter dringt der Menschengeist vor – Reich um Reich erobert er – doch niemals hat er genug; ungeduldig – und wäre das Reich noch so groß – lässt er den Blick über die Grenze hinweg schweifen, will wissen, welche neuen Reiche der morgige Tag ihm erschließen wird.
Aber ein Schleier verhüllt, was hinter der Grenze liegt. Mehr als ein Schleier – denn durch einen Schleier kann man doch wenigstens Umrisse ahnen – es ist ein Vorhang, ein dicker schwerer, eiserner Vorhang. Ihn zu heben, durch irgendeine Spalte hindurch zu gucken, wen gelüstete es nicht? Von der Köchin, die den Zukünftigen sehen will, bis zum politisierenden Sancho Pansa, der vor Neugierde platzt, ob er im Zukunftsstaat auch sein Leibessen in genügender Menge und Güte bekommt – hat jeder und jede – wenigstens zu Zeiten, das heißt wenn Zeit dazu ist – ein brennendes Verlangen, den Schleier der Zukunft zu lüften, den dicken, schweren, eisernen Vorhang zu heben …
Sich die Zukunft ausmalen – das Zukunftsland schauen, den *Zukunftsstaat*, die Wunderwelt von Nirgendwo, wen lockte es nicht? Aus der Vergangenheit die Zukunft herauslesen – wer hätte es nicht versucht? Und wer betrachtet

1.
William Morris' Buch »Kunde von Nirgendwo« handelt von einer freien, gleichen und glücklichen Gesellschaft. In seinem Vorwort zu diesem Werk gibt Karl Liebknecht Beschreibungen des Landes »Nirgendwo«.
Notiere sie und diskutiere mit deinen Mitschülern darüber!

gleichgültig die Versuche, auch wenn er die Unmöglichkeit kennt? Alle Schilderungen der mit dem Vorhang der Zukunft bedeckten Wunderwelt Nirgendwo haben deshalb einen magischen Reiz und erfreuten sich allezeit großer Beliebtheit und Volkstümlichkeit. Und nun *jetzt*, in dieser brodelnden, gärenden Gegenwart, wo eine Welt in Kindes- und Todesnöten ist, und eine neue Welt sich hervorringt – wer brennt nicht zu wissen, was der morgige Tag bringt? Gerade in Zeiten der Auflösung, des Wechsels, der Umgestaltung, der gesellschaftlichen und staatlichen Neugeburt, ist der Hang zu Wanderungen ins Land Nirgendwo oder Utopia am lebhaftesten.

Und *einen* Vorteil hat jeder Zukunftsstaat – ganz abgesehen von dem Vergnügen, das er uns bereitet – er ist unser Staat, er ist so, wie wir ihn wollen und wünschen; und jeder kann von einem Zukunftsstaat mit unendlich mehr Recht als der größenwahnsinnige Despot von seinem Gegenwartsstaat, sagen: L'Etat c'est moi – der Staat bin ich – ich bin der Staat – ich bin der Zukunftsstaat – er ist mein Werk und mein Ich.

Seit der Amerikaner Bellamy uns in seinem »Rückblick«, der in Wirklichkeit ein Vorblick ist, das Jahr 2000 gezeigt hat, sind die »Utopien« – die Schilderungen des Landes Nirgendwo – wie Pilze aus dem Boden hervorgewachsen.

Heute würde er uns einen anderen Zukunftsstaat schreiben – und morgen wieder einen anderen. Wir alle haben ja unseren Zukunftsstaat oder richtiger unsere Zukunftsstaaten, denn mit einem ist sicherlich keiner zufrieden. Und die meisten haben ein Schock und mehr.

M. C. Escher:
Das endlose Band, 1956

2.

Sancho Pansa ist der Gefährte von Miguel de Cervantes »Don Quichote«, der in einer Traumwelt lebt, die mit der Gegenwart nichts zu tun hat. Er kämpft gegen eingebildete Gefahren und will für den Sieg des Guten und Edlen sein Leben einsetzen.

Lest den Roman und beurteilt, in welcher Welt Don Quichote lebt! Wieso macht er sich für seine Umgebung lächerlich?

3.

Wie unterscheidet sich Liebknechts Beschreibung des »Nirgendwo« von Don Quichotes Traumwelt? Welche Rolle spielt die Gegenwart für ihn?

4.

Edward Bellamy (vgl. 3.4) schildert, wie sein Romanheld, Mitglied einer reichen privilegierten Klasse, durch einen jahrhundertelangen Medikamentenschlaf in einem völlig veränderten Boston aufwacht und eine ganz anders (besser) funktionierende Gesellschaft vorfindet.

Wieso ist der Entwurf eines Zukunftsstaates abhängig von der jeweiligen Gegenwart?

5.

Wo sind unsere Träume? In unseren Köpfen? Denkt über M.C. Eschers Bild »Das endlose Band« nach!

6.

Welche Visionen könnten euch leiten? Schreibt einen Brief an euch selbst, der diese Frage beantwortet. Hebt ihn auf und lest ihn nach ein paar Jahren noch einmal!

Thomas von Aquin:
Der gute Staat

1.8

Dazu nämlich bilden die Menschen eine Gemeinschaft, dass sie zusammen ein gutes Leben führen, etwas, was der Einzelne allein nicht erreichen könnte … Deshalb ist das tugendhafte Leben das Ziel der menschlichen Gemeinschaft. Der Beweis dafür liegt darin, dass nur diejenigen, die sich gegenseitig helfen zu einem guten Leben, einen echten Bestandteil einer Gemeinschaft bilden. Wenn die Menschen sich nur des bloßen Lebens halber zusammenschließen

1.

Welches ist für Thomas von Aquin das Ziel jeder Gemeinschaft? Diskutiert darüber!

2\. Was stellst du dir unter »tugendhaftem Leben« vor?

3\. Wie unterscheidet Aquin »bloßes Leben« von »gutem Leben«? Welche Meinung habt ihr dazu? Notiert eure Ideen (gegenüberstellendes Schema) und diskutiert darüber!

4\. Wie beurteilst du Aquins Vorstellung von Gemeinschaft?

José Eduardo Händel

würden, dann würden Tiere und Sklaven auch einen Teil der bürgerlichen Gemeinschaft bilden. Wenn die Menschen sich aber nur zusammenschließen würden, um den Reichtum zu vermehren, dann würden alle miteinander in geschäftlichen Beziehungen Stehenden zu einem Staat gehören. Doch sehen wir, dass nur diejenigen als eine Gemeinschaft bildend betrachtet werden, die von denselben Gesetzen und derselben Regierung zum guten Leben geleitet werden.

Lest das Stück, nehmt den Anfang für ein szenisches Spiel. (Wer keine Person des Stückes darstellt, kann als »Volk von Münster« wertende Kommentare abgeben). Diskutiert danach über Versuche, »das Himmelreich auf Erden« zu verwirklichen!

In Friedrich Dürrenmatts Drama »Die Wiedertäufer« wird geschildert, wie sich in der Stadt Münster zur Zeit des Dreißigjährigen Krieges Propheten für ein »großes Volk, das weder Reiche noch Arme kennt, noch Mächtige und Ohnmächtige« einsetzen: »Ein neuer Himmel wird sein und eine neue Erde.«

»Es ist für uns Menschen geradezu ein Segen, dass die Welt noch unvollendet ist. Denken wir uns die Welt als vollendet, so ist all unser Tun nichts ... Wäre die Welt vollendet, so gäbe es nur ein Wissen derselben, aber kein Handeln ... Aber die Welt ist unvollendet, und so ist der Mensch der Gehilfe der Götter.«

Friedrich Schlegel

1.9 Ernst Bloch:
Der Mensch als planendes und hoffendes Wesen

Die Tiere tragen ihren Kopf wie ein Schloss vorgehängt, ihr Lebenslauf ist auf unzählige Generationen hinaus vorbestimmt. Gewiss gibt es die Biber, die ohne zu überlegen, aus dem Instinkt heraus, kunstvolle Nester bauen: immer dieselben; gewiss gibt es das geradezu feudal gegliederte Ameisenleben: aber … noch nie sah man in diesen Hügeln Alleen, geschmückt mit den Statuen berühmter Ameisen, und eine Geschichte der Kühe in 15 Bänden wäre zwar möglich, aber vermutlich eine recht langweilige Lektüre.

Alberto E. Rodriguez

Das alles ist mehr als bekannt, doch es folgt daraus für unseren Fall allerhand: Der auch uns triebhaft gebliebene Hunger reflektiert sich menschlich als *Sehnsucht*, die nur bei uns vorkommt, als mehr oder minder genau ausmalendes Hoffen und schließlich, da dieses alleine nicht satt macht, als ein Wollen, das mehr ist als Wünschen, ein tätiges Wollen, um das so Vorgestellte auch befriedigend zu erreichen.
Der Plan setzt nun den Arbeitsvorgang und der Arbeitsvorgang selber bringt erst das eigentlich Menschliche der Bedürfnisbefriedigung ganz in Gang. Hier erst ist der Mensch geschaffen worden als der, den wir kennen: das Bedürfnis treibt zu einem *werkhaften* Verhalten.
Der Arbeitsvorgang wird danach gemessen, wieweit er tauglich ist, um das Vorgehabte zu erreichen oder gar zu überbieten zum Zweck eines menschlichen und beherbergenden Hausbaues auf dem, aus dem und in dem Rohstoff des Sterns Erde, mit dem Umbau des Sterns Erde zu einer besseren, uns gemäßeren Erde.

1.
Wie unterscheidet Ernst Bloch das tierische vom menschlichen Leben?

2.
Was bedeutet der »Hungertrieb« für den Menschen (im Gegensatz zum Tier)? Wie äußert er sich?

3.
Welche Bedeutung haben Hoffen und Wollen im Leben des Menschen?

4.
Wie kann sich das Hoffen und Wollen verwirklichen? Welche Bedeutung hat die Vorstellung?

5.
Was ist für dich »utopisch«? (Unterscheide dabei negative und positive Utopien!)

Platon:
Der Philosophenstaat

1.10

»Wenn nicht die Philosophen in den Staaten Könige werden oder die Könige, wie sie heute heißen, und Herrscher echte und gute Philosophen, und wenn nicht in eine Hand zusammenfallen politische Macht und Philosophie ... gibt es, mein Glaukon, kein Ende des Unglücks in den Staaten, ja nicht einmal im ganzen Menschengeschlecht.«
»Welches sind aber die wahren Philosophen?«
»Die die Wahrheit schauen wollen! ... Mit ewiger Liebe hängen sie an der Wissenschaft, die sie aufklärt über jenes Sein, das ewig ist und sich nicht wandelt in Werden und Vergehen ... und sie verlangen nach dem ganzen Sein und lassen freiwillig keinen Teil davon weg, ob er klein oder groß ist, ob wertvoll oder wertlos ...

Weder sind die Leute, die ungebildet und der Wahrheit unkundig sind, zur Verwaltung eines Staates fähig, noch jene, die man bis ans Ende ihres Lebens in ihrem Studium leben lässt; die einen nicht, weil sie in ihrem Leben kein festes Ziel besitzen, nach dem sie sich im Privat- wie im Staatsleben bei allen ihren Handlungen richten; die anderen nicht, weil sie aus freien Stücken überhaupt nicht mit dem praktischen Leben in Berührung kommen wollen, in dem Glauben, schon bei Lebzeiten auf die Inseln der Seligen verpflanzt zu sein …«
»Damit tun wir ihnen Unrecht und zwingen sie zu einem geringeren Leben, obwohl sie ein besseres führen könnten!«
»Da hast du nun wieder vergessen, mein Freund, dass sich das Gesetz nicht darum sorgt, ob ein einziger Stand sich im Staat besonders wohl fühlt; sondern

es will diesen Zustand im ganzen Staat verwirklichen, indem es die Bürger durch Zuspruch und Zwang aufeinander abstimmt, sie untereinander an dem Nutzen teilhaben lässt, den jeder Einzelne dem Staat zu leisten fähig ist, und sich Männer solcher Art im Staat schafft, nicht um sie dann nach ihrem Willen leben zu lassen, sondern um sie für den Zusammenhalt des Staates zu verwenden … Wir tun damit den Philosophen kein Unrecht, sondern sind in vollem Recht, wenn wir sie zwingen, sich um die andern zu kümmern und sie zu betreuen …
Kannst du nun für die zur Herrschaft Bestimmten eine Lebensform finden, die besser ist als das Leben im Amte, dann ist es möglich, einen gut verwalteten Staat zu verwirklichen – denn in diesem allein werden die wahrhaft Reichen regieren, reich nicht an Gold, sondern an dem, woran der Glückliche reich

1. Mit welchen Eigenschaften beschreibt der griechische Philosoph Platon Philosophen? Wieso sind sie »wahrhaft reich«? Weshalb müssen sie seiner Meinung nach gezwungen werden, sich um andere zu kümmern und sie zu betreuen?

2. Welche Leute sind nach seiner Ansicht nicht fähig zur Staatsleitung?

3. Weshalb müssen die Bürger »durch Zuspruch und Zwang« aufeinander abgestimmt werden? Stimmst du Platon zu?

4. Was ist für Platon die »wahre Philosophie« als Lebensform? Weshalb verachtet sie politische Macht? Weshalb ist seiner Meinung nach gerade deshalb ein Philosoph geeignet, sie zu besitzen? Diskutiert über Platons Ansicht (z. B. nach dem Prinzip der Pro- und Contra-Sendungen)!

sein muss, an einer guten und vernünftigen Lebensführung. Wenn sich aber Bettler und nach eigenem Besitz Hungrige dem Staat zuwenden, im Glauben, von dort den Besitz rauben zu müssen, dann kann der beste Staat nicht verwirklicht werden, denn wo die Macht umkämpft ist, da wird der Krieg zum heimischen Inwohner und vernichtet sie selbst und den übrigen Staat ... Kennst du nun eine andere Lebensform, die die politische Macht verachtet – außer jener der wahren Philosophie? ...
Unser Staat ist, wenn er nur richtig gegründet ist, vollendet gut, somit auch weise, tapfer, besonnen und gerecht ... Durch seinen kleinsten Stand und Bevölkerungsteil, den leitenden und herrschenden, wird der ganze Staat weise, wenn er der Natur gemäß gegründet ist; und von Natur aus wird gerade jener Teil der kleinste, der berufen ist, an jenem Wissen teilzuhaben, das allein unter allen anderen Fachwissenschaften den Namen Weisheit *(sophia)* verdient ...«

5.
Was für einen idealen Staat strebt Platon an? Wann ist er vollendet gut? Bist du seiner Meinung?

Karl R. Popper:
Die offene Gesellschaft und ihre Feinde

1.11

Die Vernunft ist, wie auch die Sprache, ein Produkt des sozialen Lebens. Ein Robinson Crusoe, der in seiner frühen Kindheit ausgesetzt wurde, mag klug genug sein, um viele schwierige Situationen zu meistern; aber er würde weder die Sprache noch die Kunst des Argumentierens erfinden. Es muss eingeräumt werden, dass wir oft mit uns selbst argumentieren. Aber wir sind daran nur deshalb gewöhnt, weil wir gelernt haben, mit anderen zu argumentieren, und weil wir auf diese Weise gelernt haben, dass das Argument und nicht die argumentierende Person zählt ... Wir können also sagen, dass wir unsere Vernunft, wie auch unsere Sprache, dem Verkehr mit anderen Menschen verdanken.
Eine solche Einstellung führt zur Ansicht, dass wir jeden Menschen, mit dem wir uns verständigen, als eine potenzielle Quelle von Argumenten und von vernünftiger Information betrachten müssen; und damit wird eine Verbindung zwischen den Menschen hergestellt, die man die »rationale Einheit der Menschheit« nennen könnte.
Die hier eingenommene Position unterscheidet sich wesentlich von der populären (ursprünglich platonischen) Ansicht, nach der die Vernunft eine Art »Vermögen« ist, das die Menschen in sehr ungleichem Ausmaße besitzen und entwickeln. Es ist wahr, dass nicht alle Menschen dieselben intellektuellen Gaben haben, und es ist auch wahr, dass die intellektuelle Begabung eines Menschen zu seiner Vernünftigkeit beitragen kann; aber das braucht nicht unbedingt der Fall zu sein. Intelligente Menschen können sehr unvernüfntig sein; sie können sich an ihre Vorurteile klammern und den Standpunkt einnehmen, dass die Gedanken anderer Menschen nicht der Rede wert sind ...
... das Argument (das die Kritik einschließt) und die Kunst, auf Kritik zu hören, sind die Grundlage der Vernünftigkeit. Somit steht der Rationalismus in unserem Sinne ... im Gegensatz zu all den modernen platonischen Träumen von prächtigen neuen Welten, in denen das Wachstum des Verstandes durch eine höhere Vernunft beherrscht oder »geplant« wird.
Es ist diese Einstellung – die Ablehnung der Idee der Gleichberechtigung im politischen Leben, das heißt im Gebiet jener Probleme, die die Gewalt von Menschen über andere Menschen betreffen – die ich verbrecherisch nenne. Denn eine solche Einstellung liefert eine Rechtfertigung für die Idee, dass Menschen das Recht haben, andere als ihr Werkzeug zu verwenden. Schließlich dient sie, wie bei Platon, zur Rechtfertigung des Mordes.

1.
Welche wichtige Rolle spielt die »Argumentationsgemeinschaft« nach Karl R. Popper für das Leben der Menschen?
2.
Zu welcher »rationalistischen« (vernünftigen) Haltung erzieht das Argumentieren?
3.
Wie setzt sich Popper von Platons Vorstellungen im vorigen Text ab? Was bedeutet für ihn »offene Gesellschaft«?
4.
Weshalb lehnt er eine Leitung der Gesellschaft durch eine höhere Vernunft ab?
5.
Vergleiche die Utopievorstellungen von Platon und Popper! Welche liegt euch näher? Gibt es einen Kompromiss?
6.
Welche Eigenschaften sollte ein guter Politiker haben?

Erik Liebermann

1\. Setzt die Fantasie Herbert Grönemeyers fort und malt euch eine Welt aus (zunächst jeder für sich), in der die Kinder an der Macht sind! Was würdet ihr ändern? Schreibt einen Aufsatz zu diesem Thema!

2\. Lest alle Aufsätze vor und diskutiert darüber! Wie bewertet ihr die unterschiedlichen Vorschläge?

3\. Stellt eure Wunschwelt zeichnerisch dar! Dabei könnt ihr nun auch die Vorstellungen von Mitschülern einbeziehen, die euch gefallen haben!

4\. Was würde eurer Meinung nach passieren, wenn die Kinder tatsächlich »das Kommando« hätten? Diskutiert, wer die Macht haben sollte! (Vgl. mit William Goldings »Herr der Fliegen«, 4.1!)

5\. Erkundigt euch, z. B. beim UNICEF-Büro, nach der »Republik« der spanischen Zirkuskinder und der Gemeinschaft der kolumbianischen Straßenkinder und bewertet diese Selbstverwaltung!

6\. Beurteilt Grönemeyers Vorstellungen von Kindheit! Habt ihr andere Vorstellungen? Welche?

7\. Fertigt eine Collage als Gemeinschaftsarbeit mit euren Idealvorstellungen einer von Kindern regierten Welt an!

Herbert Grönemeyer: Kinder an die Macht

Die Armeen aus Gummibärchen
die Panzer aus Marzipan
Kriege werden aufgegessen
einfacher Plan
kindlich genial.
Es gibt kein Gut
es gibt kein Böse
es gibt kein Schwarz
es gibt kein Weiß.
Es gibt Zahnlücken.
Statt zu unterdrücken
gibts Erdbeereis auf Lebenszeit.
Immer für 'ne Überraschung gut.

Gebt den Kindern das Kommando
Sie berechnen nicht, was sie tun.
Die Welt gehört in Kinderhände
– dem Trübsal ein Ende.
Wir werden in Grund und Boden gelacht
Kinder an die Macht!

Sie sind die wahren Anarchisten,
lieben das Chaos,
räumen ab,
kennen keine Rechte,
kennen keine Pflichten.
Noch ungebeugte Kraft
massenhaft
ungestümer Stolz ...

Gebt den Kindern das Kommando!

Plantu

Diskutiert über die Wünsche von Eltern und Kindern. Fragt eure Eltern nach ihren wichtigsten Wünschen. Welche Wünsche und Bedürfnisse habt ihr mit ihnen gemeinsam? Worin unterscheiden sich eure Wünsche von ihren? Wie lassen sich unterschiedliche Wünsche und Bedürfnisse »unter einen Hut« bringen?

Klaus Heinisch: Das utopische Wesen des Menschen

1.12

Der Mensch ist ein zwiespältiges Wesen. Zwischen den äußersten Gegensätzen der lichtlosen Dumpfheit des Instinktes und der strahlenden Selbstgewissheit des Geistes, zwischen der Göttlichkeit der schöpferischen Freiheit und dem unbewussten Drang der Triebe fühlt er sich unsicher schwankend und zutiefst fragwürdig, von der einen Seite zauberhaft angezogen, der anderen offenbar rettungslos verfallen. Mit allen seinen Kräften strebt er zum Licht und ist doch dem dunklen Schoße der mütterlichen Erde unverbrüchlich verhaftet. So verfällt er immer wieder unversehens in den Zweifel: in jenen Zweiheitsglauben, jenen Dualismus, der Sein und Bewusstsein, Geist und Körper, Leib und Seele sich gegenüber- und entgegenstehen und ihren niemals endenden Kampf führen sieht, einen Kampf, der zudem nirgends anders als eben in ihm, dem Menschen selbst, ausgetragen werden kann.

So schwankt denn der Mensch auch zwischen dem stillen und ruhigen Glück der Geborgenheit in der Gemeinschaft, der scheinbaren Verantwortungslosigkeit der Masse, des tierhaften Herdenlebens und dem erregenden Rausche der Macht des Einzelnen, der schrankenlosen Selbstbestimmung, dem

Jean-Jaques Sempé

»Ich für meine Person hatte ein wirklich ideales Gesellschaftsmodell gefunden. Aber ich habe die Idee wieder aufgegeben; es gab da keinen Platz für mich.«

Triumphe des Herrschafts- und Herrschergedankens. Beides erscheint ihm als Wert, beides erstrebt er daher mit dem Einsatz aller seiner seelischen und körperlichen Kräfte und Fähigkeiten. Aber beides zugleich kann er niemals erreichen, da Macht und Geborgenheit, Verantwortungslosigkeit und Selbstbestimmung, Herrschertum und Herdenleben ewig unvereinbar sind.

Der Mensch … ist ein Grenz- oder Mittelwesen, und *seine* Einordnung in das Ganze der Welt besteht in der Innehaltung der ihm angemessenen Mittelstellung, in der Achtung und Beachtung also seiner doppelten Bindung an Notwendigkeit und Freiheit, an Seele und Leib, Körper und Geist, Individuum und Gemeinschaft. Das ist der wahre Sinn des goldenen Mittelweges der organischen Welt- und Lebensauffassung, deren unsterblicher Entdecker – für uns wenigstens, denn das chinesische Denken kennt ihn seit LAO-TSE und länger – ARISTOTELES ist.

Jede Abirrung von diesem Wege aber ist ein theoretisch erlaubter, praktisch jedoch wahrhaft verhängnisvoller Schritt: eine *Utopie* in des Wortes ureigenster Bedeutung. Denn da, wo *nur* der Geist herrscht, ist (noch) »kein Ort« für den Menschen, und da, wo *nur* dem Körper sein Recht wird, ist ebenfalls »kein Ort« (mehr) für ihn.

Der Theorie jedoch, die das Mögliche schaut, weil es möglich ist – und alles ist möglich, was geschaut werden kann, denn nur das kann geschaut werden, was möglich ist –, bleibt ein weites Feld in der Zusammenschau beider Bereiche, in der Aufgabe, die lebensfähige und fruchtbare Verbindung des Einen mit dem Ganzen zu suchen und zu finden: die Lebensform, die dem notwendigen Gemeinschaftsleben und dem freien Einzelleben genugtut.

1.
Wie beschreibt Klaus Heinisch das »zwiespältige Wesen« des Menschen? Welches sind die beiden Seiten?

2.
Welcher Kampf entsteht auf diese Weise? Wie wird der Mensch zwischen Einzel- und Massenexistenz hin- und hergezogen? Beziehe die oben stehende Karikatur in deine Überlegungen mit ein!

3.
Von welcher doppelten Bindung spricht Heinisch?

4.
Welcher »goldene Mittelweg« wird hier beschrieben?

5.
Wie wertet Heinisch die Utopie? Welche Ideale habt ihr?

Welchen Wert hat die Freiheit? 2

Die Freiheit bezeichnen wir als Grundwert unseres Zusammenlebens in der Demokratie, und unsere Verfassung führt gleich einige Freiheiten auf, die uns durch sie garantiert werden. Doch was bedeutet dieser Begriff eigentlich? Ist die Freiheit, auch wenn sie im Grundgesetz steht, deshalb schon in allen Lebensbereichen verwirklicht? Wann muss man, wann darf man Freiheiten einschränken? Gilt Freiheit auch für Kinder (ab wann?), für Behinderte und Alte, für Minderheiten, z. B. für Asylanten? Wie viel Freiheit und welche Arten von Freiheit müssen wir einander zugestehen? Das sind Fragen, die sich nicht so leicht beantworten lassen, deshalb wollen wir gemeinsam darüber nachdenken.

Wie viel Freiheit ist überhaupt möglich in einer immer komplizierteren und undurchschaubareren Welt? Es gibt immer mehr Zwänge, denen man nicht entrinnen kann, durch mehr Technik und Bürokratie.

Zu viel Freiheit in der Hand eines böswilligen, verantwortungslosen oder auch nur unwissenden Menschen könnte zu einer großen Gefahr für uns alle werden. Ist es nicht viel besser, strenge Regeln und Pläne aufzustellen und den Menschen nicht allzu viel Freiheit zuzugestehen, um Gefahren auszuschließen? Andererseits sollen wir – wie es sich der englische Philosoph John Stuart Mill vorstellt – unsere persönlichen Fähigkeiten frei entwickeln können, was auch die Gesellschaft als Ganzes stärkt. Schließt das aber auch die Freiheit zu Terror und Gewalt ein? Der Staat hat hier nach Thomas Hobbes, einem weiteren englischen Philosophen, die Aufgabe, Grenzen zu setzen und für die Sicherheit des Einzelnen zu sorgen. Was ist uns also wichtiger: Sicherheit auf Kosten von Freiheit, oder Freiheit, die wir mit weniger Sicherheit bezahlen müssten?

Viele Menschen auf der Welt erfahren auch heute noch sehr schmerzhaft ihre Unfreiheit, in Gefangenen- und Internierungslagern, als politische Häftlinge. So malt George Grosz einen entlassenen KZ-Häftling, den tanzenden »grauen Mann«, dessen Leben zerstört ist, mit einem verzweifelt leeren, irren Gesichtsausdruck. Was kann ihm die Freiheit bedeuten? Und was bedeutet sie uns? »Freiheit ist die Einzige, die fehlt«, singt Marius Müller-Westernhagen. Ist sie also etwa bloß ein utopisches Ideal und in der Praxis unmöglich, sobald mehrere Menschen zusammenleben?

Wo sind welche Freiheiten verwirklicht, und welche anderen Freiheiten wünschen wir uns? Welchen Wert haben diese Freiheiten für uns persönlich? Und, da der Mensch nach Aristoteles, einem berühmten Philosophen der griechischen Antike, ein gemeinschaftsbildendes Wesen – *animal socialis* – ist: Welchen Wert haben diese Freiheiten für die Gemeinschaft?

10. Oktober 1989:
DDR-Bürger während des Demonstrationsmarsches durch die Leipziger Innenstadt

2.1 Freiheitsauktion

(Aktionsspiel)

1. Ergänzt die Liste der Freiheiten! Welche sind Freiheiten *von* etwas (negative Freiheiten), welche sind Freiheiten *zu* etwas (positive Freiheiten)? Versucht zunächst nicht zu werten, sondern nur zu beschreiben!

2. Die oben genannten Begriffe werden auf Pappkarten geschrieben und verdeckt in einen Losbehälter getan. Nun muss jeder Mitschüler sich eine oder zwei Karten ziehen. Gleichzeitig wird an jeden gleich viel Spielgeld verteilt (evtl. selbst herstellen).

3. Jeder von euch erhält eine Viertelstunde als Vorbereitungszeit, um sich auf seine gezogene(n) Karten einzustellen. Notiert in dieser Zeit die Vorzüge der jeweiligen Freiheit oder stellt sie bildlich dar.

4. Auktion: Nun muss jeder seine Freiheit anpreisen. Die Mitschüler als Auktionsteilnehmer müssen dafür Geld bieten, wenn diese Freiheit ihnen etwas wert ist. (Wie viel?)

5. Stellt nun – je nach erzieltem Geldwert – eine Rangfolge der Freiheiten auf und diskutiert darüber! Welche Freiheit ist eurer Meinung nach die wichtigste, welche die unwichtigste? Welche sind »unter Wert« weggegangen?

6. Kann man den Wert von Freiheiten in Geldeinheiten bemessen? Welches ist ihr Wert? Versucht euren Eindruck von der Freiheitsauktion schriftlich zu formulieren!

7. Informiert euch über die Situation in Gefängnissen und die dortige Arbeit! Betrachtet Vincent van Goghs Bild (S. 39) und diskutiert darüber! In welchen Fällen haltet ihr Freiheitsentzug für gerechtfertigt?

körperliche Freiheit
Pressefreiheit
Willensfreiheit
Gedankenfreiheit
Meinungsfreiheit
Reisefreiheit
Konsumfreiheit
Steuerfreiheit
Wettbewerbsfreiheit
Redefreiheit
freie Wahl des Wohnsitzes
Religionsfreiheit
Datenfreiheit
Abhörfreiheit

Jan Tomaschoff

Straffreiheit
Wahlfreiheit – freies Wahlrecht
freie Berufswahl
Drogenfreiheit
Versammlungsfreiheit
Gestaltungsfreiheit
freie Partnerwahl
Beinfreiheit
Abgasfreiheit
Stressfreiheit
Forschungsfreiheit
Waffenfreiheit
Keimfreiheit

Recht auf Leben und Freiheit der Person
Art. 2 des Grundgesetzes der Bundesrepublik Deutschland

(1) Jeder hat das Recht auf die freie Entfaltung seiner Persönlichkeit, soweit er nicht die Rechte anderer verletzt und nicht gegen die verfassungsmäßige Ordnung oder das Sittengesetz verstößt.

(2) Jeder hat das Recht auf Leben und körperliche Unversehrtheit. Die Freiheit der Person ist unverletzlich. In diese Rechte darf nur aufgrund eines Gesetzes eingegriffen werden.

Informiert euch über die weiteren Freiheitsrechte, die in den Artikeln 2 bis 20 des Grundgesetzes verankert sind!

Vincent van Gogh: Rundgang der Gefangenen, 1890

Harriet Beecher-Stowe: Onkel Tom soll verkauft werden

2.2

»Haley«, sagte Mr. Shelby eindringlich, »Sie kennen Tom nicht! Er ist wirklich ein außergewöhnlicher Arbeiter. Er ist ehrlich und klug; ich habe ihn zum Verwalter meines Gutes gemacht!«
»Ehrlich?«, grinste Haley. »Sie meinen wohl, so ehrlich wie Nigger eben sind?«
»Ich meine es ernst!«, entgegnete Mr. Shelby heftig. »Tom ist absolut verlässlich und ein gläubiger Christ. Wie hätte ich ihm sonst meinen Besitz, mein Geld, das Haus und die Pferde anvertrauen können? Ja ich kann ihn sogar unbehindert im Land umhergehen lassen. Er ist treu!«
»O ja! Es gibt fromme Nigger!«, sagte Haley spöttisch. »Manche Leute wollen das nicht glauben. Aber ich glaube es!«
Shelby musste seinen aufsteigenden Zorn unterdrücken.
»Hören Sie, Haley«, sagte er beherrscht. »Ich will Ihnen ein Beispiel erzählen. Vorigen Herbst habe ich Tom nach Cincinnati geschickt, um Geschäfte für mich abzuschließen und mir fünfhundert Dollar zu bringen. ›Tom‹, sagte ich zu ihm, ›ich vertraue dir. Ich weiß, dass ich mich auf dich verlassen kann!‹ Später habe ich erfahren, dass ihm einige Mistkerle

Radierung nach einer Zeichnung von Debret: Bestrafung von Negersklaven in Brasilien, 1839

zugeredet haben, sich mit dem Geld nach Kanada abzusetzen. Aber glauben Sie, er hätte es getan? Tom kam wieder! Nun werden Sie auch verstehen, dass ich mich schwer von ihm trenne, und Sie sollten ihn für die ganze Schuld nehmen, wenn Sie einen Funken Gewissen hätten!«

»Ich habe gerade so viel Gewissen, wie sich ein Geschäftsmann leisten kann«, versuchte Haley zu scherzen. »Ich bin auch bereit, alles zu tun, meinen Freunden zu helfen. Aber das hier geht zu weit. Sie verlangen einfach zu viel.«

»Und wie stellen *Sie* sich das Geschäft vor?«, wollte Mr. Shelby wissen.

Haley lehnte sich in seinen Sessel zurück und streckte langsam die Beine von sich. Nach einer kurzen Pause sagte er: »Haben Sie nicht einen Jungen oder ein Mädchen als Draufgabe?«

Shelbys Gesicht verfinsterte sich. »Ich gebe kein Kind weg! Wenn Sie die Wahrheit wissen wollen, es ist mir äußerst peinlich, überhaupt jemanden verkaufen zu müssen! Nur die äußerste Not zwingt mich dazu!«

Haley hob die Augenbrauen und drehte das Glas in der Hand.

»Mr. Shelby!«, sagte er kühl. »So werden wir kaum zu einem Abschluss kommen!«

In diesem Augenblick öffnete sich die Tür, und ein etwa vierjähriger, fast weißer Junge kam ins Zimmer. Schwarze Locken umrahmten sein rundes Gesicht, und seine großen, dunklen Augen blickten neugierig auf die beiden Männer.

»Hallo Harry! Wie geht´s!«, rief Mr. Shelby. Der Junge lief unbefangen auf Shelby zu, der ihm zärtlich über das Haar strich. Dabei musterten die Augen des Knaben mit scheuer Neugier den Fremden. »Magst du das?«, fragte Shelby und reichte dem Jungen eine Weintraube aus der Obstschale. Der Kleine lächelte, streckte beide Hände aus und nickte eifrig. Er lehnte sich an Shelbys Knie, zupfte mit seinen kleinen dicken Fingern die süßen Beeren von der Traube und stopfte sie in den Mund. Dabei warf er immer wieder einen Blick zu Haley hinüber, der den Jungen mit wachsendem Interesse betrachtete.

»Nun, Harry, zeig dem Herrn, wie du tanzen und singen kannst.« Der Junge legte die Traube auf den Tisch, stellte sich mitten ins Zimmer und sang mit seiner hellen Kinderstimme ein Negerlied. Dabei stampfte er wild mit den Füßen und klatschte mit den Händen den Takt dazu.

»Bravo! Bravo!«, rief Haley.

»Nun zeig uns noch, wie Onkel Joe geht, wenn er Rheuma hat«, sagte Mr. Shelby.

Dem Jungen schien die Vorstellung Spaß zu machen. Ohne zu zögern, holte er den Spazierstock seines Herrn aus der Ecke und humpelte mit gekrümmtem Rücken im Zimmer umher. Dabei verzerrte er das Gesicht und tat, als ob er in alle Ecken spuckte.

»Der ist ja großartig!«, rief Haley. »Der Bengel hat es faustdick hinter den Ohren!« Er schlug dem Farmer auf die Schulter. »Hören Sie, Shelby, den Jungen als Draufgabe – und die Sache geht in Ordnung! Ist das nicht ein einmaliges Angebot?«

In diesem Augenblick wurde die Tür leise geöffnet, und eine junge Quarteronin – eine Viertelnegerin – betrat das Zimmer. Es war die Mutter des Jungen. Sie hatte die gleichen dunklen Augen, schwarzes welliges Haar und eine auffallend helle Hautfarbe.

Haley streckte den Kopf vor und musterte sie ungeniert. Seine Augen glitten über die hohe, feingliedrige Gestalt, und er verzog die Mundwinkel zu einem leichten Grinsen. Die Frau blieb zögernd an der Tür stehen, als sie den fremden Gast erblickte.

1.

Mr. Shelby ist wegen einer wirtschaftlichen Notlage gezwungen, an den Sklavenhändler Haley zu verkaufen.

Beschreibe und bewerte Shelbys und Haleys Äußerungen und ihr Verhalten!

2.

Wie beurteilst du die Sklaverei? Beziehe die Zeichnung, S. 39 mit in deine Überlegungen ein! Diskutiert darüber!

3.

Im Sommer 1995 gab es die Nachricht, dass asiatische Flüchtlinge in der Nähe von Los Angeles interniert waren, um ihr Fluchthelfergeld abzuarbeiten. Die Nachbarn hielten das mit Stacheldraht umgebene und schwer bewachte Gebäude für eine Behörde, die sich gegen Eindringlinge schützen wollte.

Was hältst du davon? Wie beurteilst du erzwungene Kinderprostitution und »Versand«-Handel mit asiatischen Ehefrauen, die man per Katalog bestellen kann?

»Was gibt's, Eliza?«, fragte Shelby.
»Ich suche Harry, Sir!«
»Der ist hier. Nimm ihn gleich mit!«
Die junge Frau nahm das Kind auf den Arm, und mit einer leichten Verbeugung verließ sie hastig das Zimmer. Haley blickte ihr mit begehrlichen Augen nach. Als sie die Tür geschlossen hatte, wandte er sich an Mr. Shelby.
»Wie viel?«, fragte er mit einem Augenzwinkern und deutete mit einer Kopfbewegung zur Tür.
Shelby verstand sofort. Er zog die Augenbrauen zusammen, sodass eine tiefe Falte über der Nasenwurzel entstand. »Ich verkaufe sie nicht!«
»Shelby, mit der können Sie in New Orleans ein Vermögen machen!«
»Ich will kein Vermögen machen!«, sagte Shelby trocken.
Haley lehnte sich zurück und hakte beide Daumen in die Armlöcher seiner Weste. »Tausend!«, sagte er und beobachtete mit halb geschlossenen Augen Shelbys Gesicht.
Shelby schüttelte energisch den Kopf.
»Ich dachte, Sie brauchen Geld?«, sagte Haley zynisch. »Tausend ist ein anständiges Angebot unter Freunden.«
Shelby biss die Zähne zusammen. »Ich sagte schon, ich verkaufe sie nicht. Meine Frau würde Eliza nie hergeben!«
»Ach was!« Haley machte eine wegwerfende Handbewegung.
»Frauen können nicht rechnen. Die ändern ihre Meinung schnell, wenn man ihnen klarmacht, wie viel Kleider und Schmuck sie um tausend Dollar kaufen können. Ich wette, Ihre ist nicht anders. Also, wie viel wollen sie haben?«
»Mr. Haley!«, sagte Shelby schroff. »Bemühen Sie sich nicht. Ich habe nein gesagt, und dabei bleibt es! Ich ändere meine Meinung nicht. Sie ist unverkäuflich!«
»Wie Sie wollen«, antwortete Haley gedehnt. »Und was ist mit dem Jungen?«
»Aber um Himmels willen, was wollen Sie denn mit dem Jungen anfangen?«
»Machen Sie sich keine Sorgen!«, antwortete Haley. »Ich habe da einen Freund, der sucht immer hübsche kleine Jungen. Die zieht er groß und verkauft sie dann als Diener in reiche Häuser. Macht doch einen vornehmen Eindruck, wenn so ein hübscher Bursche die Tür öffnet, das Gepäck und die Garderobe abnimmt und bei Tisch bedient. Ich kenne viele Reiche, die großen Wert darauf legen. Solche Jungen bringen einem ein schönes Stück Geld ein! Und ich versichere Ihnen, der Kleine da ist genau richtig.«
»Ich glaube, ich werde ihn nicht verkaufen«, sagte Shelby nachdenklich. »Es wäre zu hart, ihn seiner Mutter wegzunehmen!«
»Ach was! Natürlich ist es unangenehm. Aber die Negerinnen kommen über so etwas schon hinweg, man muss es nur richtig anpacken. Ich denke da an einen Fall in Orleans. Der Händler wollte eine Frau kaufen, aber ohne ihr Kind.

Fritz Wolf: Herr der Lage

4.
Der deutsche Philosoph Immanuel Kant hält es für ethisch verwerflich, Menschen als Mittel zum Zweck zu gebrauchen.
Was hältst du davon? Informiert euch im Politik- oder Geschichtsunterricht über die Sklaven in der Antike und in Amerika. Ihr könnt auch die Fernsehserie »Roots« – auf Video – anschauen.

5.
Sammelt Materialien (z.B. bei politischen Redaktionen von Tageszeitungen) über heute noch existierende Formen von Unfreiheit und Abhängigkeit! *(Es gibt im Sudan z.B. noch Sklaven.)*

6.
Vergleiche Kinderarbeit mit Sklaverei! Informiert euch über die Rechte des Kindes und über Vorfälle, die diese Rechte missachten! *(Die Weltkinderkonvention der UNO ist inzwischen von 141 Staaten unterzeichnet worden!)*

Die Frau benahm sich wie eine Verrückte. Sie ließ das Kind nicht mehr aus den Armen, sie heulte und flehte den Händler an, und als man ihr das Kind mit Gewalt wegnahm und sie einsperrte, verlor sie vollends den Verstand. Eine Woche später war sie tot. Und warum? Wegen der falschen Behandlung!« Haley verschränkte die Arme, sein Gesicht hatte einen überheblichen Ausdruck angenommen.
»Und was würden Sie tun?«, fragte Mr. Shelby.
»Die einfachste Sache der Welt. Bei solchen Dingen dürfen die Frauen nicht dabei sein. Sie kennen doch das Sprichwort, Shelby: ›Aus den Augen, aus dem Sinn.‹ Das trifft bei denen genau zu. Wenn alles vorbei und nichts mehr zu ändern ist, finden sie sich schon damit ab. Und die Nigger wissen doch von vornherein, was ihr Schicksal ist, sie nehmen es auch nicht so schwer.«

2.3 **Novalis:** Das philosophische Pferd

Ein Wolf sagte zu einem Pferde: »Warum bleibst du denn dem Menschen so treu, der dich doch sehr plagt, und suchst nicht lieber die Freiheit?« – »Wer würde mich wohl in der Wildnis gegen dich und deinesgleichen verteidigen«, antwortete das philosophische Pferd, »wer mich pflegen, wenn ich krank wäre, wo fände ich solches gutes, nahrhaftes Futter, wo einen warmen Stall? Ich lasse dir gern für das alles, das mir meine Sklaverei verschafft, deine Chimäre von Freiheit. Und selbst die Arbeit, die ich habe, ist sie Unglück?«

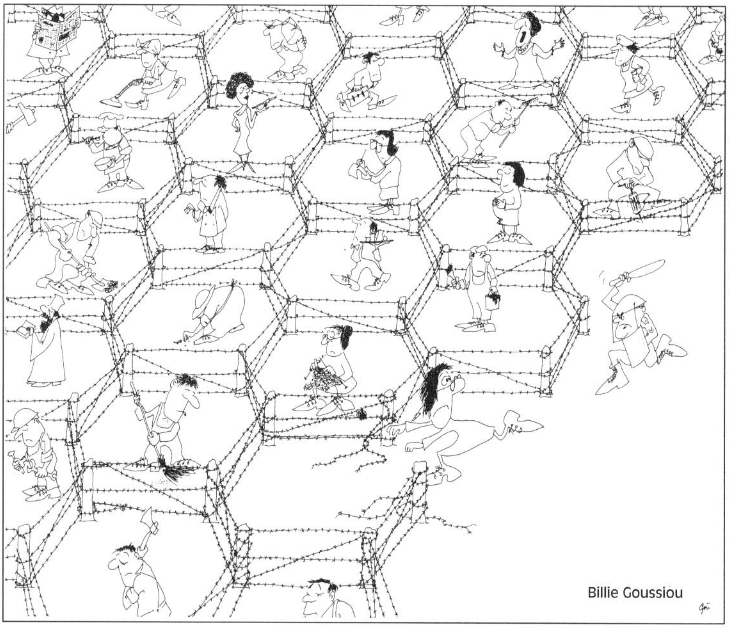

1. **Wie beurteilt das Pferd in Novalis' Fabel seine eigene Unfreiheit?**

2. **Weshalb wird es »philosophisch« genannt, obwohl es seiner Sklaverei zustimmt?**

3. **Welche Einstellung zur Arbeit hat es? Welche Einstellung zur Freiheit?**

In Gerhart Hauptmanns Drama »Die Weber« wird geschildert, unter welch elenden Verhältnissen die Weber in Schlesien im vergangenen Jahrhundert zu einer Arbeit genötigt waren, von der sie kaum leben konnten.

Lest oder spielt Szenen aus dem Drama! Wie habt ihr euch dabei gefühlt? Welche Vorstellung von Arbeit habt ihr?

Das Buchenwaldlied

2.4

Wenn der Tag erwacht, eh' die Sonne lacht,
Die Kolonnen ziehn zu des Tages Mühn
Hinein in den grauenden Morgen.
Und der Wald ist schwarz und der Himmel rot,
Und wir tragen im Brotsack ein Stückchen Brot
Und im Herzen, im Herzen die Sorgen.

O Buchenwald, ich kann dich nicht vergessen.
Weil du mein Schicksal bist.
Wer dich verließ, der kann es erst ermessen,
Wie wundervoll die Freiheit ist!
O Buchenwald, wir jammern nicht und klagen,
Und was auch unsere Zukunft sei –
Wir wollen trotzdem »ja« zum Leben sagen,
Denn einmal kommt der Tag –
Dann sind wir frei!

Unser Blut ist heiß und das Mädel fern,
Und der Wind singt leis, und ich hab sie so gern,
Wenn treu, wenn treu sie mir bliebe!
Die Steine sind hart, aber fest unser Schritt,
Und wir tragen die Pickel und Spaten mit
Und im Herzen, im Herzen die Liebe!
O Buchenwald ...

Die Nacht ist so kurz und der Tag so lang
Doch ein Lied erklingt, das die Heimat sang,
Wir lassen den Mut uns nicht rauben!
Halte Schritt, Kamerad, und verlier nicht den Mut.
Denn wir tragen den Willen zum Leben im Blut.
Und im Herzen, im Herzen den Glauben!
O Buchenwald ...

Musik: Leopoldi Hermann
Text: Fritz Löhner-Beda

Eingangstor zur Gedenkstätte des Konzentrationslagers Ausschwitz

1.
Dieses Lied entstand im KZ Buchenwald und wurde von den Häftlingen auf dem Weg zur Arbeit gesungen.
Welche verzweifelte Hoffnung wird in ihm deutlich?

2.
Informiert euch über das Leben in Konzentrationslagern! Gibt es heute noch welche? Aus welchen Gründen werden Menschen interniert? Hältst du das für vertretbar?

3.
Betrachtet George Grosz' Bild »Der graue Mann tanzt« (Farbbildteil, S. 8).
(Es zeigt einen bei Kriegsende in die Freiheit entlassenen KZ-Häftling mit einem irren, verzweifelten Gesichtsausdruck, der noch Reste seiner Ketten trägt und innerlich völlig zerrissen ist.)
Wie wird er mit seiner Freiheit fertig? Welche Gefühle weckt das Bild in euch?

4.
Wie interpretierst du die Aussage des Spruches über dem Eingangstor des KZ Ausschwitz? (Vgl. mit der Aussage der Novalis-Fabel, S. 42!)

2.5 **Willi Fährmann:**
Ein Boss, ein Haus, ein Rudel

»... Mit einem Präsidenten dauert alles viel zu lange. Er schwätzt und schwätzt. Jeder will sich wichtig tun.«
»Wir brauchen kein langes Gerede«, sagte der schlaue Mäusejosef. »Wenn einer ganz allein zu bestimmen hat, dann geht alles schneller. Ruckzuck.«
Die dicke Hermannmaus rief: »Wir brauchen keine Wahl. Wir brauchen keinen Präsidenten. Was wir in diesem Haus brauchen, das ist ein Mäuseboss. Punktum.«
»Wenn wir einen starken Mäuseboss haben, dann geht alles besser. Und schneller. Alles wird sicherer.
Ruckzuck«, wiederholte der schlaue Mäusejosef. »Keine Maus braucht mehr die Katz zu fürchten!«
»Es ist auch ohne Boss ganz schön bei uns«, fiepte Lillimaus. »Wir haben doch einen guten Präsidenten gewählt. Wozu brauchen freie Mäuse einen ...«
»Ruhe!«, brüllte der überaus starke Willibald. »Der Mausegeorg wird abgesetzt!« Er reckte sich hoch auf und rief mit feierlichem Ton: »In gefährlichen Zeiten braucht ein Rudel einen richtigen Boss. Ich werde euer Boss sein. Punktum. Ich, der überaus starke Willibald. So wahr ich einen kräftigen, langen Mauseschwanz mein eigen nennen kann.«
»Willibald«, schrie die dicke Hermannmaus, und ihre Stimme überschlug sich fast vor Begeisterung, »kein anderer als der überaus starke Willibald soll unser Mäuseboss sein. Punktum.«
Viele Mäuse aus dem Rudel jubelten Willibald zu. Der schwang sich auf die Lehne des roten Plüschsessels und winkte den Mäusen huldvoll zu. Um ihn hatte sich ein Trupp starker, junger Mäuse geschart, der wild und entschlossen auf das Rudel hinabschaute. Lillimaus hockte sich tief in den Schatten eines dicken Buches. Ihr Pelz sträubte sich, und die Schnurrbarthaare zitterten. Sie fürchtete sich vor allem, was nun folgen musste. Es konnte sie auch nicht trösten, dass Willibald versprach, er wolle dafür sorgen, dass alle Mäuse satt würden, dass alle Mäuse in Sicherheit leben könnten, dass alle Mäuse das Paradies auf Erden bekämen. Und genau das und noch viel mehr versprach Willibald in den ersten Tagen seiner Herrschaft.
Der überaus starke Willibald herrschte überaus streng. Oft ließ er die Mäuse in langer Reihe hintereinander laufen und auch schnurgerade nebeneinander in Dreierreihen. Sonntags marschierten sie sogar in Reihen zu sechsen. Der schlaue Mäusejosef und die dicke Hermannmaus gaben die Befehle. Willibalds Mäusetrupp, der den großen Boss auf Schritt und Tritt begleitete, achtete darauf, dass keine Maus aus der Reihe tanzte.
»Wenn die getigerte Katz kommt, dann muss alles äußerst schnell gehen«, verkündete der schlaue Mäusejosef. »Deshalb müssen wir flink werden, hart sein und zäh üben.«
Die dicke Hermannmaus schrie begeistert: »Flink wie Fledermäuse, hart wie Tirolerbrot, zäh wie Schweineschwarte.«

Blaebst

Auch wurden neue Lieder eingeübt. Das machte der überaus starke Willibald höchstpersönlich. Er hatte nämlich einen tiefen, wohlklingenden Mäusebass. Sein Lieblingslied musste jede Nacht zweimal gesungen werden. Wenn es angestimmt wurde, dann hatten alle Mäuse steif und still zu stehen und sollten aus voller Kehle singen.
»Wir müssen dem Lied ein ganz besonderes Zeichen hinzufügen«, schlug die dicke Hermannmaus vor. »Ich denke daran, dass alle Mäuse während das Lied erschallt, ihre rechte Pfote andächtig gegen die Mausenase legen. Das ist eine würdige Haltung.«
»Würde ist wichtig«, stimmte der überaus starke Willibald zu. »Würde passt zu der feierlichen Melodie.«
Der schlaue Mäusejosef sagte: »Wirklich, ein sehr guter Vorschlag. Wir können auf einen Blick überprüfen, ob tatsächlich alle mitmachen.«
Der Text des Liedes strahlte Mut und Entschlossenheit aus. Er lautete:

Vor unsern Mäusetatzen,
da zittern alle Katzen.
Kommt eine Katz in unser Haus,
wir zupfen ihr den Schwanz
und rupfen ihr die Krallen aus
und tanzen einen Tanz.
So zittern alle Katzen
vor unsern Mäusetatzen.

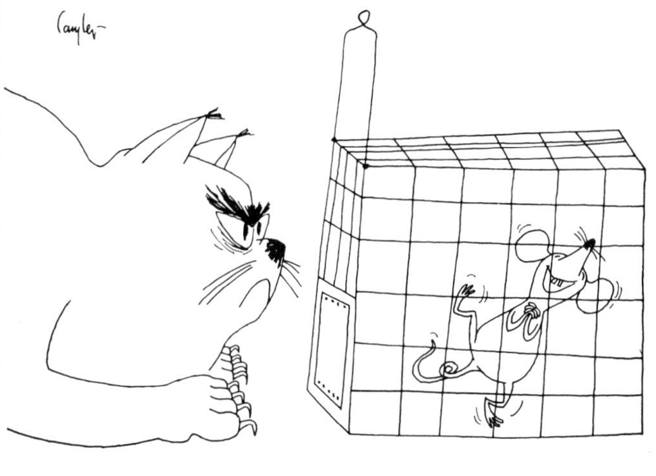
Günter Canzler

Während sie laut sangen oder stumm marschierten, konnte es geschehen, dass der überaus starke Willibald rief: »Die Katz! Die Katz!«
Dann sausten alle Mäuse, so schnell sie nur konnten, in ihre Löcher.
»Sie spuren immer besser«, sagte dann Willibald zufrieden und zwinkerte dem schlauen Mäusejosef vergnügt zu, und die dicke Hermannmaus rief: »Flink wie Fledermäuse, hart wie Tirolerbrot, zäh wie Schweineschwarte.«
Ab und zu wurde das sture Herummarschieren den Mäusen lästig.
Karlemaus wagte einmal zu maulen:
»Muss das denn wirklich alles sein?«
Die Mäusefriederike fuhr fort: »Ich habe die Katz noch nie gesehen.«
»Ihr Mäusebrut!«, kreischte der schlaue Mäusejosef.
»Ihr Mäusepack! Ihr Schweinemäuse! Ihr elenden Duckmäuser! Ihr Mausgesindel!«, ereiferte sich die dicke Hermannmaus, und ihre fetten Mausebäckchen zitterten vor Empörung. Der Mäusetrupp rings um Willibald richtete sich drohend auf.
»Ihr gehört wohl zu der üblen Rasse der Lillimäuse?«, fragte der überaus starke Willibald streng.
»Nein, nein. Wir sind doch nicht weiß«, lenkte Karlemaus ein.
»Ich habe nicht einmal unter meinen Vorfahren Mäuse mit roten Augen«, beteuerte Mäusefriederike.
»Ein Boss, ein Haus, ein Rudel!«, schrie Mausikarin, und fast alle Mäuse stimmten laut ein. Karlemaus jedoch und auch die Mäusefriederike sprachen die Worte leise, sehr leise, und sie schämten sich ein wenig dabei.

1.
Weshalb wollen Hermannmaus und Mäusejosef in Willi Fährmanns Parabel auf den Nationalsozialismus den gewählten Präsidenten absetzen und einen »Boss« als Führer küren?

2.
Wie hält sich Willibald an der Macht? Informiert euch über die Freiheiten der Bürger in einer Diktatur! Diskutiert darüber und bezieht auch Erfahrungen von Bürgern der ehemaligen DDR mit ein!

3.
Warum wünschen sich Menschen eine Führung? Welche Freiheiten geben sie gern dafür auf, welche nicht?

2.6 Fernando Savater:
Wer ist hier der Boss?

Warum gehorchen die Mitglieder jeder Gesellschaft, die zahlreich sind, einem Einzigen – heißt er nun König, Tyrann, Diktator, Präsident oder Chef? Warum ertragen sie seine Befehle, anstatt ihn zum Teufel zu jagen oder ihn aus dem Fenster zu werfen, falls er zu lästig wird? Kein Chef ist körperlich so stark wie die Gesamtheit seiner Untergebenen, nicht einmal wie vier oder fünf draufgängerische Untergebene. Also, warum gehorcht man ihm, obwohl er ein gefährlicher Verrückter ist wie Caligula oder ein Unfähiger, wie es unter denen, die die anderen befehligen, so viele gab, gibt und geben wird? Aus Angst vor seinen Wachen? Aber – warum gehorchen ihm seine Wachen? Wegen des Geldes? Aber wenn sie Geld wollen – warum nehmen sie ihm nicht alles, was er hat, und damit basta? Und warum wird Caligula oder irgendein armer Unfähiger wie Louis XVI. beseitigt? Nur damit die Leute sich sofort einen anderen, nicht viel besseren Typen suchen?

[Wir] haben ... einige Gründe untersucht, warum es uns Menschen – trotz der offensichtlichen Unannehmlichkeiten – anscheinend immer gefallen hat, auf einen Teil der persönlichen Freiheit zu verzichten und einem anderen zu gehorchen. Letztendlich geht es darum, die Vorteile des *Zusammenlebens* in Gemeinschaft so weit wie möglich auszunutzen. Der Hauptvorteil besteht darin, dass durch die Vereinigung der Kräfte Ziele erreicht werden, die jeder für sich alleine nie erreichen würde. Diese Einheit wird durch eine einzige Führung ermöglicht. Diese muss eine gewisse Stabilität besitzen, um zu garantieren, dass die soziale Einheit nicht eine vorübergehende Angelegenheit ist, sondern etwas, worauf man sich verlassen kann. Friedrich Nietzsche drückte es im vorigen Jahrhundert so aus: Die Gesellschaften bestehen aus einer Reihe von ausdrücklichen oder stillschweigenden Versprechen, die sich die Mitglieder der Gruppe gegenseitig geben. Es muss aber jemanden mit genügend Autorität geben, der garantiert, dass diese Versprechen eingehalten werden. Wenn nicht, lohnt das Leben in Gemeinschaft nicht den Ärger, den man davon hat. Ohne Autorität drohen die Konflikte zwischen den Einzelnen in unkontrollierbarer Gewalt zu enden.

Jan Tomaschoff

Die ersten Formen der sozialen Autorität müssen sehr der Autorität in der Familie geglichen haben, denn die Eltern sind die ersten »Chefs«, denen alle Menschen gehorchen müssen. Zu Anfang sind die Eltern wie Götter für ihre Kinder, weil das Überleben von ihnen abhängt. Später erkennen die Kinder in ihren Eltern die ersten zwei Gründe an, auf die sich der elementarste Gehorsam stützen muss: Sie sind stärker und wissen mehr. Die körperliche Kraft und das Wissen – die durch Erfahrung angeeigneten Kenntnisse – stellen zwei primitive, aber wirksame Argumente dar, die den Gehorsam sinnvoll erscheinen lassen. Ich habe bereits erwähnt, dass das Erste, das wir in der Unterstützung durch die anderen suchen, das Überleben ist.

Das heißt, dank der Kraft und Weisheit der Eltern können wir unsere gefährlich schwachen Anfänge überleben, um unter dem Schutz von Symbolen,

Gesetzen und Spielen zu leben anzufangen. Das Kind braucht Stärke und Informationen für den Beginn seines Lebens (es braucht auch Zuneigung und muss sich angenommen und geliebt fühlen; auf ihre Art hören die Herrschenden nicht auf, damit zu spielen, obwohl die politischen Autoritäten nicht zu denen gehören, die am besten Zuneigung garantieren können). Für den Erwachsenen sind die Stärke und das Wissen die Hauptmotive für den Gehorsam gegenüber denen, die sich der Gruppe als eine Art »Eltern« anbieten.
Bei den primitiven Stämmen muss die Sache relativ einfach gewesen sein. Man erkennt ja, wer der Stärkste ist, nicht wahr? Wenn die Gruppe zum Beispiel von der Jagd lebt, folgt sie dem besten Jäger, nicht dem ungeschicktesten. Und sie folgt ihm, solange er Tag für Tag beweist, dass er der Jäger ist, der das größte Vertrauen verdient. Das Alter oder ein schwerer Fehler können in jedem Augenblick bewirken, dass er die Führung verliert. Erinnerst du dich an Akela, den alten Führer des Wolfsrudels, das im Dschungelbuch von Rudyard Kipling Mogli aufzog? Bei jeder Verfolgung einer Beute setzte er seine Führung aufs Spiel, bis ... Die ältesten Stämme müssen Kriterien gefolgt sein, die nicht sehr viel anders waren als die des Rudels von Akela. Das gleiche gilt für den Krieg: Wenn es ans Kämpfen ging, musste man nicht dem Witzigsten oder Zärtlichsten vertrauen, sondern dem Stärksten, dem Tapfersten, dem Wildesten oder Brutalsten. Täusch dich nicht: Auch du und ich hätten den gewählt, der uns am besten verteidigen oder die Eroberung leiten konnte. Das Leben bestand ja aus Verteidigen oder Erobern. Außerdem schlagen sich gewöhnlich die kräftigen Männer selbst als Führer vor – und wehe dem, der protestiert! Solange kein anderer auftaucht, der fähig ist, ihm die Führung streitig zu machen, kann man nichts machen. Die Muskelkraft, die Fähigkeit, zu jagen oder gute Siedlungsplätze für die Gruppe auszusuchen, die Erfahrung des Alters und Ähnliches müssen also die ersten Kriterien für das Recht zu befehlen und für den gerechtfertigten Gehorsam gewesen sein ...
Einige besonders ehrgeizige Führer beschlossen, sich gleichzeitig zu Königen und Oberpriestern zu machen, um ihre Macht besser zu sichern. Andere gingen noch einen Schritt weiter: Sie erklärten sich direkt zu Göttern, weil es ihre Vorfahren gewesen waren – zumindest bestand die Pflicht, das zu glauben. Die Mitglieder der Gesellschaft rechneten nicht allzu sehr mit einer Verteilung der Macht, es sei denn, die Pharaonen und andere Chefs wollten ihnen ein Zugeständnis machen. Niemand konnte Rechte ins Feld führen und auch nicht seine Meinung vor der absoluten Macht der Befehlenden vorbringen, die sich auf das Gesetz des Blutes, die Tradition und die Priester, die die göttlichen Diktate auf der Erde verkündeten, stützten. So lebten die alten Gesellschaften in Ägypten, Mesopotamien, China, im Azteken- und Inkareich des alten Amerika, die afrikanischen Königreiche. So hätte die politische Frage in den menschlichen Gesellschaften ein für alle Mal gelöst sein können: Wie bei den Bienen und Ameisen wurden einige zum Befehlen und die anderen zum Gehorchen geboren. Aber dann kamen die Griechen, und mit ihnen und ihren gottlosen und revolutionären Ideen begann sich alles zu ändern.

Wolfsrudel aus dem Film »Das Dschungelbuch«

1.
Informiere dich über den römischen Kaiser Caligula und den französischen König Ludwig XVI. Welche Art von Macht haben sie ausgeübt? Welches Ende fanden sie?

2.
Weshalb brauchen Gemeinschaften nach Meinung Fernando Savaters Autorität? Woher kommt sie? Was ist deine Meinung dazu?

3.
Welche praktischen Gründe für Führertum gibt es nach Savater, z. B. in primitiven Stämmen?

4.
Seht euch den Film »Dschungelbuch« von Walt Disney an und beurteilt das Verhalten des Wolfsrudels von Akela und das der Affengemeinschaft! Welches Verhalten ist dir sympathischer? Weshalb? Welches ist »vernünftiger«?

5.
In welchen Situationen hältst du Gehorsam für angebracht?

2.7 Thomas Hobbes:
Sicherheit statt Freiheit

Die Natur hat die Menschen sowohl hinsichtlich der Körperkräfte wie der Geistesfähigkeiten untereinander gleichmäßig begabt; und wenngleich einige mehr Kraft oder Verstand als andere besitzen, so ist der hieraus entstehende Unterschied im Ganzen betrachtet dennoch nicht so groß, dass der eine sich diesen oder jenen Vorteil versprechen könnte, welchen der andere nicht auch zu erhoffen berechtigt sei. Bezüglich der körperlichen Kraft wird man gewiss selten einen so schwachen Menschen finden, der nicht durch List oder in Verbindung mit anderen, die mit ihm in gleicher Gefahr sind, auch den stärksten töten könnte.

Hierauf gründet sich nun auch die Hoffnung, die ein jeder zur Befriedigung seiner Wünsche hegt. Sooft daher zwei ein und dasselbe wünschen, dessen sie aber beide nicht zugleich teilhaftig werden können, so wird einer des andern Feind, und um das gesetzte Ziel, welches mit der Selbsterhaltung immer verbunden ist, zu erreichen, werden beide danach trachten, sich den andern entweder unterwürfig zu machen oder ihn zu töten.

Bei dieser großen Furcht, welche die Menschen allgemein gegeneinander hegen, können sie sich nicht besser sichern, als dadurch, dass einer dem andern zuvorkommt oder so lange fortfährt, durch List und Gewalt sich alle anderen zu unterwerfen, als noch andere da sind, vor denen er sich zu fürchten hat. Dies ist aber nicht mehr, als was durch die Selbsterhaltung nötig und von jedermann zugegeben wird.

Hieraus ergibt sich, dass ohne eine einschränkende Macht der Zustand der Menschen ein solcher sei, wie er zuvor beschrieben wurde, nämlich ein Krieg aller gegen alle. Denn der Krieg dauert ja nicht etwa nur so lange wie faktische Feindseligkeiten, sondern so lange, wie der Vorsatz herrscht, Gewalt mit Gewalt zu vertreiben.

Also ist Folgendes eine Vorschrift oder allgemeine Regel der Vernunft: *suche Frieden, solange nur Hoffnung darauf besteht; verschwindet diese, so schaffe dir von allen Seiten Hilfe und nutze sie; dies steht dir frei.* Der erste Teil dieser Regel enthält das erste natürliche Gesetz: *suche Frieden und jage ihm nach*; der zweite Inbegriff des Naturrechts: *jeder ist befugt, sich durch Mittel und Wege aller Art selbst zu verteidigen.*

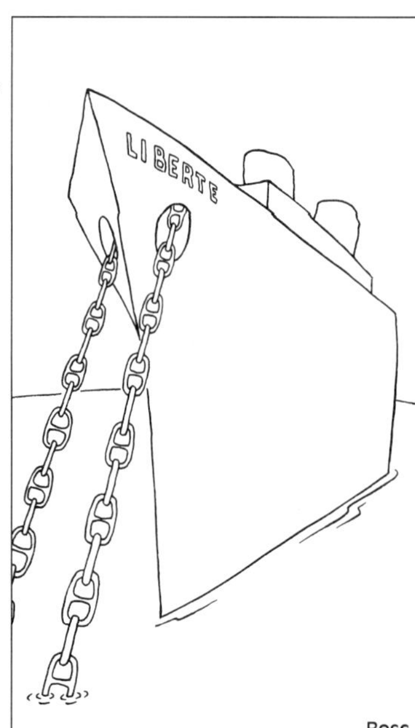

Aus diesem ersten natürlichen Gesetz ergibt sich das zweite; *sobald seine Ruhe und Selbsterhaltung gesichert ist, muss auch jeder von seinem Rechte auf alles – vorausgesetzt, dass andere dazu auch bereit sind – abgehen und mit der Freiheit zufrieden sein, die er den Übrigen eingeräumt wissen will.* Solange er sich aber das Recht, alles zu tun, was er will, vorbehält, dauert auch der Krieg.

1.
Aus welchen Gründen entstehen nach Thomas Hobbes die Zwistigkeiten der Menschen im Naturzustand?

2.
Wieso kann Hobbes von einem »Krieg aller gegen alle« sprechen? Er bezeichnet den Menschen als »des Menschen Wolf«. Was meint er damit? (Vergleiche mit den Wölfen im »Dschungelbuch« und bilde dir eine Meinung!)

Frank Hoffmann: Wir sind so frei ...

3.
Weshalb strebt der Mensch nach Sicherheit und ist bereit, einen Teil seiner Freiheit aufzugeben? Was hältst du davon? Denke auch an Datenschutzgesetze (z. B. für Krankendaten), an Umweltschutzgesetze, an Waffen- und Drogenim- und exporte und die Gurtanschnallpflicht bzw. Geschwindigkeitsbegrenzungen! Wie viel Freiheit braucht der Mensch im Staat, wie viel ist gefährlich?

4.
Hobbes – er hat den Bürgerkrieg unter Cromwell erlebt – glaubt, dass nur ein starker absoluter Herrscher die Menschen im Zaum halten kann, die dies auch wollen. Was hältst du davon? (Vgl. 2.5!)

Jewgeni Samjatin:
Bericht einer Nummer im Einheitsstaat

2.8

1952 erschien in New York Jewgeni Samjatins utopischer Roman »Wir« als Satire auf einen totalitären Einheitsstaat des 26. Jahrhunderts, in dem die Menschen nur noch Nummern sind und eine mathematisch geplante Gesellschaft des »Wohltäters« fast ohne Privatsphäre in gläsernen Wohntürmen funktionieren muss. (Rolloerlaubnis gibt es nur auf Antrag.)
Alle Tätigkeiten erfolgen im Gleichklang mit einer festgelegten Stundentafel. Damit keine individuelle Seele entsteht, wird den Nummern am Ende per Zwangsoperation die Fantasie entfernt. Der Roman gilt als Vorlage für Aldous Huxleys und George Orwells Utopien.

Wem von Ihnen stockt nicht der Atem, wenn sie dröhnend über die Seiten des »Fahrplans« dahinjagen! Aber erst die Stundentafel verwandelt einen jeden von uns tatsächlich in den stählernen sechsrädrigen Helden eines großen Poems. Jeden Morgen stehen wir, viele Millionen, mit sechsrädriger Pünktlichkeit in ein und derselben Stunde, in ein und derselben Minute auf wie ein Mann. Zur gleichen Stunde nehmen wir einmillionenmütig die Arbeit auf, einmillionenmütig beenden wir sie. Und zu einem einzigen, millionenhändigen Körper verschmolzen, führen wir in ein und derselben, von der Stundentafel gesetzten Sekunde den Löffel zum Mund, brechen auf zum Spaziergang, gehen ins Auditorium, in den Saal der Taylor'schen Übungen, ziehen uns zum Nachtschlaf zurück ...
Ich will ganz offen sein – eine hundertprozentige Lösung des Glücksproblems besitzen auch wir noch nicht: Zweimal am Tag, von 16–17 und von 21–22 Uhr, zerfällt der einheitliche, starke Organismus in einzelne Zellen – die von der Gesetzestafel festgelegten persönlichen Stunden. Zu dieser Zeit werden Sie im Zimmer der einen züchtig heruntergelassene Rollos sehen, andere gehen im Takt, den ehernen Tonschritten des Marsches angepasst, den Prospekt entlang; die Dritten sitzen – wie ich in diesem Augenblick – am Schreibtisch. Doch ich bin fest überzeugt – wenn man mich auch einen Idealisten und Fantasten nennen mag –, ich bin überzeugt: Irgendwann einmal, früher oder später, werden wir selbst für diese Stunden einen Platz in der allgemeinen Formel finden, irgendwann einmal werden alle 86 400 Sekunden auf der Stundentafel registriert sein. Viel Unwahrscheinliches musste ich über die Zeiten hören und lesen, als die Menschen noch in freiem, das heißt wildem, unorganisiertem Zustand lebten. Doch am unwahrscheinlichsten schien mir stets das Folgende: Wie die Staatsmacht von damals – mochte sie auch noch in den Kinderschuhen stecken – zulassen konnte, dass die Menschen ohne jede Vorform unserer Gesetzestafel lebten, ohne obligatorische Spaziergänge, ohne die genaue Einteilung der Essenszeiten, dass sie sich schlafen legten und aufstanden, wann es ihnen in den Sinn kam; manche Historiker behaupten sogar, zu jenen Zeiten habe die ganze Nacht über Licht auf den Straßen gebrannt, die ganze Nacht über sei man in den Straßen auf und ab gegangen und herumgefahren.
Das ist etwas, das ich überhaupt nicht begreifen kann. Wie begrenzt ihre Vernunft auch gewesen sein mag, sie hätten doch erkennen müssen, dass ein solches Leben den reinsten Massenmord darstellte, wenn auch einen langsamen, tagaus, tagein fortgesetzten. ... die Humanität untersagte es, einen

Einzelnen zu töten, und untersagte es dennoch nicht, Millionen in Halbtote zu verwandeln.

Bei uns löst jede zehnjährige Nummer diese moralische Rechenaufgabe in einer halben Minute; bei ihnen brachten es alle Kants zusammengenommen nicht zu Stande (weil keiner von ihren Kants darauf gekommen ist, das System einer wissenschaftlichen, das heißt auf Subtraktion, Addition, Division und Multiplikation gegründeten Ethik zu schaffen).

Ist es nicht absurd, dass der Staat (er hatte die Stirn, sich Staat zu nennen!) das Sexualleben ohne jegliche Kontrolle ließ. Jeder, wann und wie oft er wollte ... Völlig unwissenschaftlich, wie die Tiere.

Woher hätte damals auch eine staatliche Logik kommen sollen, da die

Jan Tomaschoff

Menschen im Stand der Freiheit, das heißt dem Stand der Tiere, der Affen, der Herde, lebten. Was kann man von ihnen verlangen, wenn selbst in unserer Zeit noch hin und wieder vom Grund, aus zottiger Tiefe, das wilde Echo des Affen heraufdringt. Glücklicherweise nur hin und wieder. Zum Glück sind das nur kleine Pannen: Sie sind leicht zu beheben, ohne daß der große ewige Gang der Maschine angehalten werden muss. Und für die Notwendigkeit, einen defekten Bolzen zu entfernen, haben wir die geschickte, schwerlastende Hand des Wohltäters, haben wir den erfahrenen Blick der Schützer ...

Ungeheuerlich: Wie lebensfähig im Menschengeschlecht doch die verbrecherischen Instinkte sind. Ich sage bewusst: die »verbrecherischen«. Freiheit und Verbrechen sind ebenso untrennbar verbunden wie ... nun, wie die Bewegung der Aeros und seine Geschwindigkeit: Ist die Geschwindigkeit des Aeros = 0, dann bewegt er sich nicht; ist die Freiheit des Menschen = 0, dann begeht er keine Verbrechen. Das ist klar. Das einzige Mittel, den Menschen vor dem Verbrechen zu schützen, besteht darin, ihn von der Freiheit zu befreien.

1.
Was bewirkt die »staatliche Logik« in Jewgeni Samjatins Einheitsstaat? Wie würdet ihr euch fühlen, wenn ihr alle zur gleichen Zeit essen, arbeiten und schlafen müsstet?

2.
Welche Auffassung hat der Ich-Erzähler von Freiheit? Sammelt und diskutiert seine Meinungen! Bedenkt auch die Karikatur dabei mit!

3.
Was kannst du dir unter einer mathematischen Ethik vorstellen?

4.
In den Schulen des Einheitsstaates gibt es als Lehrer Roboter mit Megaphon, die vor die Schüler hingerollt werden und immer die gleichen Lektionen von sich geben.
Wie beurteilt ihr das?

Ray Bradbury:
Bücherverbrennung bei Fahrenheit 451

2.9

In Ray Bradburys Schreckensutopie »Fahrenheit 451« hat die Feuerwehr unter Hauptmann Beatty die Aufgabe, Brände zu legen, immer wenn jemand ungesetzlich im Besitz von Büchern ist. Bücher sind verboten, weil sie das eigene Denken und die Vorstellungskraft anregen und die Leser in andere Welten entführen. Stattdessen gibt es in jeder Wohnung riesige Bildwände mit nicht enden wollenden Serien und Spielshows. Jeder hat sich einzufügen. Wer das nicht tut, läuft Gefahr von »mechanischen Hunden« gehetzt und getötet zu werden.
Feuerwehrmann Montag wechselt die Fronten …

Beatty ordnete gelassen seine Karten. »Jeder ist geistesgestört, der wähnt, er könne die Regierung und uns hintergehen.«
»Ich suchte mir vorzustellen«, sagte Montag, »wie einem dabei zumute ist. Ich meine, wenn die Feuerwehr *unsere* Häuser und *unsere* Bücher anzündet.«
»Wir haben keine Bücher.«
»Aber wenn wir welche hätten.«
»Hast du denn welche?«
Beatty klappte einmal mit den Lidern.
»Nein.« Montag sah über die andern hinweg auf die Wand mit den maschinengeschriebenen Verzeichnissen einer Million verbotener Bücher. Ihre Namen gingen unter seinem Schlauch, der nicht Wasser, sondern Kerosin hergab, jahraus, jahrein in Flammen auf.
Montag zögerte. »War – war das schon immer so? Die Feuerwehr, unser Dienst? Ich meine, es war einmal …«
»Es war einmal!«, höhnte Beatty. »Was ist denn das für ein Gerede?«
Trottel, der ich bin, dachte Montag bei sich, ich werde mich noch verraten. Beim letzten Brand, ein Märchenbuch, er hatte eine einzige Zeile mit dem Blick erfasst. »Ich wollte sagen, einst vor Zeiten, als die Häuser noch nicht völlig feuerfest waren –.«
»Hat damals die Feuerwehr nicht eher dem Feuer gewehrt, als selber Feuer zu legen?«
»Das ist nicht schlecht!« Stoneman und Black zogen ihr Dienstreglement hervor, das auch einen Überblick über die Geschichte des amerikanischen Feuerwehrwesens enthielt, und wiesen Montag auf die ihm wohl bekannte Stelle hin, wo es hieß:
»Eingeführt 1790, um englisch-verseuchte Bücher in den Kolonien zu verbrennen. Erster Feuerwehrmann: Benjamin Franklin.«
Regel:
1. Leiste dem Alarm sofort Folge.
2. Lege rasch Feuer.
3. Verbrenne alles.
4. Melde dich sofort zurück.
5. Stehe für den nächsten Alarm bereit.

Alle beobachteten Montag, der sich nicht rührte. Der Alarm ertönte.
Montag saß auf seinem Stuhl. Drunten erwachte der feuergelbe Drache fauchend zum Leben.

Wie im Traum rutschte Montag die Stange hinunter. Der mechanische Hund in der Hütte sprang auf, mit grünflackernden Lichtern.

Es war ein unansehnliches, dreistöckiges Haus im ältesten Teil der Stadt, mindestens hundert Jahre alt, aber wie alle Häuser mit einem dünnen, feuerfesten Plastiküberzug versehen, und diese Schutzhülle schien das Einzige zu sein, was es noch aufrechterhielt.

»Da wären wir!«

Kreischend kam die Feuerspitze zum Stehen. Beatty, Stoneman und Black liefen über den Gehsteig, plötzlich widerwärtig und plump in ihren klobigen, feuersicheren Mänteln. Montag folgte.

Filmszene aus »Fahrenheit 451«: Feuerwehrmann Montag beim Brandlegen

Sie schlugen die Haustür ein und packten eine Frau, obwohl sie gar nicht flüchtete. Sie stand nur da, schwankend, den leeren Blick auf die Wand geheftet, als hätte sie soeben einen schweren Schlag über den Kopf bekommen. Lautlos mit der Zunge lallend, schien sie sich etwas in Erinnerung rufen zu wollen, und dann leuchtete es in ihren Augen auf, und sie sagte:

» ›Seid ein Mann, Meister Ridley; wir werden heute, so Gott will, in England eine Kerze anzünden, wie sie wohl nie mehr auszulöschen ist.‹ «

»Verschonen Sie uns damit«, sagte Beatty. »Wo sind sie?«

Er schlug ihr mit erstaunlicher Sachlichkeit ins Gesicht und wiederholte die Frage. Die alte Frau sah ihn voll an. »Sie wissen genau, wo sie sind, sonst wären Sie nicht hier«, versetzte sie. Stoneman hielt ihr die telefonische Meldung unter die Nase, mit der Anzeige auf der Rückseite:

»Habe das Dachgeschoss im Verdacht; Elmstr. 11, Altstadt. E.B.«

»Das dürfte Frau Blake sein, von nebenan«, sagte die Frau, als sie die Anfangsbuchstaben laß.

»Also ran, Leute!«

Im Nu waren sie droben in muffiger Dunkelheit, schwangen die blitzenden Beile gegen Türen, die sich als unverschlossen erwiesen, stürmten hinaus, lärmig wie eine Schar Lausbuben.

»He!« Eine Kaskade von Büchern ergoss sich über Montag, als er schaudernd die steile Stiege erklomm. Wie peinlich. Bisher war es immer eine Kleinigkeit gewesen. Die Polizei fuhr zuerst hin, schloss dem Opfer mit Klebestreifen den Mund und führte es in ihren schnittigen Wagen ab, sodass die Feuerwehr bei ihrer Ankunft ein leeres Haus vorfand. Man tat niemandem weh, höchstens den Dingen. Und da die Dinge gefühllos waren und nicht schreien oder winseln konnten, wie diese Frau es vielleicht noch tun würde, hatte man später ein unbeschwertes Gewissen. Man räumte lediglich auf, Hauswartsarbeit, im Grunde. Alles an den gehörigen Ort. Rasch, das Kerosin! Wer hat ein Streichholz?

Montag fand die Frau höchst fehl am Ort. Sie hätte nicht hier sein dürfen, das wäre ja noch schöner. Bücher prallten ihm gegen Schultern, Arme, Gesicht. Eines davon landete, beinahe fügsam, in seiner Hand, wie eine Taube mit flatternden Flügeln. Eine offen herabhängende Seite wirkte im schummrigen Dämmerlicht wie eine einzelne weiße Feder, mit zart darauf gemalten Worten. Bei dem aufgeregten Betrieb konnte Montag mit knapper Not eine Zeile erhaschen, aber sie loderte minutenlang in seinem Gemüt, wie mit glühendem Stempel eingeprägt. »Die Zeit ist eingeschlafen in der Nachmittagssonne.« Er ließ das Buch fallen. Gleich darauf flog ihm ein anderes in die Hände.

»Montag, hier rauf!«

Montags Hand klappte zu wie ein Rachen, drückte das Buch mit gieriger Gedankenlosigkeit an die Brust. Montag hatte nichts getan. Seine Hand hatte alles allein getan. Seine Hand, mit eigenem Denkvermögen, mit eigenem Wissen und Gewissen in jedem zitternden Finger, war zum Dieb geworden.

Verstört betrachtete er die weiße Hand. Er hielt sie von sich ab, als wäre er weitsichtig. Er hielt sie sich unter die Augen, als könne er nicht gut sehen.

»Montag!«

Er fuhr herum.

Bücherverbrennung am 10. Mai 1933 vor dem staatlichen Opernhaus in Berlin unter Beteiligung tausender Studenten und SA-Männer

»Bleib doch nicht dort stehen, du Schafskopf!«

Wie Fische, zum Dörren aufgeschüttet, lagen die Bücher da. Die Leute sprangen auf ihnen herum, glitten aus, stürzten hin. Goldene Titel leuchteten im Fallen auf, waren weg.

»Kerosin!«

Sie pumpten die kalte Flüssigkeit aus den Behältern, die sie auf den Rücken geschnallt trugen: 451 stand darauf. Jedes einzelne Buch erhielt einen Guss, ganze Zimmer wurden getränkt.

Dann eilten sie nach unten. Montag taumelte hinterher in den Kerosindämpfen.

»Weg mit der Frau!«

Sie kniete inmitten der Bücher, befühlte Leder und Pappe, die sich voll gesogen hatten, las die vergoldeten Titel mit den Fingerspitzen, während sie Montag vorwurfsvoll anblickte.

»Meine Bücher kriegt ihr nie«, erklärte sie.

»Sie kennen doch die Gesetze«, entgegnete Beatty, »wo bleibt Ihr gesunder Menschenverstand? Keines dieser Bücher stimmt mit den andern überein. In Ihrem Kopf muss ja seit Jahren eine verfluchte Sprachverwirrung geherrscht haben. Nehmen Sie doch Vernunft an! Die Leute in diesen Schmökern hat es überhaupt nie gegeben. Gehen Sie jetzt mit.«

Sie schüttelte den Kopf.

Sie tat die Finger der einen Hand ein wenig auseinander, und in dieser Hand steckte ein einzelnes schmales Ding.

Ein gewöhnliches Streichholz.

Bei dem Anblick stürzten die Leute hinaus und vom Haus weg. Hauptmann Beatty wahrte seine Würde, indes er langsam rückwärts zur Tür hinausging, das gerötete Gesicht verbrannt und funkelnd von tausend Bränden und nächtlichen Erlebnissen. Richtig, dachte Montag, der Alarm kommt ja immer nachts. Nie bei Tage. Geschieht es, weil sich das Feuer bei Nacht hübscher ausnimmt, ein schöneres Schauspiel bietet? Beattys Miene verriet nun doch einen Anflug panischen Schreckens, als er unter der Tür stand. Die Hand mit dem Streichholz zuckte, um die Frau wallten die Kerosindämpfe auf.

1.

In Ray Bradburys Negativutopie, in der er das Schreckensbild einer unfreien Gesellschaft zeichnet, werden wie im Nationalsozialismus und vielen Diktaturen Bücher als Gefahr gesehen, denn sie lassen Menschen oft nachdenklich und selbstbewusster werden.

Beschreibe den Konflikt des Feuerwehrmanns Montag!

2.

Wie bewertest du ihn? Wie beurteilst du das Verhalten der Frau, deren Bücher vernichtet werden sollen? Seht euch den Film »Fahrenheit 451« an und diskutiert ihn!

Montag fühlte das verborgene Buch wie ein Herz gegen seine Rippen pochen. Voll Verachtung streckte die Frau die Hand aus und riss das Streichholz am Geländer an.
Die ganze Straße entlang kamen die Leute aus den Häusern gerannt.
Auf dem Rückweg zur Feuerwache wurde nicht gesprochen. Keiner sah den anderen an. Montag saß mit Beatty und Black auf dem Vordersitz. Sie rauchten nicht einmal ihre Pfeifen …
»Meister Ridley«, sagte Montag schließlich.
»Wie?«, fragte Beatty.
»Sie hat ›Meister Ridley‹ gesagt. Irgend etwas Sinnloses, als wir hereinkamen. ›Seid ein Mann, Meister Ridley‹, sagte sie, und dann noch was dazu.«
»›Wir werden heute, so Gott will, in England eine Kerze anzünden, wie sie wohl nie mehr auszulöschen ist‹«, ergänzte Beatty. Verdutzt schaute Stoneman zu ihm herüber; Montag desgleichen.
Beatty rieb sich das Kinn. »Ein Mann namens Latimer sagte es zu einem anderen namens Nicholas Ridley am 16. Oktober 1555, als sie in Oxford wegen Ketzerei bei lebendigem Leibe verbrannt wurden.«

Der englische Sozialreformer Robert Owen hat das Erziehungssystem in England nachhaltig beeinflusst. Er stellte u.a. folgende Gesetze für die Gemeinschaft auf:

Allgemeine Gesetze

1. Alle Menschen sollen ihre Ansichten über jeden Gegenstand, die ihnen die Natur vermittels der stärksten Eindrücke aufzwingt, frei äußern können.

2. Keiner darf gewaltsam, sondern nur in fairer Diskussion und Beweisführung einen anderen wegen seiner Ansichten oder seines Glaubens zur Rede stellen.

3. Keine Meinung und kein Glaube sollen jemals gelobt oder getadelt, belohnt oder bestraft werden.

3.
Welche Bedeutung haben Bücher für dich?

4.
Weshalb glaubst du, können sie Diktatoren gefährlich werden?

5.
Wie verstehst du Meinungs- und Gedankenfreiheit? Wie wichtig erscheinen sie dir?

6.
Mit welchen Kriterien begründet Hauptmann Beatty die Vernunft bzw. Unvernunft von Büchern? Mit welchen Kriterien rechtfertigt er sein Handeln?

7.
Woher kann Hauptmann Beatty seine Geschichtskenntnisse haben?
(Kino und Fernsehen gibt es in »Fahrenheit 451« nur zur Unterhaltung und Verdummung der Menschen.)

2.10 Der Mythos des Ikarus

Es gefiel ihm nicht bei dem grausamen, herrischen König. Er hatte Heimweh. Jeden Abend ging er mit seinem Sohn Ikarus an den Strand und blickte über das offene Meer zum Horizont, wo in der Dämmerung Himmel und Meer miteinander verschmolzen. Dort, irgendwo in der Ferne, lag seine Heimat. Anfangs hoffte er, ein Schiff werde kommen, um ihn in die Heimat zu bringen. Doch kein Schiff wagte es, von der Insel jemanden fortzuführen, dem der König die Abreise nicht erlaubte. Statt der ersehnten Segel sah Dädalus stets nur das gleiche Bild: das leere Meer, Felsen und Vogelschwärme über dem Wasser.
Der berühmte Baumeister beneidete die Vögel um ihre Freiheit. Sie kennen keine Grenzen und Hindernisse, sie fliegen über Berge und Meere. Tag und Nacht dachte er an die Vögel und fand keinen Schlaf. Er zeichnete Vogelschwingen, beobachtete den Flug der Vögel und bereitete heimlich seine Flucht vor. Er beschaffte sich Federn verschiedener Größen, und eines Nachts, allen Blicken verborgen, ging er an die Arbeit. Mit Leinenfäden band er die Federn, von den kürzesten bis zu den längsten, zusammen. Dann verklebte er sie mit Wachs und gab ihnen die Form von Flügeln. Für sich selbst baute er zwei große Schwingen, für Ikarus zwei kleinere.

1.
Aus welcher Situation wollen Ikarus und sein Vater Dädalus fliehen? Welche Freiheit versuchen sie zu erreichen?

2.
Wie versuchen sie ihre Freiheit zu erreichen?

3.
Weshalb erreicht Ikarus die Freiheit nicht?

4.
Kann man aus dem Mythos des Ikarus eine Lehre ziehen? Welche?

Befriedigt betrachtete er die vollendete Arbeit. »Dem König gehören die Schiffe«, dachte er, »aber mir gehört die Luft.« Am nächsten Tag weckte Dädalus zeitig am Morgen seinen Sohn Ikarus. Zuerst legte er selbst die Flügel an, breitete die Schwingen aus und erhob sich in die Luft. Er lehrte Ikarus, die Flügel zu gebrauchen, wie Vogeleltern ihre Jungen fliegen lehren. Ikarus bemühte sich, es dem Vater im Fliegen gleichzutun, und lachte vergnügt, als es ihm gelang, über hohen Bäumen und steilen Felsen zu kreisen.

Dädalus aber belehrte seinen Sohn: »Sei vorsichtig, Ikarus, flieg nicht zu hoch, die Sonne würde das Wachs auf den Flügeln zum Schmelzen bringen und dir die Schwingen versengen. Flieg auch nicht zu niedrig, damit die Meereswellen dir die Flügel nicht nass machen, sie würden zu schwer werden und dich in die Tiefe ziehen. Fliege weder hoch noch niedrig, sondern so wie ich in der Mitte, und verliere mich nicht aus den Augen.«

Dädalus küsste seinen Sohn und beide erhoben sich in die Lüfte. Voran flog Dädalus und blickte sich ständig nach Ikarus um. Der Sohn flog so, wie der Vater es ihm geboten hatte.

Dann breitete sich unter Dädalus und Ikarus das weite Meer aus.

Wenn sie ein Schiff überflogen, hielten die Ruderer vor Staunen die Arbeit inne.

Die Insel Kreta lag schon weit hinter ihnen, der Tag war klar, und Dädalus, erfreut über das gute Gelingen des Fluges, gab sich der Erinnerung an die Heimat hin. Fröhlich schlug Ikarus in der warmen Luft mit den leichten Flügeln. Gern wäre er höher geflogen, doch solange sich der Vater nach ihm umsah, wagte er es nicht.

Nun vergaß der in Gedanken versunkene Vater, sich nach dem Sohn umzublicken, und Ikarus machte sich das zunutze.

Er stieg höher und höher und begann vor Freude zu singen. So nahe kam er dem strahlenden Gespann des Sonnengottes, dass er dessen goldenen Wagen bewundern konnte. Und die Sonne glühte und brachte das Wachs auf den Flügeln zum Schmelzen. Große gelbe Tropfen flüssigen Wachses fielen hinab ins Meer. Die Fäden lockerten sich, und die Federn, die nicht mehr zusammengehalten wurden, ließen Luft durch.

Ikarus schlug noch einmal mit den bloßen Armen und stürzte mit einem Aufschrei in die Tiefen des Meeres. Das Wasser brachte seinen Mund zum Verstummen, und die glitzernden Wellenkämme bedeckten sich mit einer Schicht weißer Federn.

Dädalus hörte den Schrei, wandte sich um und rief nach dem Sohn. Niemand antwortete ihm.

Leer war um ihn der unendliche Luftraum, verlassen das weite Meer unter ihm.

Dädalus ließ sich bis dicht an die Wellen hinab und rief und suchte.

Er fand nur verstreute nasse Federn.

5.

Aus welchen Situationen möchtest du fliehen? Welche Mittel gibt es dazu? Beziehe die Karikatur mit in deine Überlegungen ein!

6.

Vergleicht das Grimm'sche Märchen »Die Bremer Stadtmusikanten« mit Jörg Steiners »Aufstand der Tiere oder Moderne Stadtmusikanten«. Welcher Unfreiheit versuchen die Tiere zu entfliehen, und wie gehen sie dabei vor? Welche Träume von Freiheit haben sie? Was können sie verwirklichen?

Sergej Dimitriukh

Ihr Flug ist genehmigt!

Der verzweifelte Vater flog zur nächsten Insel, nahm die Flügel ab und setzte sich ans Ufer.
Den ganzen Tag saß er trauernd, und am Abend, als die Sonne ihre tägliche Wanderung beendete, spülte das Meer den toten Sohn ans Land.
Unter dem Sternenhimmel hob Dädalus für Ikarus ein Grab aus.
Die Insel, auf der er den Sohn begraben hatte, erinnert bis heute durch ihren Namen an Ikarus' Schicksal.
Sie heißt Ikaria.

2.11 Aldous Huxley: Das Glück der Unfreiheit

In seinem utopischen Roman »Schöne neue Welt« schildert Aldous Huxley Menschen, die im Reagenzglas gezüchtet worden sind, und zwar mit unterschiedlicher Intelligenz: Alphas sind Führerpersönlichkeiten, Epsilons sind »Halbtrottel« und werden nur zu eintöniger Arbeit gezüchtet, oft auch als identische 96-linge. Die Menschen werden in »Schlafschulen« genormt, das heißt unterbewußt – im Schlaf – auf ihre zukünftigen Aufgaben hin geprägt. Alle werden mit Drogen (»Soma«) und Vergnügungen (z.B. Fühlkino) zufrieden gestimmt.
Der Weltaufsichtsrat will die Menschen vor den »Gefahren der Freiheit« bewahren.

Jules Stauber

»Die Welt ist jetzt im Gleichgewicht. Die Menschen sind glücklich, sie kriegen, was sie begehren, und begehren nichts, was sie nicht kriegen können. Es geht ihnen gut, sie sind geborgen, immer gesund, haben keine Angst vor dem Tod. Leidenschaft und Alter sind diesen Glücklichen unbekannt, sie sind nicht mehr mit Müttern und Vätern behaftet, haben weder Weib noch Kind noch Geliebte, für die sie heftige Gefühle hegen könnten, und ihre ganze Normung ist so, dass sie sich kaum anders benehmen können, als sie sollen. Und wenn wirklich einmal etwas schief geht, gibt es Soma.
Ein Mensch, der als Alpha entkorkt und aufgenormt ist, würde trübsinnig, wenn er die Arbeit eines Epsilon-Halbtrottels verrichten müsste, oder schlüge alsbald alles kurz und klein. Alphas können der menschlichen Gemeinschaft vollkommen eingefügt werden, aber nur, wenn man ihnen Alphaarbeit überträgt. Nur ein Epsilon kann die Opfer eines Epsilons bringen, aus dem guten Grund, dass sie für ihn keine Opfer bedeuten, sondern die Stellen des geringsten Widerstands sind. Seine Normung hat Schienen vor ihn hingelegt, auf denen er laufen muss. Er kann nicht anders, es ist ihm vorbestimmt. Auch nach der Entkorkung befindet er sich noch immer in einer Flasche, einer unsichtbaren Flasche infantiler und embryonaler Fixationen. Wir alle«, setzte der Aufsichtsrat gedankenvoll hinzu, »gehn natürlich in einer Flasche durchs Leben. Aber wenn wir Alphas sind, dann sind unsre Flaschen sozusagen unermesslich groß. Wir würden bitter leiden, wenn wir auf engeren Raum beschränkt wären.«

Peter Maffay: Liebe wird verboten

Die schöne neue Welt, die vor uns liegt,
so schön, dass man davon kalte Füße kriegt
wird morgen Wirklichkeit, wenn wir nichts dagegen tun.
Die Pillen gibt es längst, die man nur schlucken muss,
fürs Glücksgefühl und gegen Überdruss,
wir werden schon verplant und schauen auch noch ruhig zu.
Liebe wird verboten,
denn Liebe bringt Gefahr für den neuen Staat,
und Gefühle stören da nur.
In der Welt von morgen klappt alles wunderbar,
ja du wirst schon sehn!

Morgen funktionierst dann auch du. (Oh no!)
Dann denkst du nur, du denkst, und in Wirklichkeit
fährt ein Programm für dich auf Lebenszeit.
Du kennst nicht mal den Knopf, an dem andre für dich drehn.
Die Kinder kommen aus Retorten raus,
sie sehn perfekt und ziemlich ähnlich aus.
Auf Denken steht der Tod, und in Bücher darf kein Mensch mehr sehn.
Liebe wird verboten,
denn Liebe bringt Gefahr für den neuen Staat,
und Gefühle stören da nur.
In der Welt von morgen klappt alles wunderbar,
ja du wirst schon sehn!

Morgen funktionierst dann auch du ...
Die neue Welt wird Wirklichkeit.
Die Pläne liegen längst griffbereit.
Bis morgen ist es nicht mehr weit.
Die schöne neue Welt beginnt schon heut ...

1.
Wie beurteilst du den Gedanken der Züchtung und Normung von Menschen für bestimmte Aufgaben? Kann zu viel Intelligenz hinderlich sein? Muss die Gesellschaft geplant werden? (Vgl. mit folgendem Text 2.12!)

2.
Hältst du die Gesellschaftsordnung der »Schönen neuen Welt« für Glück bringend?
Würdest du für Glück auf Freiheit verzichten? Auf welches Glück und welche Freiheit?

3.
Welche Rechte werden durch das Recht auf genormtes Glück vernachlässigt? Wie beurteilst du das?

4.
Auch Peter Maffay muss »Schöne neue Welt« gelesen haben. Denkt über seinen Songtext nach und diskutiert ihn!

Frederic B. Skinner: Geplantes Glück oder Freiheit? 2.12

Der Verhaltensforscher Skinner hat in seiner Utopie »Futurum Zwei« eine Kommune im Wald beschrieben, in der das Verhalten der Menschen geschickt gesteuert wird, Gewalt ist nicht nötig. Er behauptet, dass sie kein Freiheitsbedürfnis haben, wenn alle ihre anderen Bedürfnisse erfüllt werden. Es gibt Arbeitsbons, die man abarbeiten muss (nur wenige Stunden in der Woche).
Die Art der Arbeit kann man sich jeweils aussuchen. Gute Verpflegung, Bücher, Musik stehen nach Bedarf zur Verfügung, alles ist auf Harmonie ausgerichtet, es gibt keine Not. Die Säuglinge werden mit viel Wärme in durchsichtigen Glaskästen gezogen, damit sie keine Decke brauchen und sich daran gewöhnen, keine Privatsphäre zu haben. Die Kinder werden erzogen, ihre individuellen Bedürfnisse kontrollieren zu können.
Der Philosophieprofessor Castle besucht mit seinen Studenten seinen ehemaligen Studienkollegen Frazier, dessen »Experiment« die Kommune ist, und ist fasziniert ...

»Utopia, wirklich«, sagte Frazier. »Und wissen Sie auch, welches Faktum ich am unglaublichsten finde?«

»Das Faktum, dass ein Erfolg daraus geworden ist, nehme ich an«, sagte ich.

»Nein, was wäre daran unglaublich? Wie wäre denn ein Misslingen denkbar gewesen? Ich denke an ein Detail, durch das Futurum Zwei sich von sämtlichen je erträumten Utopien unterscheidet. Und zwar ein sehr einfaches Detail.« Er blickte weiter von einem zum andern, aber wir konnten uns alle keinen Vers daraus machen.

»Nun, die schlichte Tatsache, dass es jetzt und hier überhaupt existiert!« Er wartete auf die Wirkung seiner Worte, aber allzu groß konnte sie bei uns nicht sein.

Castle tastete sich an den Kernpunkt heran. »Die Utopien sind immer ein wenig Außenseiter gewesen«, sagte er schließlich zögernd. »Außenseiter! Wahrhaftig! Utopie ist griechisch und heißt ›Nirgendwo‹, Buttler buchstabierte ›Nowhere‹ für den Titel seines Buches rückwärts: Erewhon. Bacon entschied sich für ein verlorenes Atlantis, … Bellamy und Morris hielten es für angezeigt, ein oder zwei Jahrhunderte Zeitraum einzuschieben. Außenseiter, wahrhaftig! Die oberste Regel des utopischen Romans lautet: ›Weg vom Leben, wie wir es kennen, weg in Raum und Zeit – oder kein Mensch schenkt uns Glauben!‹ « Fast meinte ich eine Heilsarmeetrommel von Fern zu vernehmen, als er fortfuhr: »Das eine, das ich von jedem Hausdach herabrufen möchte, ist dies: der richtige Weg liegt vor uns, jetzt und hier! Er bedarf keines Regierungswechsels oder irgendwelcher weltpolitischer Vorgänge. Er ist nicht auf eine Höherentwicklung der menschlichen Natur angewiesen. In diesem Augenblick verfügen wir über die Techniken, materiell wie psychologisch, um ein erfülltes, beglückendes Leben für jedermann zu schaffen!«

»Ich trete nicht für Ausschaltung der Regierung ein, sondern nur gegen jede in den jetzt existierenden Formen. Wir brauchen eine Regierung, die sich auf eine Wissenschaft der menschlichen Verhaltensweisen stützt. Das und nichts anderes kann eine dauerhafte Sozialstruktur hervorbringen. Zum erstenmal in der Weltgeschichte sind wir jetzt dafür gerüstet, weil wir jetzt über menschliche Verhaltensweisen in Übereinstimmung mit klaren wissenschaftlichen Grunderkenntnissen Bescheid wissen …«

1.
Wie könnte man mit »wissenschaftlicher Verhaltensplanung« eine harmonische Gesellschaft erzeugen? Welche anderen Auswirkungen hätte das noch? Diskutiert in diesem Zusammenhang das Sprichwort »Jeder ist seines Glückes Schmied«!

2.
Können Menschen glücklicher sein, wenn ihre Umgebung so geplant ist, dass ihre Bedürfnisse erfüllt werden?

3.
Bereitet Referate zu den anderen im Text erwähnten Utopien vor und diskutiert im Anschluss an die Vorträge!

Gabriele Münnix:
Im goldenen Käfig

2.13

Auf der Terrasse eines großen und wunderschönen Gartens stand auf einem Gartentisch ein vergoldeter Vogelbauer von erstaunlicher Größe. In ihm saß ein herrlicher Kakadu mit schneeweißem, gepflegtem Gefieder und beäugte neugierig die Amseln und Spatzen, die sich um den Käfig herum auf dem Gartentisch niedergelassen hatten.
»Wie hälst du es nur in diesem Käfig aus?«, fragten die Vögel.
»Oh, ich habe morgens und abends frisches Wasser und Körner, angereichert mit Vitaminen, meine Krallen werden geschnitten, und jede Woche darf ich baden und bekomme frischen Sand«, erzählte der vornehme Kakadu den erstaunten Amseln und Spatzen. »Und mein Käfig ist der größte und schönste, den es zu kaufen gab, und außerdem natürlich auch der teuerste. Er ist prächtig, und ich kann stolz auf ihn sein. Ich bin ein vornehmer Vogel, und jeder kann es sehen ... Was bekommt ihr für Fressen?«

Erich Fromm: Der Psychoanalytiker und Sozialphilosoph beschreibt in seinem Buch »Haben oder Sein« zwei Existenzweisen, an denen die »psychischen Grundlagen einer neuen Gesellschaft« deutlich werden, die sich von ihrer Besitzorientierung lösen muss.
Nur so ist seiner Meinung nach wirklich erfülltes echtes Leben in innerer Freiheit möglich.

»Oh, unsere Nahrung müssen wir uns selber suchen«, piepsten die Spatzen. »Hier und da bleibt immer etwas für uns übrig ...« »Unter der warmen Rinde der Bäume finden wir immer wieder Gutes«, zwitscherten die Amseln, »man muss nur danach suchen. Und hin und wieder gibt es köstliche Regenwürmer, man muss nur ein Auge dafür haben. Unsere Krallen müssen nie geschnitten werden, das machen schon die Baumrinden, darum müssen wir uns nicht sorgen. Und ein Bad im frischen Regen oder eine Dusche unter nassen Baumblättern ist herrlich erfrischend. Und wenn es zu kalt draußen wird, ziehen wir einfach nach Süden. Wir finden immer wieder genug zum Leben.«
»Ich habe es aber immer warm, ob auf der Terrasse oder im Salon«, krächzte der Kakadu. »Nach Süden ziehen, wenn ich das schon höre! Das ist doch sicher furchtbar anstrengend! Wie lange seid ihr denn da unterwegs?«
»Oh, das sind oft Wochen«, sagten die Amseln. »Es macht Spaß, so zusammen durch die Lüfte zu ziehen und sich auf das Ziel zu freuen, wie du dir sicher vorstellen kannst.« »Ihr seid nirgendwo richtig zu Hause, und niemand kümmert sich um euch. Ich dagegen habe alles, was ich brauche. Ich werde verwöhnt, und wenn ich Lust hätte, könnte ich sicherlich auch fliegen. Aber es muss ja nicht gleich so weit sein ... Man muss ja nicht gleich alles übertreiben ..., ich habe das gottlob nicht nötig ... Jedenfalls bedaure ich euch, dass ihr so um eure Existenz kämpfen müsst.« »Oh, wir sind nichts anderes gewöhnt«, sagten die Amseln und Spatzen im

1. ___
Wie beurteilst du Leben und Verhalten des Kakadus? Woher bezieht er sein Selbstbewusstsein?

2. ___
Wie leben die anderen Vögel, und welche Formen von Freiheit erleben sie?

3. ___
Muss man für Glück auf Freiheiten verzichten? Denke in diesem Zusammenhang über Frederic B. Skinners und Aldous Huxleys Gesellschaftsideale nach!

4. ___
Welche Art Freiheit bringt welches Glück? (Vgl. auch 3.8!)

5. ___
Kennt ihr Personen, die sich ähnlich verhalten wie die Vögel in der Fabel? Wie beurteilt ihr sie?

6. ___
Was haltet ihr vom Gleichnis der Lilien auf dem Felde?

Svijatoslav Spassky

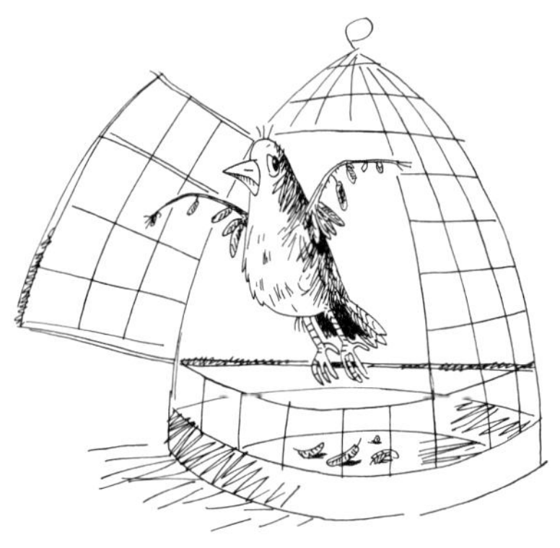

Chor. »Unser Zuhause ist der Himmel, und das ist herrlich! Spürst du die laue Luft? Es ist Sommer, und es ist zu schön, durch die Luft zu segeln und auf diesem oder jenem Baum Pause einzulegen! Vereinzelt gibt es schon Kirschen! Und jeder neue Baum ist eine Welt für sich, und du lernst viele neue Welten kennen, immer neue und andere: z.B. ist eine Birkenwelt hell und trokken, und Kastanienwelten sind meistens dunkel und schattig und ein bisschen feucht, und es gibt ganz andere Tiere! Das alles ist aufregend, und es gibt so viel zu entdecken und zu erfahren! Und das Allerschönste ist, sich vom Wind über einen glitzernden Bach tragen zu lassen und seinem Lauf zu folgen, egal wo er hinfließt ... Dann bekommst du eine Ahnung davon, wie alles zusammenhängt ...«

»Das wäre nichts für mich«, sagte der Kakadu. »Das wäre mir denn doch zu unbequem. Und meine eigene Welt in meinem herrlichen Haus reicht mir auch. Ihr könnt mir ja dann und wann von euren Abenteuern erzählen. Ich aber will nicht für mich selber sorgen müssen. Ich liebe den Luxus und bin stolz auf mich. Ich bin eben ein ganz besonderer Vogel!« »Da kannst du durchaus Recht haben ...«, sagten versonnen die anderen Vögel.

2.14 John Stuart Mill:
Freiheit und Individualität

Wenn alle Menschen außer einem derselben Meinung wären und nur dieser Einzige eine entgegengesetzte hätte, dann wäre die ganze Menschheit nicht mehr berechtigt, diesen einen mundtot zu machen, als er, die Menschheit zum Schweigen zu bringen, wenn er die Macht hätte. ... das besondere Übel der Unterdrückung einer Meinungsäußerung liegt darin, dass es am menschlichen Geschlecht als solchem Raub begeht, an der Nachwelt so gut wie an den Mitlebenden, an denjenigen, die von dieser Meinung nichts wissen wollen, noch mehr als an denen, die sie vertreten. Denn wenn die Meinung richtig ist, so beraubt man sie der Gelegenheit, Irrtum gegen Wahrheit auszutauschen; ist sie dagegen falsch, dann verlieren sie eine fast ebenso große Wohltat: nämlich die deutlichere Wahrnehmung und den lebhafteren Eindruck des Richtigen, der durch den Widerstreit mit dem Irrtum entsteht.

Der Verstand ist dem Menschen gegeben, damit er ihn benutzt.

Er ist fähig, seine Missgriffe durch Diskussion und Erfahrung richtig zu stellen. Nicht durch Erfahrung allein: Diskussion tut Not, um zu zeigen, wie die Erfahrung zu deuten ist.

Da alle Wucht und aller Wert menschlichen Urteils also nur von der einen Eigenschaft abhängt, dass man es berichtigen kann, wenn es falsch ist, so kann man sich nur dann darauf verlassen, wenn die Mittel zur Korrektur stets zur Hand sind. Wie ist es denn gekommen, dass irgendjemandes Urteil wirklich das Vertrauen rechtfertigt? Weil er sich für die Kritik seiner Worte und Taten offen hielt.

Die Wahrheit gewinnt ... durch die Irrtümer dessen, der mit gehörigem Fleiß und Studium selbständig denkt, als durch die richtigen Ansichten derer, die sie nur vertreten, weil sie sich nicht gestatten, selbst nachzudenken. Nicht dass man Geistesfreiheit verlangt, einzig oder hauptsächlich, um große Denker heranzuzüchten. Im Gegenteil, es ist ebenso, ja sogar noch unerlässlicher, Durchschnittsmenschen zu der geistigen Ausbildung zu bringen, die ihnen erreichbar ist. Es sind früher – mag sein auch heute – einzelne große Denker in einer Atmosphäre von allgemeiner geistiger Sklaverei vorgekommen. Aber niemals gab es oder wird es in solcher Atmosphäre ein geistig tätiges Volk geben. Wo immer ein Volk zeitweilig einen Aufschwung zu solchen Eigenschaften nahm, da war die Angst vor andersgläubiger Spekulation eine Zeit lang aufgehoben. Wo ein schweigendes Übereinkommen herrscht, Prinzipien nicht zu erörtern, wo die Diskussion der tiefsten Fragen, die die Welt beschäftigen können, als abgeschlossen betrachtet wird, da können wir nicht hoffen, jene allgemein hohe Stufe geistiger Tätigkeiten zu finden, welche einige Geschichtsspannen so bemerkenswert macht.

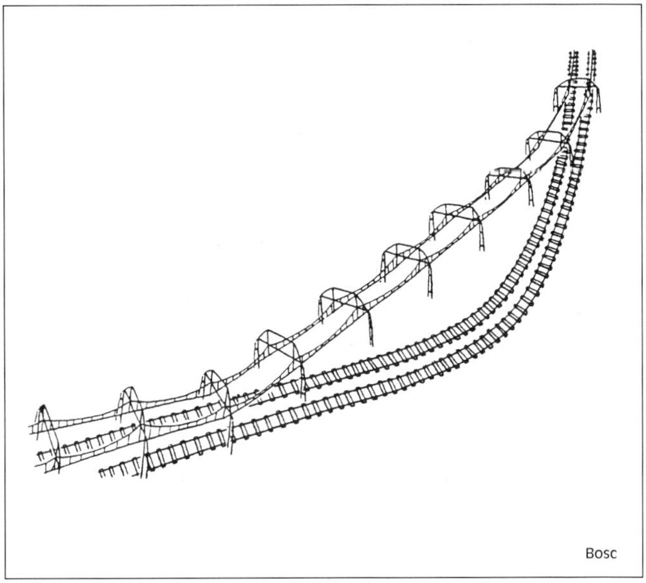

Wir haben bis jetzt nur zwei Möglichkeiten in Betracht gezogen: dass die vorgebrachte Meinung falsch und folglich eine gewisse andere richtig sei, oder dass die betreffende Meinung richtig und ein Streit mit dem entgegenstehenden Irrtum für das klare Begreifen und tief dringende Erfühlen der Wahrheit wesentlich ist. Es gibt jedoch noch einen gewöhnlicheren Fall als einen dieser beiden: wenn nämlich bei den beiden in Konflikt stehenden Anschauungen, statt dass die eine richtig und die andere falsch ist, die Wahrheit in der Mitte liegt ... Sie sind Teil – manchmal ein größerer, manchmal ein kleinerer Teil – der Wahrheit, aber übertrieben, verzerrt und losgerissen von anderen Wahrheiten, von denen sie begleitet und beschränkt werden sollten.

Der letzte Fall war bisher der häufigste, da im menschlichen Geist Einseitigkeit immer die Regel, Vielseitigkeit die Ausnahme bildet. Daher kommt es, dass selbst in Revolutionen der Ideen gewöhnlich der eine Teil der Wahrheiten absinkt, während der andere aufsteigt.

Da nun der einseitige Charakter der vorherrschenden Meinungen, selbst wenn sie auf einer richtigen Grundlage beruhen, einmal so ist, sollte jede Idee, die etwas von der durch die Öffentlichkeit vernachlässigten Wahrheit verkörpert, als Kostbarkeit gelten, gleichgültig, mit wie viel Irrtum und Verwirrung sie vermengt sein mag.

Nachdem wir die Gründe, die es zum Gebot machen, dass die Menschen frei ihre Meinung bilden und sie ohne Einschränkung äußern, erwogen haben, wollen wir als Nächstes untersuchen, ob nicht dieselben Gründe verlangen, dass die Menschen auch die Freiheit haben sollten, nach ihrer Meinung zu handeln und sie im Leben durchzusetzen, ohne von ihren Mitmenschen durch physischen oder moralischen Zwang daran verhindert zu werden ... Niemand behauptet, dass Handlungen ebenso frei sein dürfen wie Meinungen. Im Gegenteil: selbst Gedanken verlieren ihre Straflosigkeit, wenn die Umstände, unter denen sie ausgesprochen werden, von der Art sind, dass ihr Ausdruck eine direkte Aufreizung zu irgendeiner Schandtat bildet. Die Meinung, dass Getreidehändler die Armen aushungern oder dass Eigentum Diebstahl ist, sollte unangefochten bleiben, wenn sie bloß in der Presse ausgedrückt wird, sollte aber gerechterweise Strafe nach sich ziehen, wenn man sie mündlich einer

1.
Welche Gedanken zur Meinungsfreiheit äußert John Stuart Mill?

2.
Weshalb ist Meinungsfreiheit Grundlage zur Erkenntnis des Wahren und zur Korrektur von Irrtümern? Weshalb sind Meinungsverschiedenheiten nützlich?

3.
Weshalb ist Selberdenken (auch das Prinzip Immanuel Kants für das Philosophieren) so wichtig? Weshalb sind Ideen kostbar?
Weshalb glaubt Mill, dass ein hohes Niveau geistiger Tätigkeit in einem Volk von Vorteil ist?

Yrrah

erregten Menge, die sich vor dem Hause eines Getreidehändlers versammelt hat, vorträgt oder sie unter gleichen Umständen in Form von Handzetteln in Umlauf setzt. Jede Handlung, gleich welcher Art, die ohne gerechten Anlass anderen Schaden zufügt, soll und muss man in wichtigeren Fällen unbedingt durch Missfallensäußerungen, notfalls durch energisches Eingreifen zügeln. Insofern muss man die Freiheit des Einzelnen beschränken, er darf sich nicht zu einer Belästigung für andere entwickeln. Dass Menschen nicht unfehlbar, dass ihre Wahrheiten meistens nur Halbwahrheiten sind, dass Einheit der Meinung, wenn sie nicht auf dem vollsten und freiesten Ausgleich gegensätzlicher Ansichten beruht, gar nicht wünschenswert ist und Meinungsverschiedenheit also nicht ein Übel, sondern etwas Gutes darstellt, bis die Menschheit fähiger als augenblicklich ist, alle Seiten der Wahrheit zu erkennen, das sind Grundsätze, die nicht nur auf die Handlungsweise der Menschen, sondern ebenso sehr auf ihre Meinungen zutreffen. So wie es nützlich ist, dass es Meinungsverschiedenheiten gibt, solange die Menschen unvollkommen sind, so ist es ebenso vorteilhaft, dass man den verschiedenen Charaktereigenschaften Spielraum lässt ohne Schaden für andere, und dass man den Wert verschiedener Lebensarten praktisch ausprobiert, wenn irgendjemand es für richtig hält, sie zu versuchen. Kurz, es ist zu wünschen, dass man in Dingen, die nicht von vornherein andere mitbetreffen, der Individualität eine Chance gibt.

Niemand wird leugnen, dass Originalität ein wertvolles Element in menschlichen Angelegenheiten ist. Es fehlt immer an Personen, nicht nur, um neue Wahrheit zu entdecken und aufzuzeigen, dass ehemalige Wahrheiten nun nicht mehr als solche zu gelten haben, sondern auch, um neue Bräuche einzuführen und Beispiel zu geben für aufgeklärtere Lebensführung, besseren Geschmack und Sinn im Menschenleben. Die kann niemand bestreiten, der nicht glaubt, dass die Welt auf alle Weise und in jeder Hinsicht schon die Vollendung erreicht habe.

4.

Welche Freiheit im Handeln gesteht Mill dem Menschen zu? Welche Beschränkungen der Freiheit billigt er?

5.

Weshalb muss nach Mill die Individualität frei entwickelt werden können? Welchen Vorteil hat der Staat davon?

6.

Darf Freiheit auch Freiheit zu Mord und Terror sein? Wie weit darf die freie Entfaltung der Persönlichkeit gehen? (Lest dazu Jean-Paul Sartres Drama »Die schmutzigen Hände«! Spielt einige Szenen und diskutiert darüber!)

7.

Welche Meinung vertritt Marius Müller-Westernhagen in seinem Song »Freiheit«, S. 63? Sucht nach Beispielen, die seine Aussagen belegen oder widerlegen!

Marius Müller-Westernhagen: Freiheit

Die Verträge sind gemacht,
und es wurde viel gelacht
und was Süßes zum Dessert.
Freiheit, Freiheit
ist die Einzige, die fehlt.
Der Mensch ist leider nicht naiv,
der Mensch ist leider primitiv.
Freiheit, Freiheit
wurde wieder abbestellt.

Die Kapelle rumtata,
und der Papst war auch schon da,
und mein Nachbar vorneweg.
Freiheit, Freiheit
ist die Einzige, die fehlt.
Der Mensch ist leider nicht naiv,
der Mensch ist leider primitiv.
Freiheit, Freiheit
wurde wieder abbestellt.

Alle, die von Freiheit träumen,
sollten's Feiern nicht versäumen,
sollen tanzen, auch auf Gräbern.
Freiheit, Freiheit
ist das Einzige, was zählt ...

Jean-Jaques Sempé

„Passen Sie nur auf! Passen Sie nur au ... Nach und nach werden Sie ein köstliches Gefühl der Freiheit empfinden."

Jostein Gaarder:
Der Gedankensaft

2.15

Sie gingen zur Tür. Weil es so heftig geklopft hatte, erwartete Sofie einen Riesen. Aber draußen stand nur ein kleines Mädchen in einem geblümten Kleid und mit langen blonden Haaren. Sie hatte zwei kleine Flaschen in den Händen. Eine war rot, die andere blau.

»Hallo«, sagte Sofie. »Wer bist du denn?«

»Ich heiße Alice«, sagte das Mädchen und machte einen verlegenen Knicks.

»Hab ich´s mir doch gedacht«, nickte Alberto. »Das ist Alice im Wunderland.«

»Aber wie hat sie hergefunden?«

Alice antwortete selber:

»Das Wunderland ist ein absolut grenzenloses Land. Das bedeutet, es ist überall ...«

»Und was führt dich her?«, fragte Sofie.

»Ich soll dir diese Philosophiefläschchen geben.«

Sie reichte Sofie die kleinen Flaschen. Beide waren aus blankem Glas, aber in der einen befand sich eine rote Flüssigkeit, in der anderen eine blaue. Auf der roten Flasche stand: TRINK MICH!, auf der blauen: TRINK MICH AUCH!

Im nächsten Moment kam ein weißes Kaninchen an der Hütte vorübergerannt. Es ging aufrecht auf zwei Beinen und trug Weste und Jacke. Vor der

Hütte zog es eine Taschenuhr aus der Weste und sagte: »Nein, ach, nein jetzt komme ich zu spät.«
Und dann rannte es wieder los. Alice lief hinter ihm her. Im Loslaufen machte sie noch einen Knicks und sagte:
»Jetzt geht *das* wieder los!«
»Du musst Dina und die Königin grüßen!«, rief Sofie ihr nach und damit war Alice verschwunden. Alberto und Sofie blieben auf der Treppe stehen und betrachteten die Flaschen.
»TRINK MICH! und TRINK MICH AUCH!«, las Sofie vor. »Ich weiß nicht, ob ich mich traue. Vielleicht ist es Gift.«
Alberto zuckte mit den Schultern.
»Die Flaschen kommen vom Major, und alles, was vom Major kommt, ist nur Bewusstsein. Wir haben es also mit Gedankensaft zu tun.«
Sofie zog den Korken aus der roten Flasche und setzte sie vorsichtig an den Mund. Der Saft schmeckte süß und seltsam, aber das war nur das eine; gleichzeitig geschah etwas mit der ganzen Welt um sie herum: Erst schienen ihr die Bilder des Sees, des Waldes und der Hütte in eines zusammenzulaufen. Dann schien Sofie auch nur noch eine Person zu sehen, und diese Person war sie selber. Als sie schließlich einen Blick auf Alberto warf, schien auch der ein Teil ihrer selbst geworden zu sein.
»Komisch«, sagte sie. »Auf einmal scheint alles, was ich sehe, zusammenzuhängen. Ich habe das Gefühl, dass alles nur noch ein Bewusstsein ist.«
Alberto nickte – aber Sofie hatte das Gefühl, sich selber zuzunicken.
»Das ist der Pantheismus oder die Einheitsphilosophie«, sagte Alberto. »Das ist der Weltgeist der Romantiker. Sie haben alles als ein einziges großes ›Ich‹ erlebt.«
»Soll ich auch aus der anderen Flasche trinken?«
»Das steht ja darauf.«
Sofie zog auch aus der blauen Flasche den Korken und trank einen großen Schluck. Dieser Saft schmeckte etwas frischer und säuerlicher als der rote. Aber auch jetzt geschah mit allem um sie herum eine plötzliche Veränderung: Innerhalb einer Sekunde verschwand die Wirkung des roten Getränks; und alles erhielt wieder seinen alten Platz. Alberto wurde wieder Alberto, die Bäume im Wald wurden wieder Bäume im Wald, und der See sah wieder aus wie ein kleiner Weiher. – Doch auch das dauerte nur eine Sekunde, dann glitt alles, was Sofie sah, auseinander. Der Wald war kein Wald mehr; noch der kleinste Baum erschien ihr plötzlich als eine Welt für sich, noch der kleinste Zweig als ein Abenteuer, über das tausend Märchen erzählt werden konnten. Der kleine See erschien ihr als ein unendliches Meer – nicht weil er so tief oder groß gewesen wäre, sondern wegen seiner Milliarden glitzernder Details und ausgeklügelter Wellen. Sofie begriff, dass sie für den Rest ihres Lebens nur noch diesen einen See betrachten könnte – und dennoch würde er ihr immer als ein unergründliches Mysterium erscheinen.
Sofie hob den Blick zu einer Baumkrone. Dort spielten drei kleine Spatzen ein lustiges Spiel. Sie hatten zwar auch schon im Baum gesessen, als Sofie aus der roten Flasche getrunken hatte, aber wirklich gesehen hatte Sofie sie nicht. Die rote Flasche hatte alle Gegensätze und alle individuellen Unterschiede verwischt. Jetzt stieg Sofie von der Steinplatte, auf der sie stand, und kniete sich ins Gras. Und auch dort entdeckte sie eine neue Welt – ungefähr so, als wäre sie tief getaucht und öffnete auf dem Meeresgrund zum ersten Mal die Augen. Zwischen Grasbüscheln und Halmen wimmelte es von Lebewesen. Sofie sah eine Spinne, die sicher und energisch durchs Moos kroch, eine rote Blattlaus,

die an einem Grashalm auf und ab sauste, und ein ganzes kleines Ameisenheer bei der gemeinsamen Arbeit.

Aber auch jede einzelne Ameise hob auf ihre je eigene Art die Beine.

Das Seltsamste jedoch geschah, als Sofie wieder aufstand und Alberto ansah, der immer noch auf der Türschwelle stand. Plötzlich sah sie in ihm ein ganz außergewöhnliches Wesen, etwas wie einen Menschen von einem anderen Planeten vielleicht – oder wie eine Märchengestalt aus einem anderen Märchen als dem, das sie gerade erlebte. Und zugleich erlebte sie auch sich selber auf eine ganz neue Weise als einzigartige und außergewöhnliche Person: Sie war nicht nur ein Mensch, sie war nicht nur eine Fünfzehnjährige – sie war Sofie Amundsen, und nur sie war das!

»Was siehst du?«, fragte Alberto.

»Ich sehe, dass du ein komischer Vogel bist.«

»Wirklich?«

»Ich glaube, ich werde nie verstehen, wie es ist, ein anderer Mensch zu sein. Keine zwei Menschen auf der ganzen Welt sind doch ganz gleich.«

»Und der Wald?«

»Der hängt nicht mehr zusammen. Er ist ein ganzes Universum aus lauter erstaunlichen Märchen.«

»Hab ich´s mir doch gedacht. Die blaue Flasche ist der Individualismus ...«

Bob Dylan:
If dogs run free

If dogs run free, then why not we
across the swooping plain?
My ears hear a symphony
of two mules, trains and rain.
The best is always yet to come,
That 's what they explain to me.
Just do your thing, you'll be king,
if dogs run free.
If dogs run free, why not me
Across the swamp of time?
My mind weaves a symphony
And tapestry of rhyme.
Oh, winds which rush my tale to thee
So it may flow and be,
To each his own, it 's all unknown,
If dogs run free.
If dogs run free, then what must be,
Must be, and that is all.
True love can make a blade of grass
Stand up straight and tall.
In harmony with the cosmic sea
true love needs no company.
It can cure the soul, it can make it whole,
If dogs run free.

1.
Welche Wirkung haben die beiden »Philosophiefläschchen« auf Sofie?

2.
Welche Verschiebung der Sichtweise bringt die Einheitsphilosophie, welche der Individualismus?

3.
Versucht, das Gedankenexperiment nachzuahmen, und stellt euch vor, was ihr unter der Wirkung der »Gedankensäfte« sehen würdet! Beschreibt eure Eindrücke!

4.
Was ist die wahre Wirklichkeit für euch?

5.
Denkt über das Lied von Bob Dylan nach! Um welche Freiheit beneidet er die Tiere? Kannst du ihm zustimmen?

2.16 **Charlie Chaplin:** Der große Diktator

Filmszene aus »Der große Diktator« mit Charlie Chaplin in der Titelrolle

Die Erde ist gut und reich und hat Platz für alle.
Unser Leben könnte frei und wunderschön sein,
doch sind wir vom richtigen Pfad abgekommen.
Die Habgier hat des Menschen Seele vergiftet,
sie hat die Welt voll gespickt mit Hass
und uns im Paradeschritt in Blut und Elend geführt.
Wir haben den Fortschritt vorwärts getrieben
und sind hinter uns selbst zurückgeblieben.
Maschinen gaben uns Überfluss
und ließen uns in Not.
Unser Wissen hat uns zynisch
unsere Klugheit hart und kalt gemacht.
Wir haben übers viele Denken das Gefühl vergessen.
Menschlichkeit steht über der Maschine.
Wer Ohren hat zu hören, dem sage ich: verzweifle nicht!
Unser Elend kündet nur den Untergang der Habgier an,
und die Verbitterung der Menschen,
die nicht mehr an der Menschen Fortschritt glaubt.
Des Menschen Hass wird sterben wie die Diktatoren,
und die Macht, dem Volke geraubt, wird dem Volke
zurückkehren,
denn solange Menschen sterben,
wird die Freiheit leben.

1. **Seht euch den Film »Der große Diktator« mit Charlie Chaplin an. Die Schlussrede hat er selbst geschrieben. Was denkst du über seine Wertung von »Paradeschritt« und Fortschritt?**

2. **Welche Hoffnung, welche Prinzipien hält er für wichtig?**

Hans und Sophie Scholl:
Flugblatt für Freiheit und Ehre

2.17

Hans Scholl Sophie Scholl

Erschüttert steht unser Volk vor dem Untergang der Männer von Stalingrad. Dreihundertdreißigtausend deutsche Männer hat die geniale Strategie des Weltkriegsgefreiten sinn- und verantwortungslos in Tod und Verderben gehetzt. Führer, wir danken dir!
Es gärt im deutschen Volk: Wollen wir weiter einem Dilettanten das Schicksal unserer Armeen anvertrauen? Wollen wir den niederen Machtinstinkten einer Parteiclique den Rest der deutschen Jugend opfern? Nimmermehr! Der Tag der Abrechnung ist gekommen, der Abrechnung der deutschen Jugend mit der verabscheuungswürdigsten Tyrannis, die unser Volk je erduldet hat. Im Namen der deutschen Jugend fordern wir vom Staat Adolf Hitlers die persönliche Freiheit, das kostbarste Gut des Deutschen zurück, um das er uns in der erbärmlichsten Weise betrogen.
In einem Staat rücksichtsloser Knebelung jeder freien Meinungsäußerung sind wir aufgewachsen. HJ, SA, SS haben uns in den fruchtbarsten Bildungsjahren unseres Lebens zu uniformieren, zu revolutionieren, zu narkotisieren versucht. »Weltanschauliche Schulung« hieß die verächtliche Methode, das aufkeimende Selbstdenken in einem Nebel leerer Phrasen zu ersticken. Eine Führerauslese, wie sie teuflischer und bornierter zugleich nicht gedacht werden kann, zieht ihre künftigen Parteibonzen auf Ordensburgen zu gottlosen, schamlosen und gewissenlosen Ausbeutern und Mordbuben heran, zur blinden, stupiden Führergefolgschaft. Wir »Arbeiter des Geistes« wären gerade recht, dieser neuen Herrenschicht den Knüppel zu machen. Frontkämpfer werden von Studentenführern und Gauleiteraspiranten wie Schuljungen gemaßregelt, Gauleiter greifen mit geilen Späßen den Studentinnen an die Ehre. Deutsche Studentinnen haben an der Münchner Hochschule auf die Besudelung ihrer Ehre eine würdige Antwort gegeben, deutsche Studentinnen haben sich für ihre Kameradinnen eingesetzt und standgehalten ... Das ist ein Anfang zur Erkämpfung unserer freien Selbstbestimmung, ohne die geistige Werte nicht geschaffen werden können. Unser Dank gilt den tapferen Kameradinnen und Kameraden, die mit leuchtendem Beispiel vorangegangen sind!

1.
Hans und Sophie Scholl waren maßgeblich an der Widerstandsgruppe »Die weiße Rose« beteiligt, die an der Münchner Universität Flugblätter gegen Hitler druckte und verteilte und auf andere Universitäten ausstrahlte. Nebenstehend lest ihr das letzte Flugblatt, das zu ihrer Verhaftung und Hinrichtung führte. Welche Werte sind ihnen wichtig und weshalb?

2.
Gegen welche Züge der NAZI-Diktatur lehnen sie sich auf und wie begründen sie das?

3.
Gegen welche Entwicklungen im Staat muß man sich wehren, auch wenn es Mut kostet?

Es gibt für uns nur eine Parole: Kampf gegen die Partei! Heraus aus den Parteigliederungen, in denen man uns weiter politisch mundtot halten will! Heraus aus den Hörsälen der SS-Unter- und -Oberführer und Parteikriecher! Es geht uns um wahre Wissenschaft und echte Geistesfreiheit! Kein Drohmittel kann uns schrecken, auch nicht die Schließung unserer Hochschulen. Es gilt den Kampf jedes Einzelnen von uns um unsere Zukunft, unsere Freiheit und Ehre in einem seiner sittlichen Verantwortung bewussten Staatswesen.
Freiheit und Ehre! Zehn lange Jahre haben Hitler und seine Genossen die beiden herrlichen deutschen Worte bis zum Ekel ausgequetscht, abgedroschen, verdreht, wie es nur Dilettanten vermögen, die die höchsten Werte einer Nation vor die Säue werfen. Was ihnen Freiheit und Ehre gilt, haben sie in zehn Jahren der Zerstörung aller materiellen und geistigen Freiheit, aller sittlichen Substanzen im deutschen Volk genug gezeigt. Auch dem dümmsten Deutschen hat das furchtbare Blutbad die Augen geöffnet, das sie im Namen von Freiheit und Ehre der deutschen Nation in ganz Europa angerichtet haben und täglich neu anrichten. Der deutsche Name bleibt für immer geschändet, wenn nicht die deutsche Jugend endlich aufsteht, rächt und sühnt zugleich, ihre Peiniger zerschmettert und ein neues geistiges Europa aufrichtet.

2.18 **Luciano DeCrescenzo:** Professor Bellavista und die Freiheit

»Also darüber kann es meiner Meinung nach keinen Zweifel geben«, antwortet Doktor Vittorio. »Das höchste Gut ist die soziale Gerechtigkeit. Weshalb haben wir wohl überhaupt einen Staat? Wir brauchen den Staat nur deshalb, weil die Menschen nach wie vor riesige Charakterschweine sind.
›Homo homini lupus‹, sagt Hobbes. Und wenn der Staat also nur entstanden ist, weil es diesen Egoismus gibt, so ist doch klar, dass das oberste Gebot dieses Staates die Kontrolle dieses Egoismus sein muss, das heißt also, er muss soziale Gerechtigkeit schaffen.«
»Was die soziale Gerechtigkeit betrifft, bin ich ganz der Meinung Doktor Vittorios«, sage ich. »Ich möchte aber auch noch an ein paar andere Grundwerte erinnern, die der Staat meiner Meinung nach unbedingt schützen müsste. Ich meine, wie ihr wohl schon verstanden habt, die individuelle Freiheit. Leider ist nicht so klar, was wir unter Freiheit verstehen sollen, da dieser Begriff ja wirklich von jedermann im Munde geführt wird, aber um einmal an das anzuknüpfen, was Doktor Vittorio gerade über die Ursachen der Staatsbildung gesagt hat, würde ich meinen, der Staat wird von Anfang an dazu geschaffen, Zwang auszuüben, da eines seiner obersten Ziele nämlich die Einschränkung des freien Willens des einzelnen Menschen ist ...«
»Ja, aber nur, um dessen räuberische Impulse zu unterdrücken, das heißt, um zu verhindern, dass er anderen gegenüber ungerechte Handlungen begeht.«
»Mag sein. Aber da nun einmal die moralische Bewertung dieser Handlungen dem Staat übertragen worden ist und dieser Staat in jedem Fall aus Menschen besteht, nämlich aus jenen Wölfen, von denen Hobbes spricht, muss die individuelle Freiheit doch einer unserer höchsten Werte sein ...«
»Ich sehe mit Vergnügen«, sagt Bellavista, »dass ihr sofort zum Kern des Problems gekommen seid: Gerechtigkeit und Freiheit, Kollektiv und Individualismus.«
»Warum sagen wir nicht einfach, dass wir beides möchten, Gerechtigkeit und Freiheit, dann haben wir das Problem doch schon gelöst«, schlägt Saverio vor.
»Weil es so zu sein scheint, mein lieber Saverio, dass man beides eben nicht

haben kann«, erwidert Salvatore. »Also muss man sich entscheiden, will man lieber in Frieden essen, oder ist einem die Freiheit zu verhungern wichtiger?«

»Das hängt meiner Meinung nach vom Charakter des Einzelnen ab«, sagt Luigino. »Wenn ich zum Beispiel eine Antilope wäre und zwischen dem Urwald samt Schlangen und Löwen und dem Zoo wählen müsste, wo mir der Wärter jeden Tag mein Fressen bringt, da gäbe es für mich keinen Zweifel, ich würde den Urwald wählen.«

»Gut und schön, Luigino«, wirft Saverio ein. »Aber mach dir doch einmal klar, dass wir in Neapel ja fast alle arbeitslos sind und die Stadtverwaltung, die man ja in diesem Sinne mit dem Zoo vergleichen könnte, bereits fünfundzwanzigtausend Angestellte hat und auch keine weiteren einstellen kann. Also müssen wir alle uns jeden Morgen aufs Neue in den Urwald stürzen. Und wir sind wirklich viele, Luigino. Da würde ich vielleicht doch sagen, dass so ein Zoo, in den man meinetwegen abwechselnd, mal der eine, mal der andere, gehen könnte, gar nicht so schlecht wäre!«

»Also jetzt hört mir einmal gut zu«, unterbricht der Professor das Gespräch. »Ich möchte euch erzählen, was ein sehr großer zeitgenössischer Denker zu diesem Thema gesagt hat: Bertrand Russell. Also der große Alte ging davon aus, dass es auf der Welt zweierlei Arten von Gütern gibt: nämlich die materiellen Güter und die geistigen Güter, ebenso wie es auch zwei verschiedene, diesen Gütern entsprechende Antriebe gibt: die besitzergreifenden Impulse und die kreativen Impulse. Die materiellen Güter haben die Eigenschaft, in ihrer Menge begrenzt zu sein. Mit anderen Worten, wenn ich jetzt hier den ganzen Wein austrinke, der in der Flasche ist, sagt Russell, dann bleibt für euch kein Tropfen mehr übrig, also ist der Wein ein materielles Gut.«

»Das glaube ich auch«, sagt Saverio.

»Die geistigen Güter dagegen zeichnen sich dadurch aus, dass sie in unbegrenzter Menge vorhanden sind. Wenn mir Beethoven gefällt, kann ich mich

1.

Luciano DeCrescenzo lässt in seinem Roman arbeitslose Neapolitaner zu einem philosophischen Gespräch zusammenkommen.

Welche politischen Ideale werden diskutiert?

2.

Wieso scheinen sich Freiheit und soziale Gerechtigkeit zu widersprechen? (Vgl. auch Kapitel 3!)

3.

Was ist ein individueller, was ein kollektiver Wert?

4.

Welcher Unterschied besteht zwischen geistigen und materiellen Gütern? Welche sind euch wichtiger und weshalb? (Welche geistigen/welche materiellen?)

Welche Meinung haben die Gesprächsteilnehmer dazu?

Wie beurteilt ihr es, dass die Häftlinge in Konzentrationslagern im Angesicht von Hunger und Tod Orchester gründeten?

5.
Diskutiert die Problematik von Freiheit und Gerechtigkeit anhand der beiden Karikaturen (S. 69 und nebenstehend)!

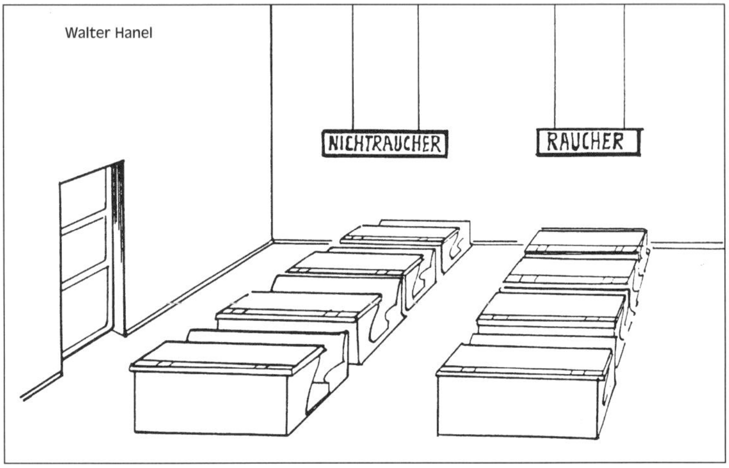

daran satt hören, ohne irgendeinem von euch damit die Möglichkeit zu nehmen, ihn im gleichen Maße zu schätzen. Im Gegenteil, je mehr ich Beethoven höre, desto eher werdet auch ihr ihn hören. Nachdem er also auf diese Weise die qualitative Überlegenheit der geistigen Güter über die materiellen Güter erklärt hat, stellt Russell gleich eine Betrachtung von grundlegender Bedeutung für unsere Überlegungen an: Der Mensch ist unfähig zu jedem schöpferischen Impuls, solange er seine Grundbedürfnisse an materiellen Gütern nicht befriedigt hat.«

»Wenn ich also richtig verstehe, Professor«, wirft Salvatore ein, »dann meint Ihr Freund, dass man von Beethoven einen Dreck kapiert, solange einem der Magen knurrt.«

»Genau. Aber die Sache ist leider viel komplizierter, als man zunächst meint: Was sind nämlich die ›Grundbedürfnisse an materiellen Gütern‹? Welches ist das richtige Maß an Gütern, das jedem Einzelnen zusteht? In einer Welt, in der jeder ein Auto hat, muss sich einer, der keines hat, zu Recht als armer Teufel vorkommen. Wenn wir also von einer gerechten Verteilung der materiellen Güter sprechen, dürfen wir nicht ein für das physische Überleben des einzelnen Menschen ausreichendes Maß zugrunde legen, sondern wir müssen von den zu einem bestimmten historischen Augenblick in dem Land, in dem einer lebt, geltenden durchschnittlichen Lebensbedingungen ausgehen. Es scheint also so, meine Lieben, dass der Mensch nur dann in der Lage ist, sich geistig weiterzuentwickeln, wenn er es geschafft hat, zumindestens das zu erreichen, was er als sein unumgängliches Konsumniveau ansieht ...«

»Der Politiker darf an das Volk nicht als an eine einheitliche Masse denken, sondern er muss es als eine Gemeinschaft von sehr vielen, sehr verschiedenen Menschen sehen, von Männern, Frauen, Kindern. Von Menschen, die nachdenken und dadurch verschieden sind, weil aus dieser Verschiedenheit des Denkens die Ideen der Zukunft erwachsen. Individualismus bedeutet Leben, Uniformität bedeutet Tod. Nun ist es natürlich für einen der befiehlt, sehr viel einfacher, seine Befehle durchzusetzen, je einheitlicher die Basis ist. Sind die Untertanen alle gleichartig, lassen sie sich leichter einschätzen. Und so wie bei mangelnder sozialer Gerechtigkeit eine ungleichmäßige Verteilung der materiellen Güter stattfindet, wird auch der Geist bei fehlender individueller Freiheit in seiner Entwicklung immer mehr gehindert. Das ist etwa so, sagt Rusell, wie es die Chinesen einst mit den Füßen der Frauen gemacht haben ...«

Gleichheit oder Gerechtigkeit? 3

Die Menschen sind ungleich. Es gibt große und kleine, junge und alte, reiche und arme, schwarze, gelbe, weiße und rote Menschen, kluge und weniger kluge, starke und schwache Menschen. Schon die Kinder sind sehr unterschiedlich. Doch bei aller äußeren Verschiedenheit (und ihr werdet sicherlich noch mehr Unterschiede finden) sind doch auch große Gemeinsamkeiten festzustellen. Wir lachen und weinen, wir lieben und hassen, wir schlafen und essen, wir arbeiten und feiern, wir können lernen und nachdenken, wir können aus unseren Fehlern lernen, wir leiden unter Schmerzen und freuen uns über Vertrauen. Sicher fallen euch noch mehr Dinge ein, die allen Menschen gemeinsam sind.

Manche Ungleichheiten sind ungerecht. Doch was heißt das überhaupt? Viele Kinder in der Welt werden in Ländern geboren, in denen es nicht genug zu essen gibt oder in denen Krieg geführt wird. Die anderen haben einfach Glück gehabt und finden in ihrem Land, in ihrer Familie von Anfang an die besseren Bedingungen vor.

In der Unabhängigkeitserklärung der Vereinigten Staaten (»Bill of Rights«) heißt es z. B., dass alle Menschen gleich geschaffen und von ihrem Schöpfer mit unveräußerlichen Rechten ausgestattet seien und dazu gehöre auch das Recht auf Glück.

Man kann also sagen, dass hier nicht Gleichheit als Gleichmacherei das Ideal ist: Natürlich sollen nicht alle Menschen gleich sein, sie haben ja auch ein Recht auf Individualität. Wohl aber ist Gleichwertigkeit gemeint: Jeder Mensch hat den gleichen Wert, unabhängig davon, welche Hautfarbe er hat, wie viel er verdient, welches Geschlecht er hat oder wie alt er ist. Wieso soll das so sein? Ist das auch in der Realität so? Wonach beurteilen und bewerten wir andere Menschen, und weshalb? Ungerechtigkeiten entrüsten uns. Aber warum und welche besonders?

»Die Würde des Menschen ist unantastbar«, sagt das deutsche Grundgesetz. Würde bedeutet, dass wir jedem Menschen einen (den gleichen?) Wert zumessen. Weil wir überzeugt sind vom Wert jedes Menschen, sind manche Unterschiede, besonders die sozialen Ungleichheiten, oft auch gefährlich. Vielleicht gibt es auch Ungleichheiten, die durchaus gerecht oder gewollt sind. Aber sobald Menschen sich zu Unrecht hinter anderen zurückgesetzt fühlen, können nicht nur Frustration, sondern auch Wut entstehen. Die Gruppe »Metallica« drückt das sehr aggressiv und zynisch in ihrem Song »And Justice for all« aus.

Der englische Schriftsteller und Sozialphilosoph Aldous Huxley glaubt, dass eine gesunde Gesellschaft vom Dialog ihrer Mitglieder lebt. Doch allzu große Ungleichheiten bewirken, dass die Menschen in zu verschiedenen Welten leben, sich nicht mehr verstehen und nicht mehr miteinander reden können: Ihre Probleme sind zu verschieden.

Gerade aber, dass wir uns jederzeit in einen *jeden* anderen hineindenken können, verlangt auch der Philosoph Immanuel Kant. Ist es also ein gesellschaftlich sinnvolles Ziel, möglichst wenig soziale Unterschiede anzustreben? Sollten z. B. alle etwa gleich viel verdienen? Welche Folgen hätte das für die Freiheit des Einzelnen? Ist mehr soziale Gleichheit gerechter – also weniger Unterschiede zwischen Arm und Reich etwa – oder ist das eher ungerecht?

Der englische Philosoph Thomas Hobbes hat gesagt, Gerechtigkeit sei, einem jeden das Seine zuzugestehen. Doch was ist das? Was sollen wir einander zugestehen? Lob, Ehre, Geld, Nahrung? Und nach welchen Kriterien? Nach Begabung, nach Leistung, nach Geschlecht, nach Herkunft?

Der Staat soll für Gerechtigkeit sorgen und sie garantieren. Doch geht es hier um Verteilungsgerechtigkeit, um Verfahrensgerechtigkeit oder um die Gerechtigkeit von Institutionen, z. B. von Gerichten und Steuerbehörden? Zumindest hat der Staat die Aufgabe, gerechte Gesetze zu erlassen, und er muss sich in einer Demokratie auch dafür verantworten. Da wir alle die Möglichkeit haben, diesen Prozess zu beeinflussen, müssen wir darüber nachdenken, was wir für ungerecht halten und was für gerecht.

Ungerechtigkeiten hat es immer gegeben und wird es wohl auch weiter geben. Nicht überall gibt es z. B. gleichen Lohn für gleiche Arbeit und noch immer dürfen nicht alle Frauen wählen. Aber jeder kann sich für eine gerechtere Welt einsetzen. Wie dies im Einzelnen aussehen soll, müsst ihr selbst überlegen. Um mit Kant zu sprechen, soll das »Philosophieren« mit den folgenden Texten Anregungen zum Selberdenken liefern. Auf der Grundlage unserer jeweiligen gesellschaftlichen Situationen müssen wir neu nachdenken, um Antworten darauf zu finden, was gerecht und was ungerecht ist und wie es gerechter zugehen könnte.

Welche Art von Gleichheit oder Gerechtigkeit also brauchen wir heute für unser Zusammenleben?

Gebrüder Grimm:
Evas ungleiche Kinder

3.1

Als Adam und Eva aus dem Paradies vertrieben waren, so mussten sie auf unfruchtbarer Erde sich ein Haus bauen und im Schweiße ihres Angesichts ihr Brot essen. Adam hackte das Feld, und Eva spann Wolle. Eva brachte jedes Jahr ein Kind zur Welt; die Kinder waren aber ungleich, einige schön, andere hässlich. Nachdem eine geraume Zeit verlaufen war, sandte Gott einen Engel an die beiden und ließ ihnen entbieten, dass er kommen und ihren Haushalt schauen wollte. Eva, freudig, dass der Herr so gnädig war, säuberte emsig ihr Haus, schmückte es mit Blumen und streute Binsen auf den Estrich. Dann holte sie ihre Kinder herbei, aber nur die schönen. Sie wusch und badete sie, kämmte ihnen die Haare, legte ihnen neu gewaschene Hemden an und ermahnte sie, in der Gegenwart des Herrn sich anständig und züchtig zu betragen. Sie sollten sich vor ihm sittig neigen, die Hand darbieten und auf seine Fragen bescheiden und verständig antworten. Die hässlichen Kinder aber sollten sich nicht sehen lassen. Das eine verbarg sie unter das Heu, das andere unter das Dach, das Dritte in das Stroh, das Vierte in den Ofen, das Fünfte in

Botero: Die reichen Kinder, 1966

den Keller, das Sechste unter eine Kufe, das Siebente unter das Weinfass, das Achte unter ihren alten Pelz, das Neunte und Zehnte unter das Tuch, aus dem sie ihnen Kleider zu machen pflegte, und das Elfte und Zwölfte unter das Leder, aus dem sie ihnen die Schuhe zuschnitt. Eben war sie fertig geworden, als es an die Haustüre klopfte. Adam blickte durch eine Spalte und sah, dass es der Herr war. Ehrerbietig öffnete er, und der himmlische Vater trat ein. Da standen die schönen Kinder in der Reihe, neigten sich, boten ihm die Hände

1.
Welche Aussagen werden in der alten Sage zur Ungleichheit der Kinder gemacht? Wie behandelt Eva ihre Kinder? Diskutiert darüber! Findet ihr sie gerecht?

2.
Wie beurteilst du die »Segnungen des Herrn«? Weshalb beklagt Eva sich?

3.
Vergleiche mit der Meinung Jean-Jacques Rousseaus in 3.6!

4.
Glaubst du, dass Ungleichheit »göttlicher Wille« ist? Welche Ungleichheiten (außer »schön–hässlich«) fallen dir ein? Welche hältst du für ungerecht?

5.
Diskutiert das Bild von George Grosz »Drinnen und draußen – Arm und Reich« (Farbbildteil, S. 9).

6.
Käthe Kollwitz'Zeichnung »Deutschlands Kinder hungern«, S. 74, stammt aus dem Jahr 1924.
Vergleiche sie mit Boteros Bild »Die reichen Kinder« von 1966. Beziehe auch die unterschiedlichen Entstehungsdaten in deine Überlegungen ein.

7.
Versucht selber ein solches Bild mit Gegensätzen in den Lebensumständen der Kinder verschiedener Zeiten oder verschiedener Länder zu malen. (Das ist auch als Gemeinschaftsarbeit möglich.)

8.
Beschafft euch Material über den Hunger in der Welt heute, z. B. bei Unicef, UNO oder »Brot für die Welt«. Wie kann man helfen?

dar und knieten nieder. Der Herr aber fing an, sie zu segnen, legte auf den Ersten seine Hände und sprach: »Du sollst ein gewaltiger König werden«, ebenso zu dem Zweiten: »Du ein Fürst«, zu dem Dritten: »Du ein Graf«, zu dem Vierten: »Du ein Ritter«, zu dem Fünften: »Du ein Edelmann«, zu dem Sechsten: »Du ein Bürger«, zum Siebenten: »Du ein Kaufmann«, zu dem Achten: »Du ein gelehrter Mann.« Er erteilte ihnen also allen seinen reichen Segen. Als Eva sah, dass der Herr so mild und gnädig war, dachte sie: Ich will meine ungestalten Kinder herbeiholen, vielleicht, dass er ihnen auch seinen Segen gibt. Sie lief also und holte sie aus dem Heu, Stroh, Ofen und wo sie sonst hin versteckt waren hervor. Da kam die ganze grobe, schmutzige, grindige und rußige Schar. Der Herr lächelte, betrachtete sie alle und sprach: »Auch diese will ich segnen.« Er legte auf den Ersten die Hände und sprach zu ihm »Du sollst werden ein Bauer«, zu dem Zweiten: »Du ein Fischer«, zu dem Dritten: »Du ein Schmied«, zu dem Vierten: »Du ein Lohgerber«, zu dem Fünften: »Du ein Weber«, zu dem Sechsten: »Du ein Schuhmacher«, zu dem Siebenten: »Du ein Karrenführer«, zu dem Zehnten: »Du ein Schiffer«, zu dem Elften: »Du ein Bote«, zu dem Zwölften: »Du ein Hausknecht dein Leben lang.«
Als Eva das alles mit angehört hatte, sagte sie: »Herr, wie teilst du deinen Segen so ungleich! Es sind doch alle meine Kinder, die ich geboren habe – deine Gnade sollte über alle gleich ergehen.« Gott aber erwiderte: »Eva, das verstehst du nicht. Mir gebührt und ist not, dass ich die ganze Welt mit deinen Kindern versehe – wenn sie alle Fürsten und Herren wären, wer sollte Korn bauen, dreschen, mahlen und backen? Wer schmieden, weben, zimmern, bauen, graben, schneiden und nähen? Jeder soll seinen Stand vertreten, dass einer den andern erhalte und alle ernährt werden wie am Leib die Glieder.« Da antwortete Eva: »Ach, Herr, vergib, ich war zu rasch, dass ich dir einredete. Dein göttlicher Wille geschehe auch an meinen Kindern.«

Käthe Kollwitz: Deutschlands Kinder hungern, 1924

3.2 George Orwell: Die Farm der gleichen Tiere

»Kameraden«, sagte Schneeball, »es ist halb sieben und wir haben einen langen Tag vor uns. Heute muss die Heuernte beginnen. Doch es gibt noch eine andere Sache, die wir vorher erledigen müssen.«
Die Schweine enthüllten jetzt, dass sie während der vergangenen drei Monate Lesen und Schreiben gelernt hatten, aus einer alten Fibel, die, einst Eigentum der Kinder Mr. Jones', auf den Misthaufen geworfen worden war. Napoleon ließ Töpfe mit schwarzer und weißer Farbe bringen und ging zu dem Tor voran, das auf die Hauptstraße führte. Dann nahm Schneeball – denn Schneeball konnte am besten schreiben – eine Bürste zwischen die Hufe, strich das Wort ›Herrenfarm‹ auf dem obersten Brett des Tores aus und malte an dessen Stelle ›Farm der Tiere‹. Von nun an sollte dies der Name der Farm sein. Dann gingen sie zu den Gebäuden zurück, Schneeball und Napoleon befahlen, eine Leiter zu holen, die an die Mauer der Scheune gestellt wurde.

Sie erklärten, dass sie durch ihr Studium von drei Monaten dahin gelangt seien, die Grundsätze des Animalismus auf sieben Gebote zusammenzuziehen. Und diese sieben Gebote sollten nunmehr an diese Wand geschrieben werden; sie würden ein unabänderliches Gesetz bilden, nach dem alle Tiere auf der Tierfarm heute und immerdar zu leben hätten. Mit einiger Schwierigkeit – denn es ist für ein Schwein nicht leicht, sich auf einer Leiter im Gleichgewicht zu halten – stieg Schneeball hinauf und machte sich ans Werk, während Quiekschnauz, einige Sprossen tiefer, ihm den Farbtopf hielt. Die Gebote wurden mit weißen Buchstaben an die geteerte Wand geschrieben, die so groß waren, dass man sie auf dreißig Meter Entfernung lesen konnte. Das nahm sich so aus:

DIE SIEBEN GEBOTE

1. Wer auch immer auf zwei Beinen geht, ist ein Feind.
2. Wer auch immer auf vier Beinen geht oder Flügel hat, ist ein Freund.
3. Kein Tier soll Kleider tragen.
4. Kein Tier soll in einem Bett schlafen.
5. Kein Tier soll Alkohol trinken.
6. Kein Tier soll ein anderes Tier töten.
7. Alle Tiere sind gleich.

Das war sehr sauber geschrieben, und bis auf die Kleinigkeit, dass ›Freind‹ statt ›Freund‹ zu lesen war und die ›s‹ sich nach der verkehrten Seite wanden, war auch die Orthographie tadellos. Zum Nutzen der Allgemeinheit las Schneeball es laut vor. Alle Tiere nickten völlige Zustimmung, und die klügeren begannen schon, die Gebote auswendig zu lernen.

»Nun, Kameraden«, rief Schneeball und warf den Malerpinsel beiseite, »zur Wiese! Es soll eine Ehrensache für uns sein, dass wir die Ernte schneller einbringen, als Jones und seine Leute es tun könnten.« Doch in diesem Augenblick fingen die drei Kühe, die sich schon seit einer Weile unbehaglich zu fühlen schienen, laut zu muhen an. Sie waren seit vierundzwanzig Stunden nicht mehr gemolken worden, und ihre Euter platzten fast. Nach kurzen Besinnen ließen die Schweine Eimer holen und melkten die Kühe mit recht gutem Erfolg, da ihre Vorderbeine sich als geeignet für diese Arbeit erwiesen. Bald hatten sich fünf Eimer mit schäumender, sahniger Milch gefüllt, die von vielen der Tiere mit erheblichem Interesse betrachtet wurde.

»Was soll mit all dieser Milch geschehen?«, fragte eines.

»Jones mischte manchmal etwas davon in unser Futter«, sagte eine der Hennen.

»Was liegt an der Milch, Kameraden?«, rief da Napoleon, der sich vor den Eimern aufgepflanzt hatte. »Das werden wir schon erledigen. Die Ernte ist wichtiger, Kamerad Schneeball wird euch führen. Ich folge in wenigen Minuten. Vorwärts, Kameraden! Das Heu wartet.«

So zogen die Tiere in Scharen zur Wiese hin, um mit der Ernte zu beginnen, und als sie abends zurückkamen, bemerkte man, dass die Milch verschwunden war.

Das Geheimnis, wohin die Milch verschwand, klärte sich bald auf. Sie wurde täglich in das Futter der Schweine gemischt. Die Frühäpfel reiften jetzt, und das Gras war mit Fallobst bedeckt. Die Tiere hatten es für selbstverständlich gehalten, dass das Fallobst zu gleichen Teilen unter ihnen aufgeteilt würde; eines Tages aber erging der Befehl, alles Fallobst sei zur Verfügung der Schweine in die Geschirrkammer zu bringen. Da murrten wohl die anderen

1.
Die Tiere haben den alten Farmer Mr. Jones, der sie schlecht behandelt und ausgebeutet hat, vertrieben und verwalten nun ihre Farm selbst. Dabei übernehmen bald die Schweine wichtige Aufgaben.
Wie beurteilst du die Gebote für Tiere?
Auf welche Arten fördern sie die Gemeinschaft?

2.
Wie beurteilst du den Arbeitsalltag der Tiere?
Wird das Gebot der Gleichheit in der Praxis befolgt? Wie wäre es besser möglich gewesen?
Seht euch den Zeichentrickfilm »Farm der Tiere« an und diskutiert darüber!

3.
Wie beurteilst du das zweibeinige Gehen der Schweine? Welche Bedeutung hat es? (Die Schafe wurden vorher zum Beifallsgebrüll abgerichtet.) Wie sind die Gebote verändert worden?

4.
Wieso nehmen die Schweine mehr und mehr die Lebensweise des alten Mr. Jones an? Hältst du diese Entwicklung für unabwendbar?

5.
George Orwell hat die »Farm der Tiere« als Satire auf den Sozialismus geschrieben.
Erkundige dich über Absicht und Realität des Sozialismus, z. B. in Jugendlexikonartikeln oder bei deinem Politiklehrer oder deinen Eltern.
Beziehe die Texte von Karl Marx (3.7) und Oscar Wilde (3.8) in dein Nachdenken mit ein. Zu welchen Ergebnissen kommt ihr?

Tiere, aber es war nutzlos. Alle Schweine waren in diesem Punkt einer Meinung, selbst Schneeball und Napoleon. Quiekschnauz wurde entsandt, um den anderen die nötigen Erklärungen abzugeben.
»Kameraden!«, rief er. »Ihr glaubt doch hoffentlich nicht, dass wir Schweine dies aus Selbstsucht tun oder um uns zu bevorzugen? Viele unter uns können Milch und Äpfel gar nicht leiden. Ich selbst mache mir nicht das Geringste daraus. Wenn wir diese Dinge nehmen, so geschieht es einzig und allein, um unsere Gesundheit zu schützen. Milch und Äpfel – das ist wissenschaftlich bewiesen, Kameraden – enthalten Substanzen, die für das Wohlbefinden eines Schweines unerlässlich notwendig sind. Wir Schweine sind Kopfarbeiter. Die ganze Führung und Organisation der Farm hängt von uns ab! Tag und Nacht wachen wir über eure Wohlfahrt. Um euretwillen geschieht es, wenn wir diese Milch trinken und diese Äpfel essen. Wisst ihr auch, was geschehen würde, wenn wir Schweine in unserer Pflicht wanken würden? Jones käme zurück! Ja, Jones würde zurückkommen! Und bestimmt, Kameraden«, rief Quiekschnauz fast flehend, hüpfte von links nach rechts und wackelte mit dem Schwanz, »bestimmt ist keiner unter euch, der wünschen würde, Jones zurückkommen zu sehen!«

Fredy Sigg

»Muesch eifach nid aneluege!«
(Du darfst einfach nicht hinschauen!)

Wenn es nun etwas gab, dessen die Tiere vollkommen sicher waren, so dies: sie wollten Jones nicht zurückkommen sehen. Da man ihnen die Sache in diesem Lichte dargestellt hatte, wussten sie weiter nichts zu erwidern. Die Wichtigkeit, die Schweine bei guter Gesundheit zu erhalten, war allzu offenbar. Und so wurde ohne weitere Debatte beschlossen, dass die Milch und das Fallobst – und später auch die reifen Äpfel – den Schweinen allein vorbehalten bleiben sollten.
Kurz nachdem die Schafe zurückgekehrt waren, geschah es an einem lieblichen Abend, als die Tiere ihre Arbeit beendet hatten und nach den Farmgebäuden zogen, dass vom Hofe her das entsetzte Wiehern eines Pferdes erscholl. Erschrocken blieben die Tiere stehen. Es war Clovers Stimme. Abermals wieherte sie, und alle Tiere setzten sich in Galopp und rannten in den Hof. Und da sahen sie, was Clover gesehen hatte.
Es war ein Schwein, das auf seinen Hinterbeinen ging.
Ja, es war Quiekschnauz. Ein wenig ungeschickt, als wäre er noch nicht völlig gewohnt, seine respektable Masse in dieser Stellung zu halten, aber doch mit vollendetem Gleichgewicht schlenderte er über den Hof. Und einen Augenblick später kam aus der Türe des Farmhauses eine lange Reihe von Schweinen, die sämtlich auf ihren Hinterbeinen einhergingen. Einige konnten es besser als die anderen, eines oder das andere schien sich sogar ein wenig unsicher zu fühlen und sah aus, als hätte es gern einen Stock, auf den es sich stützen könnte, aber ein jedes wusste doch seinen Weg rund um den Hof erfolgreich zu beenden. Dann gab es ein furchtbares Gebell der Hunde, ein schrilles Krähen des schwarzen Hahnes, und aus der Tür trat Napoleon selbst, majestätisch aufrecht, warf stolze Blicke nach allen Seiten, und die Hunde sprangen um ihn herum.
In seinem Huf trug er eine Peitsche.

Es gab ein tödliches Schweigen. Verblüfft, erschreckt, dicht aneinander gedrängt sahen die Tiere zu, wie die lange Reihe der Schweine langsam den Hof umwandelte. Es war, als wäre die Welt völlig auf den Kopf gestellt. Dann kam ein Augenblick, da der erste Schreck überwunden war, und da trotz allem – trotz der Angst vor den Hunden und trotz der jahrelangen Gewöhnung, nicht zu klagen und nicht zu kritisieren, was auch geschehen mochte – ein Wort des Protestes laut geworden wäre. Aber gerade in diesem Augenblick stimmten, wie auf ein Signal, alle Schafe ein ohrenbetäubendes Blöken an:
»Vierbeiner gut, Zweibeiner besser! Vierbeiner gut, Zweibeiner besser! Vierbeiner gut, Zweibeiner besser!«
So ging das fünf Minuten lang ununterbrochen weiter. Und als die Schafe sich wieder beruhigt hatten, war die Gelegenheit zu Widerspruch vorüber, denn die Schweine waren unterdessen in das Farmhaus zurückmarschiert.
Benjamin fühlte, wie etwas sich an seiner Schulter rieb. Er sah sich um. Es war Clover. Ihre alten Augen blickten trüber als je. Ohne ein Wort zu sagen, zog sie ihn sanft an der Mähne und führte ihn bis zur Wand der großen Scheune, wo die Sieben Gebote angeschrieben worden waren. Eine ganz Minute lang standen sie da und starrten die geteerte Wand mit den weißen Buchstaben an.
»Meine Sehkraft lässt nach«, sagte sie schließlich.
»Selbst als ich noch jung war, konnte ich nicht lesen, was da geschrieben stand. Aber mir scheint, als ob die Wand irgendwie anders aussehen würde. Sind die Sieben Gebote dieselben wie früher, Benjamin?« Ausnahmsweise war Benjamin bereit, von seinen Grundsätzen abzugehen, und er las ihr vor, was an der Wand geschrieben stand. Es war nichts da als ein einziges Gebot. Und das lautete:
Alle Tiere sind gleich, aber einige Tiere sind gleicher als andere.
Nun war es auch nicht weiter befremdend, als am nächsten Tag die Schweine, die die Arbeit beaufsichtigten, Peitschen zwischen den Beinen hielten. Es war nicht weiter befremdend, zu erfahren, dass die Schweine einen Radioapparat gekauft hatten, ein Telefon einrichten ließen und ›John Bull‹, ›Tit-Bits‹ und den ›Daily Mirror‹ abonnierten. Es war nicht befremdend, Napoleon, eine Pfeife im Rüssel, durch den Garten des Farmhauses schlendern zu sehen, ja, auch nicht, zu sehen, dass die Schweine Mr. Jones´ Kleider aus den Schränken holten und anzogen; Napoleon selbst erschien in schwarzem Rock, schmutzigen Reithosen und Ledergamaschen, während seine Lieblingssau sich in dem schimmerden Seidenkleid zeigte, das Mrs. Jones gewöhnlich sonntags getragen hatte.

Das Schwein Napoleon aus »Die Farm der Tiere«

Charles Dickens:
Oliver Twist fragt nach mehr

3.3

Während der ersten zehn Monate bekam der Knabe so wenig und so ungeeignete Nahrung, dass sein verhungerter, elender Zustand den Armenbehörden nicht lange verborgen bleiben konnte. Sie waren daher so großmütig und menschenfreundlich, ihn in ein drei Meilen entferntes Armenhaus auf dem Land in Kost und Verpflegung zu geben. Dort befanden sich zwanzig bis dreißig ähnliche unglückliche Kinder, die den ganzen Tag auf dem Boden herumkrochen, ohne durch ein Übermaß an Nahrung und Kleidung beschwert zu werden. Sie standen unter der mütterlichen Aufsicht eines ältlichen Frauenzimmers, das seine Pfleglinge gegen ein wöchentliches Kostgeld von weniger als einem Schilling versorgen sollte. Als erfahrene Pflegerin hütete sie die Kinder besonders ängstlich vor Überladung des Magens und verwendete das kärgliche Kostgeld für ihre eigene reichliche Verpflegung. Dadurch wurde den armen Kleinen eine noch ärmlichere Ernährung zuteil, als sie ihnen von Amts wegen durch die Armenbehörde zugedacht war.

Man wird sich nicht wundern, dass bei einer solchen Beköstigung Oliver Twist seinen neunten Geburtstag als ein bleiches, mageres Kind von zwerghafter Gestalt erlebte. Er brachte diesen Festtag aber im Steinkohlenkeller in ausgewählter Gesellschaft von zwei anderen jungen Herren zu. Nachdem ihnen gemeinschaftlich zunächst eine tüchtige Tracht Prügel verabfolgt worden war, hatte man sie dort eingeschlossen, weil sie sich empörenderweise unterstanden hatten, hungrig zu sein.

Eben saß Frau Mann, die wackere Hausfrau, schläfrig in ihrem Lehnsessel, als sie ganz unerwartet zusammenfuhr, denn sie sah den Vogt, Herrn Bumble, breitspurig ihrem Hause zuschreiten. »Susanna«, rief sie der Magd zu, »nimm den Oliver und die zwei andern Bengel schnell die Treppe hinauf und wasche sie, aber schnell!«, dann lief sie hinaus und begrüßte den Vogt, indem sie die höchste Freude heuchelte.

»Schon gut«, erwiderte dieser in gelassenem Ton, »führen sie mich nur hinein, Frau Mann, denn ich komme in Geschäften.«

Er nahm ein ledernes Taschenbuch hervor und sagte: »Das Kind Oliver Twist wird heute neun Jahre alt; es kann nicht mehr länger hier bleiben, und ich bin selbst hergekommen, um ihn zurückzuholen; darum lassen Sie ihn mich nur gleich sehen.«

»Ich will ihn im Augenblick bringen«, sagte Frau Mann und verließ das Zimmer. Oliver war mittlerweile von der äußeren Schmutzhülle, die Gesicht und Hände überdeckte, so viel abgerieben worden, als sich in einer einzigen Waschung wegbringen ließ, und so wurde er nun von seiner wohlwollenden Schutzherrin ins Zimmer geführt. »Mach dem Herrn einen Bückling, Oliver«, sagte Frau Mann.

»Willst du mit mir weggehen, Oliver?«, fragte Herr Bumble mit Ehrfurcht gebietender Stimme.

Oliver wollte eben antworten, dass er mit der größten Bereitwilligkeit mit jedem von hier fortgehen würde, als er zufällig bemerkte, wie Frau Mann hinter des Vogtes Stuhl mit einem wütenden Gesicht die Faust gegen ihn ballte. Er verstand den Wink ohne weiteres; denn die Faust war zu oft seinem Körper aufgepresst worden, um sich nicht auch tief in sein Gedächtnis geprägt zu haben. Es fiel dem Knaben daher nicht schwer, Tränen in seine Augen zu locken, worüber ihn Frau Mann glühend umarmte und ihm viele Küsse und, was der Knabe noch viel nötiger brauchen konnte, ein Stück Butterbrot gab, damit er bei der Ankunft im Armenhaus nicht gar so hungrig erscheinen möchte.

Nach einem beschwerlichen Marsch kamen sie gegen Abend in dem Armenhause der Stadt an. Dort fand eben eine Sitzung der Armenbehörde statt. Sofort führte Bumble den Knaben in ein großes, geweißtes Zimmer, wo acht bis zehn dicke Herren um einen Tisch saßen, einer auf erhöhtem Sitz in einem hohen Lehnstuhl.

»Verbeuge dich vor den Herren«, sagte Bumble.

»Wie ist dein Name, Knabe?«, fragte der Herr im hohen Lehnstuhl, und ohne eine Antwort abzuwarten, fuhr er fort:

»Du wirst wissen, dass du eine Waise bist?«

»Was heißt das, mein Herr?«, fragte der arme Oliver.

»Der Junge ist ein Dummkopf; das habe ich ihm gleich angesehen«, sagte ein Herr mit einer weißen Weste in sehr entschiedenem Ton.

1.

Charles Dickens beschrieb in seinen Romanen sozialkritisch die Zustände im England seiner Zeit.
Unter welchen Bedingungen wird Oliver Twist groß? Welche Auswirkungen hat das auf ihn?

2.

Herr Bumble trifft an Olivers 9. Geburtstag im Armenhaus ein.
Zu welchem Zweck? Wie verhält sich Oliver? Weshalb?

3.

Wie reagiert der Hausvater im Armenhaus auf Olivers Bitte nach mehr Essen? Seht euch den Film »Oliver Twist« oder das Musical »Oliver« an und diskutiert darüber! Informiert euch, ob es ähnliche Verhältnisse auch heute noch gibt.

»Wir haben dich hierher bringen lassen«, fuhr der Präsident fort, »damit du erzogen wirst und ein tüchtiges Geschäft lernst. Du kannst gleich morgen früh um sechs Uhr anfangen, Werg zu zupfen.« Für diese große Gnade verbeugte sich Oliver auf Geheiß des Vogtes tief vor den Herren, und dann wurde er in aller Eile nach einem großen Saal geführt, wo er sich auf einem rauen, harten Bett in den Schlaf schluchzte. – Welch schönes Licht fällt hierdurch auf die milden Gesetze Englands! Sie lassen die Armen einschlafen.

Die Herren der Armenbehörde aber fassten an diesem Abend noch einen andern, für das künftige Geschick Olivers wichtigen Beschluss. Da sie befürchteten, das Armenhaus möchte für die ärmeren Klassen förmlich zu einem öffentlichen Vergnügungsort werden, beschlossen sie einen Vertrag mit den Wasserleitungen auf unbeschränkte Lieferungen von Wasser und einen solchen mit einem Kornhändler auf Lieferung kleiner Mengen von Hafermehl; das sollte täglich für drei Mahlzeiten Haferbrei ausreichen, und dazu kam zweimal in der Woche eine Zwiebel und sonntags ein halbes Brötchen. Als diese Beköstigung erst einige Zeit eingeführt war, wurde das Armenhaus von allen Leuten, die nicht unter dem Zwange äußerster Not darin bleiben mussten, wie das Grab gemieden; schwächliche Insassen starben an Entkräftung, und so wurde die Zahl der Bewohner zusehends kleiner, zum hellen Entzücken der hochwohlweisen Armenbehörde.

Filmszene aus »Oliver«

So litten Oliver Twist und seine Genossen die Qualen einer langsamen Aushungerung. Endlich wurden sie vor Hunger so gefräßig, dass einer der größten Knaben seinen Kameraden dunkel zu verstehen gab, wenn er nicht eine zweite Portion Haferbrei jeden Tag erhielt, so könne er nicht dafür stehen, dass er nicht bei Nacht den Knaben, der neben ihm schlief und der zufällig ein schwächliches Kind von zartem Alter war, verspeisen würde. Er hatte ein wüstes, hungriges Auge, und sie glaubten ihm aufs Wort. In dieser Not wurde lange Rat gehalten; man zog Lose, wer nach dem heutigen Abendessen zum Hausvater gehen und um eine zweite Tasse bitten sollte, und das Los traf unsern Oliver Twist.

Der Abend kam; die Knaben nahmen ihre Plätze ein, der Hausvater stellte sich an den Kessel, seine Gehilfinnen standen neben ihm. Der Haferbrei wurde ausgeschöpft, und ein langes Tischgebet leitete die kurze Mahlzeit ein. Bald waren die Tassen ausgelöffelt, und die Knaben flüsterten miteinander und winkten Oliver, während ihn seine nächsten Nachbarn anstießen. So furchtsam er war, ließ ihn doch die Verzweiflung und der Hunger alle Rücksichten und Bedenken vergessen. Er stand vom Tische auf, schritt mit Tasse und Löffel in der Hand auf den Hausvater zu und sagte: »Ich bitte um Vergebung, mein Herr, ich möchte noch ein wenig!«

Der Hausvater war ein starker, gesunder Mann, aber er erblasste, staunte den kleinen Rebellen sprachlos an und musste sich an dem Kessel festhalten. Die beiden Frauen waren vor Erstaunen, die Knaben vor Furcht wie gelähmt.

»Was?«, sprach endlich mit schwacher Stimme der Hausvater. »Ich bitte, mein Herr«, wiederholte Oliver, »ich möchte noch ein wenig!«

Jetzt kam der Hausvater wieder zu sich und führte mit dem Schöpflöffel einen Schlag nach Olivers Kopf, hielt ihn mit den Armen fest und schrie laut nach dem Vogt.

Informiert euch über die Armut in der Welt und stellt eine Collage zusammen. Wie beurteilt ihr den folgenden Zeitungsartikel über den Sticker »Eure Armut kotzt mich an«?

Roland Kirbach: Organisiertes Erbrechen

Der Sticker »Eure Armut kotzt mich an« und die Folgen

Dass Zeitungsartikel Leserbriefe provozieren, ist nichts Ungewöhnliches. Seltener dürfte es vorkommen, dass ein kleiner Bericht gleich eine wissenschaftliche Studie nach sich zieht – so wie der in der ZEIT vom 12. November 1993 erschienene Beitrag »Das sitzt« über den Autoaufkleber mit dem Spruch »Eure Armut kotzt mich an«. Er war der Auslöser für eine kommunikationswissenschaftliche Analyse, unter dem Titel »Neue Armut und organisiertes Erbrechen«.

Die Verfasser kritisieren den ZEIT-Artikel, weil sein Autor nur »zwischen den Zeilen eine vage Bereitschaft erkennen ließ, ein derartiges Produkt ... kritisch zu hinterfragen«. Dies sei zu wenig, meinen die Wissenschaftler. »Schockiert hat uns«, schreiben sie weiter, »dass der Geschäftsführer der Essener Firma, die den Aufkleber vertreibt, seine Aufschrift im Interview mit dem ZEIT-Redakteur als ›witzig und geistreich‹ einstufte«. Nachdem sie den Spruch Wort für Wort analysiert haben, kommen sie zu dem Urteil: »Was einfacher strukturierte Gemüter hier allenfalls zum Lachen reizt, ist die ungenierte Direktheit der Aussage in Verbindung mit der öffentlichen Verwendung des Tabu-Wortes ›kotzen‹.«

Inhaltlich treibe der Sticker, die zunehmend verbreitete Ansicht auf die Spitze, dass »Reichtum der verdiente Lohn für Tüchtigkeit und Armut die verdiente Strafe für Untüchtigkeit« sei, dass also Arme an ihrem Schicksal selbst Schuld seien. Die neue Qualität des Spruchs bestehe darin, dass er es nicht dabei belasse, Arme nur zu beschimpfen – er ermuntere darüber hinaus alle, die sich von Armut bedroht fühlen, »zu abgrenzendem Verhalten«.

»Was Armut besonders erschreckend macht, ist ihre beständige Sichtbarkeit und die sich daraus ergebende Unausweichlichkeit der Konfrontation«, heißt es in der Analyse. Von denen, die nicht arm sind, werde Armut »als Herausforderung interpretiert: als Aufforderung zur Hilfe, die, je mehr Armut um sich greift, zur Überforderung wird, zur indirekten Drohung, weil die Armut anderer die Gefahr bewusst macht, selbst arm zu werden.« So gesehen, sei der aggressive Spruch eine Gegendrohung sowie Ausdruck einer »trügerischen Hoffnung auf Geborgenheit und Solidarität der Nicht-Ausgegrenzten in der Rumpfgesellschaft«.

Dass der Aufkleber offenbar tatsächlich viel Zuspruch findet, wie der Geschäftsführer der Vertreiberfirma behauptet hatte, konnten die Wissenschaftler selbst erleben: »Als wir kürzlich mit einer Gruppe von Studienanfängern über den Spruch diskutierten, mussten wir zu unserer Überraschung feststellen, dass diese – obgleich sie unsere Ablehnung durchaus verstanden und auch grundsätzlich akzeptierten – doch in gewisser Weise bereit schienen, ihn zu rechtfertigen. Tatsächlich, sagten sie, sei es ja bedrückend, wie man tagtäglich in den Medien mit der Armut und dem Elend in aller Welt konfrontiert werde. Dass man dem kaum noch ausweichen könne, sei wirklich zum Kotzen.«

Edward Bellamy:
Die Omnibusgesellschaft

In Edward Bellamys Utopie »Ein Rückblick aus dem Jahre 2000 auf das Jahr 1887« wacht der Erzähler nach einem jahrhundertelangen Medikamentenschlaf auf und muss den nun Lebenden von seiner ehemaligen Gesellschaft berichten.

Um dem Leser einen allgemeinen Begriff davon zu geben, wie die Menschen damals zusammen lebten, namentlich wie das Verhältnis der Reichen und Armen zueinander war, kann ich keinen besseren Vergleich der damaligen Gesellschaft finden, als mit einem riesigen Omnibus, an welchen die große Masse des Volkes gespannt war, um ihn mühsam auf einer bergigen und sandigen Straße hinzuziehen. Der Kutscher war der Hunger, der keinen Aufenthalt duldete, obgleich es natürlich in einem sehr langsamen Schritt ging. Trotz der Schwierigkeit, den Omnibus auf dem unebenen Wege im Gange zu halten, war das Dach desselben mit Passagieren besetzt, die auch bei dem steilsten Anstieg nicht abstiegen. Diese oberen Plätze waren schön luftig und bequem. Sie waren außerhalb des Bereichs des Staubes und man konnte von dort nach Belieben die Aussicht genießen, oder die Güte des sich anstrengenden Gespanns besprechen. Natürlich waren diese Plätze sehr gesucht und jedermann betrachtete es für das höchste Lebensziel, für sich einen Platz oben auf dem Wagen zu sichern und denselben nachher seinem Kinde abzutreten. Es bestand eine Fahrbestimmung, dass man seinen Platz an eine beliebige Person abtreten konnte, aber auf der anderen Seite ereigneten sich auch viele Unglücksfälle, durch welche man seinen Platz verlieren konnte. Denn die Sitze waren zwar sehr bequem, aber auch sehr unsicher und bei jedem plötzlichen Ruck des Wagens fielen Passagiere von ihren Sitzen auf den Boden, wo sie dann sofort das Seil anfassen und helfen mussten, den Omnibus, auf dem sie eben so schön gefahren waren, zu ziehen. Es wurde natürlich als ein großes Unglück angesehen, seinen Platz zu verlieren und die Besorgnis, dass einem selbst, oder einem seiner Freunde dies begegnen möchte, hing beständig wie eine Wolke über dem Glücksgefühle der Passagiere.

Ilja Efimowitsch Repin:
Die Wolgatreidler, um 1872

Aber haben sie nur an sich selbst gedacht? wird man fragen. Ist ihnen ihr Glück nicht verleidet worden durch den Vergleich desselben mit dem Lose ihrer vorgespannten Brüder und Schwestern und durch das Bewusstsein, dass deren Mühe durch ihre Last erschwert wird? Hatten sie kein Mitleid mit ihren Mitmenschen, von denen sie sich nur durch ihr Glück unterschieden? O ja, diejenigen, welche fuhren, sprachen oft ihr Mitleid für diejenigen aus, welche den Wagen ziehen mussten, namentlich wenn der Omnibus, wie es oft geschah, an eine schlechte Stelle auf dem Wege, oder an einen besonders hohen Berg kam. Dann boten die verzweifelte Anstrengung des Gespanns, sein schmerzvolles Bäumen und Springen unter den erbarmungslosen

Peitschenhieben des Hungers, die vielen, welche am Seil zusammenbrachen und in den Kot getreten wurden, einen erbarmenswürdigen Anblick, der oft anerkennenswerte Gefühlsausbrüche auf dem Dache des Omnibus hervorrief. Dann riefen wohl die Passagiere den Arbeitern am Seil ermutigend von oben zu, ermahnten sie zur Geduld, und stellten ihnen Hoffnung auf einen möglichen Ausgleich mit ihrem harten Los in einer besseren Welt in Aussicht, kauften auch wohl Salben und Balsam für die Beschädigten und Verstümmelten.

Luis Murschetz

Sergio Toppi

»Los hör auf, die Mehrzahl will in die andere Richtung!«

Man stimmte darin überein, es sei schade, dass der Wagen so schwer zu ziehen sei und fühlte sich allgemein erleichtert, sooft man besonders schlechte Stellen des Weges hinter sich hatte. Diese Erleichterung fühlte man natürlich nicht einzig für das Gespann, denn an solchen schlechten Stellen lag stets die Gefahr nahe, dass der ganze Omnibus umfallen und alle ihre Plätze verlieren möchten.

Zur [Ehre] der Wahrheit muss man bekennen, dass der Haupteindruck, den der Anblick des Elends der Arbeiter am Seile auf die Passagiere machte, der war, dass sie den Wert ihrer Plätze auf dem Wagen erst recht schätzen lernten, und sich umso verzweifelter festhielten.

Wenn die Passagiere sicher gewesen wären, dass weder sie noch ihre Freunde abgeworfen werden könnten, so würden sie sich wahrscheinlich verzweifelt wenig um diejenigen, welche den Wagen zogen, gekümmert haben, außer dass sie sich an den Sammlungen für Salben und Verbandzeug beteiligten.

Es ist mir wohl bewusst, dass dies den Männern und Frauen des 20. Jahrhunderts als unglaubliche Unmenschlichkeit erscheinen wird, aber zwei sehr merkwürdige Tatsachen erklären sie wenigstens teilweise. Erstens war man des festen, aufrichtigen Glaubens, dass es kein anderes Mittel gäbe, die Gesellschaft aufrechtzuerhalten, als dass die Menge am Seil zog und die Bevorzugten im Wagen fuhren, und nicht dies allein, sondern dass auch keine radikale Besserung weder am Gespann, noch am Wagen, an dem Wege oder der Verteilung der Arbeit möglich war. Es sei immer so gewesen und würde immer so sein. Es war ein Jammer, aber man konnte nicht helfen und es war ein Gebot der Philosophie, an einem Übel, das man nicht heilen konnte, kein Mitleid zu verschwenden.

Die zweite Tatsache ist noch merkwürdiger und besteht in einer eigentümlichen Sinnestäuschung, welche von allen auf dem Wagen gemeiniglich geteilt wurde, dass sie nämlich mit ihren Brüdern und Schwestern, die am Seil zogen, nicht ganz gleich, sondern von besserem Ton gemacht seien, in gewisser Beziehung zu einer höheren Klasse von Wesen gehörten, die mit Recht erwarten dürften, gezogen zu werden. Dies scheint unglaublich, aber da ich selbst einmal auf diesem Omnibus gefahren bin und dieselbe Sinnestäuschung geteilt habe, sollte ich Glauben finden.

Das Sonderbarste bei dieser Täuschung ist, dass diejenigen welche eben erst vom Boden auf den Wagen geklettert sind, noch ehe die Schwielen des Seils an ihren Händen verwachsen, ihrem Einflusse verfallen. Bei denen, deren Eltern und Großeltern schon so glücklich gewesen waren, Plätze oben auf dem Wagen eingenommen zu haben, war die Überzeugung von einem wesentlichen Unterschied zwischen ihrer Art und der gewöhnlichen Ware eine vollkommene. Eine solche Täuschung musste notwendig ein brüderliches Gefühl für die Leiden der großen Menge in ein philosophisches Mitleid verwandeln. Das ist das Einzige, womit ich meine Gleichgültigkeit gegen das Elend meiner Brüder zu der Zeit, von welcher ich schreibe, beschönigen könnte.

Die Toten Hosen: Wünsch dir was

Es kommt die Zeit, in der das Wünschen wieder hilft.
Wünsch dir was, wünsch dir was!
Ich glaube, dass die Welt sich noch mal ändern wird
und dann Gut über Böse siegt.
Dass irgendjemand uns auf unsren Wegen lenkt
und unser Schicksal in die Hände nimmt.
Ja, ich glaube an die Ewigkeit
und dass jeder jedem mal vergibt.
Alle werden wieder voreinander gleich,
jeder kriegt was er verdient.
Ich glaube, dass die Menschheit mal in Frieden lebt
und es dann wahre Freundschaft gibt,
und der Planet der Liebe wird die Erde sein,
und die Sonne wird sich um uns drehn.
Das wird die Zeit, in der das Wünschen wieder hilft.
Es wird einmal zu schön, um wahr zu sein,
habt ein letztes Mal Vertrauen.
Das Hier und Heute ist dann längst vorbei
wie ein alter böser Traum.
Es wird ein großer Sieg für die Gerechtigkeit,
für Anstand und Moral.
Es wird die Wiederauferstehung vom Heiligen Geist
und die vom Weihnachtsmann.
Es kommt die Zeit, in der das Wünschen wieder hilft!
Wünsch dir was ...

1.
Welches Bild für die Gesellschaft des 19. Jahrhunderts findet Edward Bellamy aus der Rückschau in seinem utopischen Roman? Wie beurteilt ihr es? Haltet ihr es auch heute noch für angemessen?

2.
Welche Klassen unterscheidet er? Wie sind sie gekennzeichnet? Welche Ziele und Ängste haben sie?

3.
Gibt es echtes Mitleid? Welche Hilfen werden gegeben?

4.
Welche Sinnestäuschung überfällt die auf dem Omnibus Fahrenden? Beziehe Ilja Repins Treidlerbild (S. 81), in dem ein Schiff stromaufwärts gezogen wird, mit in die Überlegungen ein!

5.
Wie beurteilt ihr in diesem Zusammenhang die Karikaturen von Luis Murschetz und Sergio Toppi? Sind sie für euch ein Sinnbild für unsere oder andere Gesellschaften (Demokratie, Diktatur)? Ließe sich etwas ändern? Was? Wie?

6.
Was hältst du von der Aussage, Demokratie sei die Diktatur der Mehrheit?

Thomas Morus:
Das Leben in Utopia

3.5

Die Anlage der Straßen nimmt ebenso auf das Verkehrsbedürfnis wie auf den Windschutz Rücksicht. Die Gebäude sind keineswegs unansehnlich; man übersieht ihre lange und durch den ganzen Straßenzug zusammenhängende Reihe, wenn man der Vorderseite der Häuser gegenübersteht. Zwischen diesen Häuserfronten läuft ein zwanzig Fuß breiter Fahrdamm. An die hinteren Gebäudeteile schließt sich ein breiter, den ganzen Häuserblock entlang sich hinziehender Garten, eingezäunt von der Rückseite anderer Häuserreihen. Es gibt kein Haus, das nicht außer dem Eingang von der Straße her noch eine Hinterpforte zum Garten hätte. Die Türen sind zweiflügelig, durch einen leisen Druck der Hand zu öffnen, schließen sich dann von selber wieder und lassen so jeden hinein: so weit geht die Beseitigung des Privateigentums! Denn selbst die Häuser tauschen sie alle zehn Jahre um, und zwar nach dem Lose. Ein Gewerbe ist allen Männern und Frauen gemeinsam: der Ackerbau; den versteht jedermann. Darin werden alle von Kindheit an unterwiesen, teilweise durch Belehrung in den Schulen, teils durch Ausflüge, wie zum Spiel, auf das Land in der Nähe der Stadt, wo sie der Arbeit nicht nur zusehen, sondern sie selber ausüben und so die Gelegenheit zugleich zur Übung ihrer Körperkräfte benützen.

René Magritte:
Monat der Weinlese, 1959

Außer der Landwirtschaft, die, wie gesagt, allen gemeinsam ist, erlernt jeder noch irgendein Gewerbe als seinen Beruf; das ist gewöhnlich die Tuchmacherei, das Leineweberhandwerk oder das Maurer-, Schmiede-, Schlosser- oder Zimmermannsgewerbe. Es gibt nämlich kein anderes Handwerk, das dort eine nennenswerte Zahl von Menschen beschäftigte. Denn der Schnitt der Kleidung ist, abgesehen davon, dass die Geschlechter sich im Anzug unterscheiden und ebenso der ledige Stand von den Verheirateten, einheitlich im ganzen Inselreich und unverändert gleichartig für alle Lebensalter; diese Kleidung ist fürs Auge wohlgefällig, bequem für die Körperbewegungen und besonders für Kälte und Hitze berechnet. Jede Familie fertigt sie sich selber an. Aber von den übrigen genannten Handwerken lernt jeder eins, nicht nur die Männer, sondern auch die Frauen; doch treiben diese als die Schwächeren nur die leichteren Gewerbe; gewöhnlich spinnen sie Wolle und Leinen; den Männern sind die übrigen, mühsamen Handwerke zugewiesen. Im Allgemeinen wird jeder im väterlichen Gewerbe aufgezogen; denn die meisten neigen von Natur dahin. Falls aber einer eine andere Neigung hat, so wird er in irgendeiner Familie durch Adoption aufgenommen, die das Handwerk betreibt, zu dem er Lust hat, wobei nicht nur sein Vater, sondern auch die Behörden Sorge tragen, dass er einem würdigen und ehrenhaften Familienvater übergeben wird. Auf demselben Wege wird der Berufswechsel möglich gemacht, wenn einer sein Handwerk ausgelernt hat und noch ein anderes dazu zu lernen wünscht. Hat er beide inne, so übt er aus, welches er will, wenn die Stadt nicht eins von beiden nötiger braucht.

Das wichtigste und beinahe einzige Geschäft der Syphroganten ist, dafür zu sorgen und Maßregeln zu treffen, dass keiner müßig herumsitzt, sondern jeder fleißig sein Gewerbe treibt, ohne indessen vom frühen Morgen bis tief in die Nacht wie ein Lasttier sich beständig abzurackern. Das wäre ja eine mehr als sklavische Schinderei! Und doch ist es fast überall das Los der Handwerker, außer bei den Utopiern, die den Tag einschließlich der Nacht in vierundzwanzig

1.
Thomas Morus lässt sich von seinem gebildeten und weit gereisten Freund Hythlodeus das Leben auf der Insel Utopia beschreiben und berichtet in seinem Buch von dieser Begegnung.
Was fällt dir an den Häusern und an der Kleidung in Utopia auf? Was haltet ihr von Schuluniformen, wie sie z. B. in England getragen werden?

Stunden teilen und nur sechs davon der Arbeit widmen: drei vormittags, worauf sie zum Essen gehen; nach dem Mittagessen ruhen sie dann zwei Nachmittagsstunden, arbeiten wieder drei Stunden und beschließen den Arbeitstag mit dem Abendessen. Indem sie die erste Stunde von Mittag an rechnen, gehen sie um acht Uhr schlafen; acht Stunden nimmt der Schlaf in Anspruch. Die Stunden zwischen der Arbeit-, Schlafens- und Essenszeit sind jedem zu beliebiger Beschäftigung freigestellt, nicht um sie durch Üppigkeit und Trägheit zu missbrauchen, sondern um die Zeit, die einem jeden sein Handwerk freilässt, nach Herzenslust auf irgendeine andere nütztliche Beschäftigung zu verwenden. Die meisten widmen diese Pausen geistigen Studien.

Nach dem Abendessen verbringen sie dann eine Stunde mit Sport und Spiel, im Sommer in den Gärten, im Winter in jenen öffentlichen Hallen, in denen sie gemeinsam essen. Dort treiben sie Musik oder erholen sich im Gespräch. Weiterhin beachte, wie wenig Arbeit sie für die Anfertigung ihrer Kleidung verbrauchen! Zunächst tragen sie bei der Arbeit einen ganz einfachen Arbeitsanzug aus Leder oder Fellen, der bis zu sieben Jahren aushält. Wenn sie ausgehen, ziehen sie ein Oberkleid darüber, das jene gröbere Kleidung verdeckt; dessen Farbe ist im ganzen Inselreich dieselbe, und zwar die Naturfarbe des Stoffes. So kommen sie nicht nur mit viel weniger Wolltuchen aus, als irgendwo sonst üblich, sondern das Tuch selbst ist auch viel billiger. Aber noch weniger Arbeit macht die Herstellung von Leinenzeug, das darum auch noch mehr getragen wird. Beim Leinen sieht man nur auf die Weiße, bei der Wolle nur auf die Sauberkeit, feinere Webart wird nicht bezahlt. So kommt es, dass hier in Utopien sich jeder mit einem Anzug, gewöhnlich für zwei Jahre begnügt. Er hat ja auch gar keinen Grund, sich mehr Kleidung zu wünschen; denn bekäme er sie, so wäre er weder gegen die Kälte besser geschützt, noch würde er in seiner Kleidung auch nur um ein Haar eleganter aussehen.

Da sie also sämtlich in nützlichen Gewerben tätig sind und in diesen wieder mit weniger Arbeit auskommen, ist es nicht zu verwundern, dass Überfluss an allen Erzeugnissen herrscht und sie von Zeit zu Zeit noch eine gewaltige Menge Arbeiter mit Ausbesserung der öffentlichen Straßen beschäftigen können, wenn sich daran Beschädigungen zeigen, sehr oft aber auch, wenn keinerlei Arbeitsbedarf dieser Art vorliegt, von Staats wegen Herabsetzung der Arbeitszeit verkünden. Denn die Behörden beschäftigen die Bürger nicht gegen ihren Willen mit überflüssiger Arbeit, da die Wirtschaftsverfassung dieses Staates vielmehr in erster Linie das eine Ziel vor Augen hat, soweit es die notwendigen Ansprüche des Staates erlauben, für alle Bürger möglichst viel Zeit frei zu machen von der Knechtschaft des Leibes für die freie Pflege geistiger Bedürfnisse. Denn darin, glauben sie, liege das wahre Glück des Lebens.

2.
Welche beruflichen, welche anderen Tätigkeiten sind in Utopia wie organisiert? Wie beurteilst du das? Welchen Raum hat die Freiheit? Diskutiert über das Wechselverhältnis von Freiheit und Gleichheit, auch an Beispielen! (Vgl. 2.18!)

3.
Welche Vorzüge, welche Nachteile hat das Leben in Utopia für euch? Würdet ihr dort leben wollen?

4.
Bezieht René Magrittes Bild »Der Monat der Weinlese« (S. 84) in eure Überlegungen ein. Die Städter, die angereist kommen und von außen in das Zimmer des Weinbauern schauen, sind alle gleich angezogen. Welchen Eindruck macht das Bild auf euch?

5.
Auch in Jörg Steiners Geschichte »Menschen im Meer« geht es um das Zusammenleben auf verschiedenen Inseln.
Welche Unterschiede bestehen zwischen den beiden Inseln? Wie hätte die Geschichte anders enden können? Malt die beiden Inseln! (Arbeitet evtl. in Gruppen!)

Jean-Jacques Rousseau: Über die Ursachen der Ungleichheit

3.6

Solange die Menschen sich mit ihren ländlichen Hütten begnügten, solange sie sich darauf beschränkten, ihre Kleider aus Häuten mit Dornen oder Gräten zu nähen, sich mit Federn und Muscheln zu schmücken, sich den Körper mit verschiedenen Farben zu bemalen, ihre Bogen und ihre Pfeile zu vervollkommnen oder zu verschönern, mit scharfen Steinen einige Fischerboote oder einige krude Musikinstrumente zu schnitzen, mit einem Wort: solange sie sich nur Arbeiten widmeten, die ein Einzelner bewältigen konnte, und Künsten, die nicht das Zusammenwirken mehrerer Hände erforderten, lebten sie so frei,

1.
Wie beschreibt Jean-Jacques Rousseau den Naturzustand der Menschen? (Vgl. mit der Ansicht von Thomas Hobbes in 2.8!)

gesund, gut und glücklich, wie sie es ihrer Natur nach sein konnten, und fuhren sie fort, untereinander die Süße eines unabhängigen Verkehrs zu genießen. Aber von dem Augenblick an, da ein Mensch die Hilfe eines anderen nötig hatte, sobald man bemerkte, dass es für einen Einzelnen nützlich war, Vorräte für zwei zu haben, verschwand die Gleichheit, das Eigentum kam auf, die Arbeit wurde notwendig und die weiten Wälder verwandelten sich in lachende Felder, die mit dem Schweiß der Menschen getränkt werden mussten und in denen man bald die Sklaverei und das Elend sprießen und mit den Ernten wachsen sah.

2.
Welcher Punkt markiert den Übergang zur »Gesellschaft«? Wie entstehen Ungleichheit und Elend?
»Der Mensch ist frei geboren, doch überall liegt er in Ketten.«, sagt Rousseau.
Stimmt das? Wie verstehst du in diesem Zusammenhang seine Aufforderung »Zurück zur Natur!«

Die Dinge in diesem Zustand hätten gleich bleiben können, wenn die Talente gleich gewesen wären und wenn beispielsweise die Verwendung des Eisens und der Verbrauch an Lebensmitteln sich stets exakt die Waage gehalten hätten; aber die Proportion, die nichts aufrechterhielt, war bald durchbrochen; der Stärkere bewältigte mehr Arbeit; der Gewandtere zog größeren Vorteil aus der seinen; der Erfindungsreichere fand Mittel, um die Arbeit zu verkürzen; der Bauer benötigte mehr Eisen oder der Schmied mehr Getreide; und wenn beide gleich viel arbeiteten, verdiente der eine viel, während der andere kaum genug zum Leben hatte. So entfaltet sich die natürliche Ungleichheit unmerklich mit jener der Verbindung; und so werden die Unterschiede zwischen den Menschen – durch die Unterschiede der äußeren Umstände entwickelt – fühlbarer, anhaltender in ihren Auswirkungen und beginnen im selben Verhältnis Einfluss auf das Schicksal der Einzelnen auszuüben.

Auf der anderen Seite ist der Mensch, der früher frei und unabhängig war, jetzt durch eine Vielzahl neuer Bedürfnisse sozusagen der ganzen Natur untertan und vor allem seinen Mitmenschen, zu deren Sklave er in gewissem Sinne wird, selbst wenn er zu ihrem Herrn wird. Ist er reich, braucht er ihre Dienste; ist er arm, braucht er ihre Unterstützung, und mäßiger Wohlstand versetzt ihn keineswegs in die Lage, ohne sie auszukommen. Er muss daher unablässig danach trachten, sie für sein Schicksal zu interessieren und sie ihren Profit tatsächlich oder scheinbar darin finden zu lassen, dass sie für den seinen arbeiten. Das macht ihn betrügerisch und hinterlistig gegen die einen, herrisch und hart gegen die anderen und versetzt ihn in die Notwendigkeit, all jene, die er nötig hat, zu missbrauchen, wenn er sich bei ihnen nicht gefürchtet machen kann und er seinen Vorteil nicht darin findet, ihnen mit Nutzen zu dienen.

3.
Wieso meint Rousseau, dass der Mensch automatisch zum Sklaven seiner Mitmenschen wird, auch wenn er scheinbar über sie herrscht? Kannst du dafür Beispiele finden?

4.
Könnte man etwas gegen die entstehende Ungleichheit unternehmen. Ist das Privateigentum die einzige Ursache von Ungleichheit? Beziehe obige Karikatur in deine Überlegungen mit ein.
(Die Männergestalt ist nach Auguste Rodins Plastik »Der Denker« gezeichnet.)

Konkurrenz und Rivalität auf der einen Seite, Gegensatz der Interessen auf der anderen und stets das versteckte Verlangen, seinen Profit auf Kosten anderer zu machen; alle diese Übel sind die erste Wirkung des Eigentums und das untrennbare Gefolge der entstehenden Ungleichheit.

Karl Marx:
Klassenkampf und Privateigentum

3.7

Alle Eigentumsverhältnisse waren einem beständigen geschichtlichen Wechsel, einer beständigen geschichtlichen Veränderung unterworfen. Die Französische Revolution zum Beispiel schaffte das Feudaleigentum zugunsten des bürgerlichen ab. Was den Kommunismus auszeichnet, ist nicht die Abschaffung des Eigentums überhaupt, sondern die Abschaffung des bürgerlichen Eigentums. Aber das moderne bürgerliche Privateigentum ist der letzte und vollendetste Ausdruck der Erzeugung und Aneignung der Produkte, die auf Klassengegensätzen, die auf der Ausbeutung der einen durch die andern beruht. In diesem Sinn können die Kommunisten ihre Theorie in dem einen Ausdruck: Aufhebung des Privateigentums, zusammenfassen.

Man hat uns Kommunisten vorgeworfen, wir wollten das persönlich erworbene, selbst erarbeitete Eigentum abschaffen; das Eigentum, welches die Grundlage aller persönlichen Freiheit, Tätigkeit und Selbstständigkeit bilde. Erarbeitetes, erworbenes, selbst verdientes Eigentum! Sprecht ihr von dem kleinbürgerlichen, kleinbäuerlichen Eigentum, welches dem bürgerlichen Eigentum vorherging? Wir brauchen es nicht abzuschaffen, die Entwicklung der Industrie hat es abgeschafft und schafft es täglich ab.

Die Nichtbesitzer dieser Welt werden immer zahlreicher

In der bürgerlichen Gesellschaft ist die lebendige Arbeit nur ein Mittel, die aufgehäufte Arbeit zu vermehren. In der kommunistischen Gesellschaft ist die aufgehäufte Arbeit nur ein Mittel, um den Lebensprozess der Arbeiter zu erweitern, zu bereichern, zu befördern. In der bürgerlichen Gesellschaft herrscht also die Vergangenheit über die Gegenwart, in der kommunistischen die Gegenwart über die Vergangenheit.

Ihr entsetzt euch darüber, dass wir das Privateigentum aufheben wollen. Aber in eurer bestehenden Gesellschaft ist das Privateigentum für neun Zehntel ihrer Mitglieder aufgehoben; es existiert gerade dadurch, dass es für neun Zehntel nicht existiert. Ihr werft uns also vor, dass wir ein Eigentum aufheben wollen, welches die Eigentumslosigkeit der ungeheuren Mehrzahl der Gesellschaft als notwendige Bedingung voraussetzt. Ihr werft uns mit einem Wort vor, dass wir euer Eigentum aufheben wollen. Allerdings, das wollen wir.

1.
Welche Arten von Eigentum unterscheidet Karl Marx? Welche Arten von Eigentum sind für dich wichtig?

2.
Wie entsteht Privateigentum an Produktionsmitteln?

3.
Weshalb sieht Marx den Kommunismus als Fortsetzung der Französischen Revolution?

4.
Welche Meinung hast du dazu? Diskutiert darüber und bezieht eure Kenntnisse aus dem Geschichtsunterricht und die Aussage der Karikatur von Hans Sigg mit ein!

5.
Im Grundgesetz (Art. 14) wird der Anspruch auf Eigentum und Erbrecht gewährleistet.
Informiert euch darüber! Was bedeutet das in der Praxis?

6.
Thomas Hobbes verknüpft den Begriff des Eigentums mit der Vorstellung von Gerechtigkeit und prägt die Formel »Jedem das Seine«.
Was ist das jeweils? Wie beurteilst du diesen Gedanken?

3.8 Oscar Wilde:
Die Seele des Menschen unter dem Sozialismus

Das wahre Ziel ist der Versuch, die Gesellschaft auf einer Grundlage neu zu errichten, welche die Armut ausschließt. Und die altruistischen Tugenden haben die Verwirklichung dieses Ziels tatsächlich verhindert. Wie die schlimmsten Sklavenhalter diejenigen waren, die ihre Sklaven milde behandelten und es so zu verhindern wussten, dass die Greuel des Systems von jenen, die unter ihm litten, durchschaut und von jenen, die es überdachten, begriffen wurden, so stiften in der gegenwärtigen Lage in England diejenigen am meisten Schaden, welche sich am meisten bemühen, Gutes zu tun; und so haben wir schließlich das Schauspiel miterleben müssen, dass Männer, die das Problem wirklich durchdacht haben und das Leben kennen – Männer von Bildung, die im East End wohnen –, aufgetreten sind und das Gemeinwesen angefleht haben, es möge seine altruistischen Anwandlungen von Nächstenliebe, Fürsorge und dergleichen eindämmen. Sie tun dies aus der Erwägung, dass solche Nächstenliebe erniedrigt und demoralisiert. Sie haben vollkommen Recht. Unter dem Sozialismus wird dies alles natürlich anders werden. Die Menschen werden nicht mehr, bekleidet mit stinkenden Fetzen, in stinkenden Höhlen wohnen, sie werden nicht länger ungesunde, hungergequälte Kinder in einer völlig menschenunwürdigen und widerwärtigen Umgebung aufziehen. Die Sicherheit der Gesellschaft wird nicht mehr, wie es jetzt der Fall ist, vom jeweiligen Wetter abhängen. Beim Einbruch des Frosts wird man nicht mehr die hunderttausend Arbeitslosen sehen, die in einem Zustand abscheulichen Elends durch die Straßen trotten und ihre Nachbarn um Almosen anbetteln oder sich vor den Toren der ekelhaften Asyle drängen, um ein Stück Brot und ein schmutziges Obdach für die Nacht zu bekommen. Jedes Mitglied der Gesellschaft wird an ihrem allgemeinen Wohlstand und Glück teilhaben; und wenn es friert, wird niemand darunter zu leiden haben.

Thomas Plaßmann

Andererseits *wird der Wert des Sozialismus einfach darin bestehen, dass er zum Individualismus hinüberleitet.*

Der Sozialismus, Kommunismus oder wie man ihn nennen will, wird durch die Umwandlung des Privateigentums in allgemeinen Reichtum und dadurch, dass er an Stelle der Konkurenz die Zusammenarbeit setzt, der Gesellschaft die ihr gemäße Form eines gesunden Organismus zurückgeben und die materielle Wohlfahrt eines jeden Mitgliedes dieser Gemeinschaft sichern. Er wird in der Tat dem Leben eine angemessene Grundlage und eine angemessene Umwelt geben. Um aber das Leben auf die höchste Stufe der Vollendung zu heben, bedarf es noch eines Weiteren. Es bedarf des Individualismus. Wenn der Sozialismus autoritär ist, wenn die Regierungen mit ökonomischer Macht ausgestattet werden, so wie sie jetzt politische Macht besitzen, kurzum, wenn industrielle Tyranneien herrschen werden, dann wird dieser neue Zustand der Menschheit schlimmer sein als der alte.

Es ist also klar, dass man mit dem autoritären Sozialismus nicht weiterkommt. Jeder muss völlig frei sein, seine Arbeit selbst zu wählen. Keinerlei Zwang darf auf ihn ausgeübt werden. Andernfalls wäre diese Arbeit für ihn selbst, an sich und für die anderen nutzlos. Und unter Arbeit verstehe ich jede Art von Tätigkeit. Von autoritärer Macht und Zwang darf nicht die Rede sein. Alle Vereinigung muss völlig freiwillig vor sich gehen. *Nur in freiwilligen Vereinigungen ist der Mensch vornehm.*

Jan Tomaschoff

Unter den neuen Verhältnissen wird der Individualismus weit freier, weit vornehmer, weit vertiefter sein, als dies jetzt der Fall ist. Ich spreche nicht von dem großen, in der Fantasie verwirklichten Individualismus bei Dichtern, ... sondern von dem großen tatsächlichen Individualismus, der in der Menschheit im Allgemeinen gebunden potenziell angelegt ist. Denn die Anerkennung des Privateigentums hat den Individualismus wirlich geschädigt und getrübt, indem sie den Menschen mit seinem Besitz verwechselte. Sie hat den Individualismus völlig irregeleitet. Sie hat bewirkt, dass Gewinn, nicht Wachstum sein Ziel geworden ist. Und zwar so, dass der Mensch meinte, das Wichtigste sei das Haben, und nicht erkannte, dass es das Wichtigste ist, zu sein. *Die wahre Vollendung des Menschen liegt nicht in dem, was er besitzt, sondern in dem, was er ist.* Das Privateigentum hat den echten Individualismus vernichtet und einen falschen Individualismus aufgerichtet. In der Tat, die Persönlichkeit des Menschen wurde so vollkommen durch seine Besitztümer absorbiert, dass die englischen Gesetze Vergehen wider das Eigentum weit schärfer ahnden als die wider die Person.

Man muss nur bedauern, dass die Gesellschaft so eingerichtet wurde, dass man den Menschen in eine Höhle gesperrt hat, in der er seine wundervollen und faszinierenden und köstlichen Gaben nicht zu entfalten vermag, in der ihm in der Tat die wahre Lebensfreude versagt bleibt.

Die Abschaffung des Privateigentums wird uns also den wahren, herrlichen, gesunden Individualismus bescheren. Niemand wird mehr sein Leben mit der Anhäufung von Dingen und Werten vergeuden. Man wird leben. Wirklich zu leben ist das Kostbarste auf dieser Welt. Die meisten Menschen existieren nur, sonst nichts.

Der griechische Philosoph Diogenes lebte in einer Tonne, um auszuprobieren, wie viel er wirklich braucht. Überliefert ist sein Ausruf, als ihm sein Sklave weglief:
»Nun bin ich der glücklichste Mensch unter der Sonne, da ich nun nichts mehr verlieren kann!«

Worauf könntest du verzichten? Beziehe in deine Überlegungen die oben stehende Karikatur ein!

1.
Weshalb hält Oscar Wilde altruistische (selbstlose) Tugenden für gefährlich? Stimmst du ihm zu?

2.
Wie bewertest du seine Schilderung des Sozialismus? Kann so die Armut behoben werden? Welchen besonderen Wert für die Einzelperson hat der Sozialismus nach Wilde?

3.
Wieso schädigt nach Wildes Meinung die Eigentumsbindung den Individualismus? Welches ist das Ziel des Besitzmenschen, welches sollte das Ziel des Individuums sein? Was bedeutet in diesem Zusammenhang der Ausspruch Jesu, eher gehe ein Kamel durch ein Nadelöhr als ein Reicher in den Himmel? Seid ihr der gleichen Ansicht? Weshalb bzw. weshalb nicht?

4.
Welche Gefahr sieht Wilde für den autoritären Sozialismus? Welchen Wert hat für ihn die Freiheit im Sozialismus?

3.9 Voltaire:
Der Fall Johann Calas

Die Ermordung des Calas, die in Toulouse mit dem Schwerte der Gerechtigkeit den 9. März 1762 begangen ist, ist eine der seltsamsten Begebenheiten, die die Aufmerksamkeit unseres Zeitalters und der Nachwelt verdienen.
Johann Calas, ein Mann von achtundsechzig Jahren, lebte seit länger als vierzig Jahren zu Toulouse als Handelsmann, und alle, die ihn kannten, hielten ihn für einen guten Vater. Er war Protestant und seine Frau und Kinder gleichfalls außer ein Sohn, der die Ketzerei abgeschworen hatte und dem der Vater ein kleines Jahrgeld auszahlte. Er schien so entfernt von dem unsinnigen Fanatismus, der alle gesellschaftliche Bande zerreißt, dass er gegen die Bekehrung seines Sohnes Ludwig Calas nichts einwandte und seit dreißig Jahren eine eifrige Katholikin zur Magd hatte, die dabei alle seine Kinder groß zog.
Einer seiner Söhne, Mark-Anton, hatte sich auf Wissenschaften gelegt, und jedermann hielt ihn für einen unruhigen düstern und hastigen Kopf. In der Handlung war es dem jungen Menschen nicht geglückt, weil er dazu nicht taugte, und als Advokat hatte man ihn auch nicht annehmen wollen, weil dazu Beglaubigungsscheine des Katholizismus erfordert wurden, die er nicht erhalten konnte. Aus Verdruß beschloss er, seinem Leben ein Ende zu machen, und ließ sich dies auch merken gegen einen seiner Freunde.
Endlich, als er einmal sein Geld im Spiel verloren hatte, wählte er gerade diesen Tag zur Ausführung seines Vorhabens.
Wir übergehen hier alle kleine Umstände, welche die Advokaten hinlänglich berichtigt haben. Wir lassen den Schmerz und die Verzweiflung des Vaters und der Mutter ungeschildert. Die Nachbarn hörten das Geschrei.
Während dass sie so ihre Pflicht erfüllten, während Vater und Mutter in Tränen und Schluchzen lagen, lief das Volk von Toulouse um das Haus zusammen. Dies Volk ist abergläubisch und ungestüm. Seine Brüder, die nicht mit ihm einerlei Religion haben, sind Ungeheuer in seinen Augen.
Irgendein fanatischer Kopf aus dem Pöbel rief, Johann Calas hätte seinen eignen Sohn Mark-Anton erhängt. Im Augenblick wiederholte dies ein einstimmiges Geschrei. Einige setzten noch hinzu, der Tote hätte den Tag darauf abschwören wollen, und deswegen hätte ihn seine Familie erdrosselt, aus Hass gegen die katholische Religion. Den Augenblick darauf zweifelte man schon nicht mehr. Die ganze Stadt war überzeugt, dass es bei den Protestanten ein Religionsartikel sei, dass Eltern ihre Kinder umbringen müssen, sobald sie abtrünnig werden wollen.
Wenn die Köpfe einmal in Gärung sind, so machen sie nicht leicht halt.
Der … Bürgermeister David, den dieser Lärm in Bewegung brachte, wollte sich durch eine schnelle Exekution in Kredit setzen und verfuhr gegen Regel und Gesetz. Er ließ die Familie Calas und die katholische Magd in Fesseln legen.
Von diesem Augenblick an schien Johann Calas ohne weitres Bedenken des Todes schuldig.
Was seine Hinrichtung noch beschleunigte, war die Nähe des berüchtigten Festes, das die Toulousaner jährlich zum Andenken der Niedermetzelung der

Walter Hanel

1. **Welchen Einfluss hat der Fanatismus der Bürger von Toulouse auf die Verhaftung des Johann Calas? Wo könnte sich Ähnliches auch heute noch, 200 Jahre später ereignen?**

2. **Informiert euch über die protestantischen Hugenotten in Frankreich! Was bedeutet das Wort »Ketzerei«?**

3. **Auf welche Art kommt das Fehlurteil gegen Johann Calas zu Stande? Was wäre am Verfahren zu kritisieren? Weshalb fordert der Philosoph Charles Montesquieu »Gewaltenteilung«?**

viertausend Hugenotten feiern. Das Jahr 1762 war gerade das zweite Jubeljahr des Festes. Man machte in der Stadt schon Anstalten zu dieser Feierlichkeit. Alles dies setzte die erhitzte Einbildungskraft des Pöbels noch mehr in Flammen. Man sagte öffentlich, das Schafott, auf dem man die Calas rädern würde, würde die größte Zierde des Festes sein.
Zwanzig Personen haben diese und noch weit ärgre Reden gehört. Und dies geschah in unsern Tagen; geschah zu einer Zeit, wo die Philosophie solche Fortschritte gemacht hat; zu einer Zeit, wo hundert Akademien schreiben, um sanfte Sitten einzuflößen! Es scheint als ob der Fanatismus, aufgebracht über die kleinen Fortschritte der Vernunft, sich mit desto größerer Wut gegen sie auflehnte.
Dreizehn Richter versammelten sich täglich, um den Prozess zu beendigen. Man hatte keinen Beweis gegen die Familie. Man konnte keinen haben. Lange Zeit bestanden sechs Richter darauf, man sollte ohne Umstände den Johann Calas und seinen Sohn ... zum Rade und die Frau des Johann Calas zum Scheiterhaufen verdammen. Die sieben Übrigen waren gemäßigter und wollten, dass man sie wenigstens erst verhörte. Der Streit darüber wurde lange und zu wiederholten Malen geführt.
Der Grund, auf den sich dies Urteil stützte, war so unbegreiflich als alles übrige. Die Richter, welche für die Hinrichtung des Johann Calas entschieden hatten, überredeten die andern, dass dieser alte schwache Mann die Martern nicht aushalten und unter den Stößen der Henker sein und seiner Mitschuldigen Verbrechen gestehen würde. Wie groß war ihre Bestürzung, als der alte Mann, indem er auf dem Rade starb, Gott zum Zeugen seiner Unschuld anrief und ihn bat, seinen Richtern zu vergeben!
Verschiedene Personen, die die Umstände dieses schrecklichen Vorfalls reiflich geprüft hatten, wurden davon so sehr gerührt, dass sie der Madame Calas, die sich in die Einsamkeit zurückgezogen hatte, dringende Vorstellungen tun ließen, sie sollte es wagen, vor dem Throne um Gerechtigkeit zu flehen. Sie konnte sich damals kaum aufrecht halten und war ganz zerfallen. Überdem, als eine geborene Engländerin, die in ihrer frühen Jugend in eine Provinz von Frankreich versetzt worden war, schauderte ihr vor dem bloßen Namen der Stadt Paris. Die Hauptstadt des Königreichs, glaubte sie, müsste noch barbarischer sein als die Hauptstadt von Languedoc. Endlich siegte die Pflicht, das Andenken ihres Mannes zu rächen, über ihre Schwäche. Sie kam, dem Tode nahe, zu Paris an und fand hier zu ihrem Erstaunen gütige Aufnahme, Hilfe und Tränen.
Paris und ganz Europa wurden von Mitleid gerührt und forderten Gerechtigkeit zugleich mit der unglücklichen Frau. Das Urteil war lange zuvor, ehe es vom Pariser Conseil unterzeichnet werden konnte, vom ganzen Publikum ausgesprochen.

4.
Rechtfertigung für Folter war oft, dass dadurch der Schuldige zum Geständnis seiner Schuld bewegt werden und er seine Seele damit befreien könne.
Wie beurteilst du diesen Gedanken? Informiert euch, wo auf der Erde noch gefoltert wird.

5.
Wie beurteilst du das Schicksal der Familie Calas? Gibt es »Sippenschuld«? Wie beurteilst du die Reaktion der Landräte von Toulouse, die ihr Urteil nicht korrigieren wollen?

Honoré Daumier, 1835
»Sie haben das Wort, erklären Sie sich, Sie sind ein freier Mensch.«

6.
Was haltet ihr von der Todesstrafe? Diskutiert in zwei Parteien, jede Gruppe muss sich vorher mit Argumenten (pro/contra) vorbereiten. Stimmt vorher und nachher ab, um festzustellen, ob das Meinungsbild sich gewandelt hat! Weshalb hat es eine Änderung gegeben bzw. weshalb gab es keine?

7.
Was bedeutet Selbstjustiz? Was bringt Menschen dazu?

8.
Voltaire hat sich jahrelang mit seinen Schriften für die Rehabilitierung des Johann Calas und seiner Familie und für gerechtere Gesetze eingesetzt und hatte endlich Erfolg.
Informiert euch über Fehlurteile und die Entschädigung der Opfer!

9.
Wie kann man gerechte Urteile fällen?

Das Mitleid drang bis ins Ministerium, ungeachtet des immerwährenden Stroms von Geschäften, der oft dem Mitleiden den Zutritt versagte, und ungeachtet der Gewohnheit, Unglückliche zu sehen, die das Herz noch mehr abhärten kann.
Indes hatte diese Familie noch immer einige Feinde ... Mehrere Leute der Art, die man in Frankreich *Dévots* nennt, sagten laut, es sei besser, einen alten Calvinisten unschuldig rädern zu lassen, als acht Räte von Languedoc in die Notwendigkeit zu setzen, einmütig zu gestehen, dass sie sich geirrt hätten. Man bediente sich sogar des Ausdrucks: »Es gibt mehr obrigkeitliche Personen als Calas«, und folgerte daraus, man müsse die Familie Calas der Ehre der Obrigkeit aufopfern. Daran dachte man wohl nicht, dass die Ehre aller Richter so gut wie andrer Menschen auch darin bestehe, ihre Fehler wieder gutzumachen.

3.10 Aristoteles: Gerechtigkeit als ausgleichende Mitte

Justitia

1.
Welche zwei Arten von Gerechtigkeit unterscheidet der griechische Philosoph Aristoteles hier? Wie unterscheiden sie sich voneinander?

2.
Welche Beziehung zwischen Unrecht und Gleichheit sieht er? Überlege, ob Aristoteles Recht hat!

3.
Jede Tugend ist bei Aristoteles ein »Mittleres«. Die Antike kennt vier »Kardinal-«(Haupt-)Tugenden, die einen Wert in sich haben sollen. Justitia (Gerechtigkeit), Temperentia (Mäßigung), Prudentia (Klugheit) und Fortitudo (Tapferkeit). Sie werden oft als Frauengestalten dargestellt.
Was bedeutet für diese Tugenden jeweils das »Mittlere«? Betrachte die Darstellung der Justitia! Was bedeuten Augenbinde, Waage und Schwert?

Die Gerechtigkeit im Besondern und das ihr entsprechende Recht ist wieder doppelter Art: die eine hat es mit der Verteilung von Ehrenrechten, Geldern und andern Dingen zu tun, die man unter die Mitglieder der staatlichen Gemeinschaft verteilen kann – denn bei diesen Dingen besteht ja die Möglichkeit, dass der eine gleich viel wie der andere erhält oder auch nicht gleich viel –, die andere regelt den Privatverkehr unter den Bürgern.
Da der Ungerechte ein Feind der Gleichheit und das Unrecht ein Verstoß gegen die Gleichheit ist, so muss es offenbar auch *ein Mittleres* zwischen dem Ungleichen geben, und das ist eben das Gleiche. Denn bei jeder Handlung, bei der es ein Mehr oder Weniger gibt, gibt es auch das Gleiche. Wenn nun das Unrecht ein Verstoß gegen die Gleichheit ist, so ist das Gerechte das Gleiche, was ja auch ohne logische Begründung jedermann einleuchtet. Da aber das Gleiche ein Mittleres ist, so muss auch das Gerechte ein Mittleres sein. Gleichheit kann nun mindestens zwischen zweien bestehen. Folglich muss das Gerechte ein Mittleres, Gleiches und Relatives sein, und zwar für gewisse Personen. ... jedermann gibt zu, dass das Gerechte bei der Verteilung nach dem Maßstab der Würdigkeit verfahren müsse; nur freilich versteht man unter Würdigkeit nicht überall dasselbe, sondern die Demokraten sehen sie in der

Freiheit, die Oligarchen teils im Reichtum, teils in adeliger Abkunft, die Aristokraten in der Leistungsfähigkeit. Somit ist das Gerechte etwas Verhältnismäßiges.

Das Gerechte ist nun also diese Proportion, das Ungerechte aber die Abweichung davon.

Das also wäre die eine Gattung des Gerechten, es bleibt nun noch die andere übrig, deren Gebiet die *Regelung des Verkehrs* (unter den Bürgern) ist in teils freiwilligen Handlungen, teils solchen, die man unfreiwillig über sich ergehen lässt. Diese Art des Gerechten hat eine andere Form als die vorige. Denn die die gemeinsamen Güter verteilende Gerechtigkeit verfährt immer nach der angegebenen Proportionalität; … die den Verkehr der Menschen untereinander regelnde Gerechtigkeit aber ist zwar auch eine Art Gleichheit und ihr Gegensatz eine Ungleichheit, aber sie verfährt nicht nach jener … Proportion. Es macht nämlich keinen Unterschied aus, ob ein ordentlicher Mensch einem schlechten etwas vorenthält oder ein schlechter einem ordentlichen, oder ob ein ordentlicher oder ein schlechter Mensch einen Ehebruch begeht, sondern das Gesetz sieht nur auf den Unterschied in der Größe des angerichteten Schadens und behandelt beide als gleich, ob nun der eine Unrecht getan, der andere es erlitten, der eine den Schaden angerichtet hat, der andere von ihm betroffen wurde. Daher versucht der Richter dieses Unrecht, das eine Ungleicheit darstellt, auszugleichen. Denn wenn der eine schlägt, der andere geschlagen wird, der eine tötet, der andere getötet wird, so scheidet sich dieses Tun und Erleiden in ungleiche Teile; der Richter aber versucht durch die Strafe einen Ausgleich herzustellen, indem er den Täter seines Vorteils beraubt. Man spricht nämlich hierbei von Vorteil, auch wenn diese Bezeichnung nicht immer passt, wie z. B. bei einem, der Schläge austeilt, oder Nachteil bei dem Geschlagenen; aber wenn man nun eben das, was jemand erlitten hat, abmisst, so nennt man es Nachteil, die Handlung des Täters dagegen Vorteil. So ist denn also das Gleiche ein Mittleres zwischen dem Zuviel und Zuwenig.

»Wenn ich verspreche, es nicht wieder zu tun, behandeln Sie mich dann das nächste Mal etwas milder?«

Georgio Cavallo

Also ist das den Verkehr regelnde Gerechte die Mitte zwischen Vorteil und Nachteil. Wenn man daher streitet, so nimmt man seine Zuflucht zu dem

4. ______

Hältst du Vergeltung oder Rache für gerecht? Informiert euch über Beispiele und diskutiert darüber. Wie hätte man anders (gerechter?) handeln können?

5. ______

Jungraben verdrängen ältere Raben beim Fressen recht rücksichtslos.

Was wäre dazu vom Standpunkt der Verfahrens- und Verteilungsgerechtigkeit zu sagen? Siehst du Parallelen zu menschlichem Verhalten?

6. ______

Stell dir vor, du wirst zum Bankkaufmann ausgebildet und sollst den Kunden zuvorkommend begegnen, besonders den Großkunden. Du bekommst mit, wie einer nach attraktiven Geldanlagen »an der Steuer vorbei« fragt und von deinem Vorgesetztem entsprechend beraten wird.

Wie verhältst du dich?

7. ______

In der Wiedergeburtslehre der Hindus stellt man sich als gerechten Ausgleich für ein gutes Leben die Wiedergeburt in einer höheren Lebensform (z. B. als reicher Maharadscha) vor, bei schlechtem Leben kann man z. B. als Ratte oder Frau wieder geboren werden.

Welche Auswirkungen auf die Einstellung zu Ungleichheiten hat dieser Glaube?

8. ______

Es kommt vor, dass in islamischen Ländern Frauen bei gleichen Vergehen schwerer als Männer bestraft werden. Andererseits halten Muslime es für ein Recht alter Leute, im Kreise ihrer Familie zu sterben.

Informiert euch über Gerechtigkeitsvorstellungen im Islam und vergleicht sie mit anderen, die euch bekannt sind!

9.
Welche Gerechtigkeitsvorstellungen gibt es im Christentum?
(In der Bergpredigt sagt Jesus: »Selig, die hungern und dürsten nach der Gerechtigkeit.«)

10.
1993 hat das Parlament der Weltreligionen in Chicago eine »Erklärung zum Weltethos« verabschiedet.
Informiert euch über die hier niedergelegten gemeinsamen Gerechtigkeitsvorstellungen der Weltreligionen, die Grundlage für die weitere Arbeit sind und diskutiert darüber.
(Stiftung Weltethos, Waldhäuser Straße 23, 72070 Tübingen)

Richter. Vor den Richter gehen heißt aber auf Gerechtigkeit ausgehen; denn der Richter soll gewissermaßen die lebendige Gerechtigkeit sein. Und man sucht im Richter den Mann der rechten Mitte, weshalb man die Richter an manchen Orten auch »Vermittler« nennt in dem Sinne, dass man sein Recht erhält, wenn man das Mittlere erlangt.
Manche Leute glauben, die Wiedervergeltung sei das Gerechte schlechthin, wie das z. B. die Pythagoreer behauptet haben. Denn sie definierten das Gerechte schlechthin als die Wiedervergeltung für das, was man einem andern getan habe. Jedoch die Wiedervergeltung steht weder mit der austeilenden noch mit der den Verkehr der Menschen regelnden Gerechtigkeit im Einklang. Denn sie steht mit der Gerechtigkeit vielfach im Widerspruch. Wenn z. B. ein Beamter jemanden schlägt, so darf man ihn nicht wieder schlagen und umgekehrt: wenn jemand einen Beamten schlägt, so muss er nicht nur geschlagen, sondern außerdem noch bestraft werden. Ferner macht es einen großen Unterschied aus, ob eine Handlung absichtlich oder unabsichtlich begangen wurde.
Die Gerechtigkeit ist also diejenige Tugend, vermöge deren man von dem Gerechten sagt, dass er in seinen Handlungen vorsätzlich gerecht verfährt und bei der Verteilung von Gütern, mag es sich dabei um sein eigenes Verhältnis zu einem andern oder um das dritter Personen handeln, es nicht so macht, dass er von dem Wünschenswerten sich selbst mehr, seinem Nebenmenschen aber weniger zuteilen würde und von dem Schädlichen umgekehrt, sondern so, dass er dabei für sich selbst sowie im Verhältnis dritter Personen zueinander den Grundsatz der proportionalen Gleichheit durchführt.

3.11 Wahlreden für mehr Gerechtigkeit
(Aktionsspiel)

Stellt euch vor, ihr seid Kandidaten rivalisierender Parteien und bereitet euch auf einen Wahlkampf vor. Ihr könnt die Anzahl der Parteien (Gruppen in eurer Klasse) selbst festlegen. Ihr bildet für jede Partei ein »Wahlkampfbüro«, sammelt also in Gruppen Ideen für eine Wahlkampfrede, die der Spitzenkandidat (er kann nach der Ideensammelphase gewählt werden) halten muss, denn die Spitzenkandidaten müssen in einer Fernsehsendung gegeneinander antreten und möglichst überzeugend wirken. (Ihr könnt das auch filmen). Hinterher wird in einer Diskussion bewertet, wer die meisten und die besten Vorschläge für mehr Gerechtigkeit gemacht hat. Ihr könnt die nachfolgenden Informationen als Anregung dazu nehmen.
Anschließend wird geheim gewählt und der Sieger ermittelt. Weshalb hat er gewonnen? Diskutiert darüber und sammelt die Gründe an der Tafel!

UNGERECHTIGKEITEN?

UNGERECHT IST ...
... dass in den vergangenen zehn Jahren eine Million Wehrpflichtige nicht eingezogen wurden – obwohl sie tauglich und verfügbar waren.
Nur 100 000 Wehrdienstleistende werden z. Zt. pro Jahr gebraucht.

UNGERECHT IST ...
... dass Abgeordnete bestochen werden können und dabei dennoch keine Straftat begehen. Nur Amtsträger (Minister, Bürgermeister, Beamte) müssen nach deutschem Strafrecht dafür vor Gericht. Und nur ihnen droht Gefängnis. Eine Gesetzeslücke, die England nicht hat: Dort werden alle bestechlichen Politiker zu hohen Freiheitsstrafen verurteilt.

UNGERECHT IST ...

... das »Dienstmädchenprivileg«. SPD-Finanzexpertin Ingrid Matthäus-Maier nennt es eine sogar »schreiende Ungerechtigkeit« und rechnet vor: Während berufstätige Mütter nicht einmal die Kosten für ihre Kindergartenbeiträge absetzen können, bekommt der Spitzenverdiener, der für seine zwei Kinder eine Haushaltshilfe für 12 000 Mark jährlich engagiert, vom Staat 6000 Mark zurück. Durch ihre Steuern finanziert die berufstätige Mutter diese Ungerechtigkeit mit.

UNGERECHT IST ...

... dass trotz schwerer Wohnungsnot eine Million Besserverdienende preiswerte Sozialwohnungen blockieren. Das ist immerhin ein Drittel der drei Millionen Sozialwohnungen in den 153 Städten mit mehr als 50 000 Einwohnern! Zwar ist inzwischen fast überall eine »Fehlbelegungsabgabe« fällig. Aber trotz dieser Strafmiete ist das Wohnen dort immer noch verhältnismäßig günstig.

UNGERECHT IST ...

... ein trauriges Überbleibsel aus alten DDR-Zeiten: Rund eine Million Frauen, die vor dem 3. Oktober 1990 geschieden wurden, sehen von ihren Ex-Männern keinen Pfennig! Denn das Unterhaltsrecht der DDR sah nach der Scheidung auch die »wirtschaftliche Trennung« der Partner vor.

UNGERECHT IST ...

... dass Bürgermeister in Hessen eine Wahl haushoch verlieren und dennoch das dicke Geld verdienen können. Wenn die Stadtoberhäupter danach nicht – wie es fair wäre – zurücktreten, sondern sich erst vom Parlament abwählen lassen, können sie 75 Prozent ihrer Bezüge weiterkassieren. Rücktritt brächte nur ein kurzes Übergangsgeld. Voraussetzung für das üppigere Ruhegeld: zwei Jahre Amtszeit.

UNGERECHT IST ...

... dass hochverschuldeten Privatleuten lebenslang der Lohn weggepfändet wird, Geschäftsleute aber auch nach Riesenpleiten unter neuem Firmennamen weiterwirtschaften können. Ohne für alte Schulden und Garantien aufkommen zu müssen. Allein 16 Milliarden Mark gingen 1992 bei den 11 000 Pleiten verloren.

UNGERECHT IST...

... dass für unsere zwölf Millionen Kinder unter 14 Jahren der Platz zum Spielen in den nächsten Jahren noch knapper wird. Der Deutsche Kinderschutzbund schätzt, dass bis zum Jahr 2005 mindestens weitere sechs Millionen Pkw (Bestand dann 43 Millionen!) auf die Straßen kommen, die zusätzliche Parkflächen von 75 Millionen Quadratmetern brauchen. Das entspricht 15 000 Spielplätzen von je 5000 Quadratmetern Größe.

UNGERECHT IST...

... dass auf Medikamente für Menschen 15 Prozent Mehrwertsteuer zu berappen sind, Medizin für Tiere aber nur mit 7,5 Prozent zu Buche schlägt. Durch den vollen Mehrwertsteuersatz kassiert der Fiskus etwa vier Milliarden Mark pro Jahr. In anderen EG-Ländern werden Medikamente generell nur halb besteuert.

UNGERECHT IST...

... dass alle Politiker ständig über ihre Arbeitsüberlastung klagen, ein Politiker aber sowohl im Bundestag als auch im Europaparlament in Straßburg sitzt – davon überzeugt, beiden Aufgaben vollauf gerecht zu werden. Kräftig Geld wird dabei auch verdient: Bonner Diät und Aufwandsentschädigungen (aus Bonn und Straßburg) bescheren mehr als 21 000 Mark monatlich. Zwölf

Stunden tägliche Arbeit, sieben Tage die Woche, 60 000 Kilometer jedes Jahr im Auto unterwegs, sagt der Abgeordnete. Seiner Partei ist der Arbeitseifer suspekt: Mehrfach wurde er aufgefordert, ein Mandat niederzulegen.

UNGERECHT IST...

... dass heute knapp 65% der Arbeitlosen in den neuen Bundesländern Frauen sind. Vor der Wende hatten noch gut 90% der Frauen in der DDR einen Job. Oft müssen sie jetzt gehen, damit wenigstens die Männer ihre Arbeit behalten. Auch beim Arbeitsamt rangieren sie ganz unten: Von den rund 210 000 neu vermittelten Stellen im Februar ging nur ein Drittel an Frauen. Obwohl sie genauso qualifiziert waren wie die Männer.

PS: Ungerecht ist schließlich selbst die Sonne. Die Münchner haben z. B. jährlich 350 Stunden länger Sonnenschein als die Düsseldorfer. Überhaupt liegt der Raum Düsseldorf, Köln, Bonn in der Sonnenschein-Statistik der Meteorologen mit Abstand nämlich 1 400 Stunden Sonnenschein jährlich – an letzter Stelle in Deutschland. Spitzenreiter mit 1 900 Stunden Sonnenschein: die norddeutsche Küste. Das absolute Sonnenparadies: Zinnowitz auf der Ostseeinsel Usedom (399 Sonnenstunden im Juni 1992).

Hinweise für die Gruppenarbeit:

1. Wahlkampfbüros müssen sich natürlich auch um »Volkes Stimme« bemühen, das heißt die Meinung der Wähler erkunden und das, was ihnen besonders wichtig ist. Macht also eine Meinungsumfrage in eurer Schule oder Nachbarschaft und notiert, was man sich unter »mehr Gerechtigkeit« vorstellt. (Ihr solltet dazu einen Fragebogen entwickeln und auswerten.)

2. Versprechungen, die leer erscheinen und als nicht durchführbar gelten, haben wenig Chancen, ernst genommen zu werden. Erkundigt euch – oder überlegt zusammen –, was man zur praktischen Durchführung einer Idee sagen könnte: wie kann man sie verwirklichen?

3. Informiert euch über benachteiligte Gruppen in eurer Umgebung! Wie könnt ihr für sie eintreten?

Besorgt euch Informationen über Minderheiten und ihre Rechte!

Gibt es in eurer Klasse jemanden, der oft ungerecht behandelt wird?

Fragt ihn – oder Vertreter der entsprechenden Minderheit – wie sie sich dabei fühlen! Was kann man gegen Vorurteile unternehmen?

Sammelt Argumente gegen ungerechte Vorurteile und bringt sie in die Wahlrede ein!

4. Informiert euch über die Rechte der Kinder! Wo sind sie niedergelegt? Wodurch werden sie verletzt, in welchen Ländern und wie werden diese Rechtsverletzungen geahndet?

3.12 Gabriele Münnix: Der Bienenstaat

In einem dunklen Bienenkorb krabbelten emsig und in wohliger Wärme – denn sie wärmten sich gegenseitig – Arbeitsbienen hin und her.

Alle hatten je nach Alter verschiedene Aufgaben: Die Bienen im Innendienst fütterten die Larven in den Waben mit Honig und Pollen und Futtersaft, einige andere waren damit beschäftigt, volle Honigwaben mit Wachs zu versiegeln und krabbelten emsig von einem Sechseck zum nächsten. Andere durften die Waben der künftigen Königinnen mit Gelee Royale füttern und waren stolz auf ihre Aufgabe. Wieder andere mussten den Stock säubern und für gleichmäßige Temperatur sorgen. Die Bienen im Außendienst holten summend Nektar und Pollen herbei und luden ihre Ladung bei den Waben ab. Nur die Drohnen

waren faul und sammelten ihre Kräfte für den bevorstehenden Hochzeitsflug mit der neuen Königin, die bald schlüpfen musste.
Doch auch zwei kleine Arbeitsbienen, Bea und Lea, waren träge und hatten keine Lust zu arbeiten.
»Wir haben doch schon genug Honig für den Winter gesammelt!«, sagten sie widerstrebend, als eine Arbeitsbiene von draußen hereingeflogen kam und durch Tänze die Richtung einer prächtigen Futterquelle angab. »Oh, ein blühender Apfelbaum! Und sie riecht noch danach!«, sagten die anderen und wollten los. »Wir wollen uns lieber ausruhen wie die Drohnen«, sagten Bea und Lea. »Aber es sind doch noch so viele Waben leer«, sagten die fleißigen Bienen. »Wir haben für den Winter genug«, entgegnete Bea. »Also wir haben keine Lust, für andere zu arbeiten, wenn wir doch nichts davon haben.«, ergänzte Lea. »Die Menschen wollen uns doch nur unseren Honig wegnehmen, und er ist mehr wert! Weshalb sollen wir uns dafür groß anstrengen? Was bekommen wir dafür? Nichts!
Und überhaupt funktioniert bei uns alles nicht so, wie wir uns das vorstellen. Sicher, alle Larven sind gleich, aber weshalb gibt es da einige, die dauernd mit Gelee Royale gefüttert werden? Das soll doch so unglaublich wertvoll sein! Ich möchte das auch mal probieren!« »Genau! Das ist ungerecht!«, schrie Bea. »Und die werden dann auch noch Königin und besonders groß und dürfen mit allen Drohnen einen Hochzeitsflug machen! Ich will auch mal Königin sein! Aber wir sind ja nur gewöhnliche Arbeitsbienen und dürfen uns kaputt arbeiten.«
»Also da bin ich wirklich erstaunt!«, sagte da die Aufseherin der Arbeitsbienen. »Es muss bei uns unterschiedliche Aufgaben geben, sonst funktioniert nichts im Stock! Wir sind eben alle Spezialisten und jeder muss die Rolle erfüllen, die ihm vorbestimmt ist.
Die Königin muss nach ihrem Hochzeitsflug jahrelang nur Eier legen und darf den Stock nie mehr verlassen. Ihr aber könnt jederzeit ins Freie und den Frühling genießen!«

1.
Wie ist der Bienenstaat organisiert? Informiert euch genauer, z.B. in Maurice Maeterlincks »Leben der Bienen«, und vergleicht mit Menschenstaaten! Was ist anders, was ist ähnlich?

2.
Weshalb wollen Bea und Lea nicht mehr arbeiten? Welche Kritik haben sie? Informiert euch über die Bedeutung von »Mehrwert« und Ausbeutung bei Karl Marx, z.B. in einem Lexikon.

3.
Welche Rolle spielen »Grundwerte« für einen Staat und seine Bürger?
Welche haltet ihr für wichtig?

4.
Fleiß gilt (wie Pflichterfüllung, Ordnung, Sauberkeit, Disziplin) als sogenannte »Sekundär«-tugend, weil das Ziel, das »Wofür?« über ihren Wert entscheidet.
Für welche Ziele ist Fleiß sinnvoll und gut, für welche nicht?

5.
Welche Ungleichheiten und Ungerechtigkeiten empören Bea und Lea? Was wollen sie dagegen tun?

6.
Wie beurteilst du die Argumente der Aufseherinnen?

7.
Wie würdet ihr diese Geschichte weitererzählen?

»Die wollen uns nur zum Arbeiten kriegen«, sagte Bea zu Lea, »aber ich frage eben: Wofür?« »Das ist eine Frage, die ihr nicht stellen dürft«, sagte die Aufseherin streng. »Wir sind eine Gemeinschaft, und wenn jeder täte, was er wollte und anfinge, Fragen zu stellen, würden wir nichts mehr zu Stande bringen. Das ist in jedem Staat so! Wir sind von der Natur zu Arbeitsbienen bestimmt worden, und das ist unsere Aufgabe, die wir zu erfüllen haben. Da kann man keine Frage stellen, und erst recht nicht die nach der Gerechtigkeit! Es ist alles recht so, wie es ist. Seht ihr das nicht?«
»Findet ihr es nicht sinnvoll, wie bei uns alle Aufgaben so gut verteilt sind?« sagte eine weitere Aufseherin, die dazukam. »Und alle Arbeitsbienen sind gleich, wir können uns gut verstehen und haben eine wichtige Arbeit, die uns verbindet.« »Wichtig für wen? Das ist hier die Frage!«, grummelte Lea.
»Also ich glaube, ich bin nicht gleich«, meinte Bea. »Ich bin eine faule Arbeitsbiene und möchte, dass sich hier einiges ändert!«
»Also mit euch kann man wirklich keinen Staat machen ...«, sagten da die Aufseherinnen. »Aber im Ernst, wer die Grundwerte unseres Staates nicht anerkennt, nämlich Fleiß, Fleiß und noch einmal Fleiß, der hat hier eigentlich nichts zu suchen, den wollen wir nicht in unserer Gemeinschaft haben. Ihr passt nicht zu uns, wenn ihr euch nicht einfügt!«
»Na gut, dann wandern wir eben aus«, sagte Bea. »Immer nur Arbeit! Ich fand dieses Leben sowieso öde. Ich will nicht gleich und fleißig sein! Ich will Spaß haben und das Leben genießen!« »Wir finden sicher einen anderen Bienenstaat«, seufzte Lea hoffnungsvoll.
»Na dann viel Glück«, sagten die Aufseherinnen. »Ihr werdet ja sehen, wie weit ihr damit kommt ...«

3.13 Das Schiedsrichterspiel
(Aktionsspiel)

(Verteilungsgerechtigkeit, Verfahrensgerechtigkeit, Gerechtigkeit von Institutionen)

Hans Traxler: Chancengleichheit

1.
Welche Art von Gerechtigkeit liegt jeweils in 1., 2., 3. vor? (Vgl. mit der Überschrift!) Diskutiert über Zwischenformen! Wie würdet ihr das Teilen von Brot zwischen zwei Leuten (einer teilt, der andere darf auswählen) beurteilen? Ist das Verteilungs- oder Verfahrensgerechtigkeit? Könnt ihr euch Ähnliches auch für das Teilen zwischen drei und mehr Personen vorstellen? Denkt euch gerechtere Verfahren aus, wo ihr bisher Ungerechtigkeit empfunden habt!

1. Ihr seid in einem indischen Waisenhaus mit der Verteilung von Reis beauftragt. Andere Mitschüler müssen sich in die Rolle der Bedürftigen einfühlen und stellen die Waisenkinder dar. Mit welchen Argumenten können sie für sich bitten. (Ich sehe doch besonders elend aus, ich bin nicht ganz so dunkelhäutig wie die anderen, ich sehe doch besonders hübsch aus, ich habe noch

Oma und Opa, die nicht gehen können und auch etwas brauchen, der hat gestern schon mehr bekommen und ich gar nichts...) Wie verhaltet ihr euch? Spielt die Situation nach und diskutiert hinterher darüber! Wie habt ihr euch dabei gefühlt?

2. Ihr werdet als Schiedsrichter für Autorennen, Skispringen, Pferderennen usw. ausgebildet.

Diskutiert in Gruppen über gerechte Entscheidungen. Dann solltet ihr Regeln aufstellen. Wie sehen sie aus?

Sollten Nachteile, z. B. unterschiedliches Körpergewicht oder Gewicht des Pferdes, der Autos usw. ausgeglichen werden?

Sollte es nur auf die Geschicklichkeit des einzelnen Sportlers ankommen, oder darf das Sportgerät von unterschiedlicher Qualität sein?

Sollten Pferde, Autos, Skier getauscht werden? Zählt nur das zahlenmäßige Ergebnis (Zeit, Weite, Torzahl) oder sollten auch qualitative Elemente bewertet werden (z. B. Überwindung von Angst, Schönheit der Haltung usw.)? Sollte man Doping zulassen?

Informiert euch über Regellisten der internationalen Sportverbände und vergleicht mit euren Vorstellungen!

Stellt eine Liste von Verhaltensweisen auf, die unfair sind! Welche gerechte Strafe ist jeweils angebracht? Entwickelt eine Spielsituation, in der eine Entscheidung nötig ist, mit verschiedenen Varianten und Rollentausch! Wie habt ihr euch in der jeweiligen Rolle verhalten und gefühlt?

3. Informiert euch über die Tätigkeit eines Jugendrichters und die Art der Fälle, die er zu entscheiden hat.

Wo kann man sich informieren? Besucht eine Gerichtsverhandlung und diskutiert über eure Eindrücke!

Wonach muss er sich bei seinen Entscheidungen richten, welchen Freiraum hat er? Was wäre ein ungerechtes Urteil? Was passiert im Falle eines ungerechten Urteils?

Denkt euch eine Spielszene mit einem straffällig gewordenen Jugendlichen aus und spielt sie! Tauscht die Rollen und variiert die Handlungsmöglichkeiten! Wie habt ihr euch dabei gefühlt?

2.
Lest das Grimm'sche Märchen »Die Gänsemagd« (auch: »Fallada«) und setzt es in ein Spiel um! Ihr könnt die Geschichte auch aktualisieren. Diskutiert, welche Arten von Gerechtigkeit bzw. Ungerechtigkeit vorkommen! Wie benimmt sich die Magd nach dem erzwungenen Rollentausch? (Glaubst du an die Möglichkeit einer klassenlosen Gesellschaft?) Welche Funktion hat die Strafe am Ende des Märchens? Hättest du auch eine andere Strafe für möglich oder sinnvoll gehalten? Welche? Welche Strafen sollte es für welche Vergehen geben? Weshalb?

3.
Lest und spielt Ausschnitte aus Bertolt Brechts Stück »Herr Puntila und sein Knecht Matti« und diskutiert anschließend über die Unterschiede von Märchen und Theaterstück. Mit welchem könnt ihr euch eher identifizieren? Weshalb?

Fernando Savater: Demokratie – die Erfindung der Griechen

3.15

Es ist überhaupt nicht offensichtlich, dass die Menschen gleich sind. Eher ist das Gegenteil der Fall: Es ist offenkundig, dass die Menschen total verschieden sind! Es gibt feige und schwache, starke und mutige, starke aber feige, schwache aber mutige, schöne, hässliche, große, kleine, schnelle, langsame, kluge, dumme – ganz zu schweigen davon, dass einige Kinder sind, andere Erwachsene, andere alt, oder dass die einen Frauen und die anderen Männer sind. Über die Unterschiede der Rasse, Sprache, Kultur wollen wir hier erst gar nicht reden, um die Sachen nicht gleich am Anfang noch mehr durcheinander zu bringen. Ich wollte dich nur darauf hinweisen, dass das, was ins Auge springt, nicht die Gleichheit der Menschen, sondern ihre *Ungleichheit* ist. Besser gesagt: ihre verschiedenen Ungleichheiten in ihrer körperlichen Erscheinung oder ihrem Verhalten. Die ersten sozialen Organisationen entstanden logischerweise aus diesen so offensichtlichen Unterschieden. Diese machte man sich zum Vorteil der Gruppe zunutze – der beste Jäger sollte die Jagd leiten, der Stärkste und Mutigste die Schlacht organisieren, der Erfahrenste Ratschläge geben, wie man sich in dieser oder jener Situation verhalten sollte. Wichtig war, dass die Gruppe auf möglichst effektive Weise funktionierte. Später, als die Gruppen größer und ihre verschiedenen Aktivitäten komplizierter wurden, hingen die Ungleichheiten unter den Menschen nicht mehr nur von den Fähigkeiten der Einzelnen ab, sondern auch von ihrer Abstammung und ihren Besitztümern. Die Menschen wurden nicht nur dadurch ungleich, was sie *waren,* sondern auch dadurch, was sie *besaßen.* Und das Wichtigste: Die Ungleichheiten wurden vererblich. Die Söhne von Königen wurden auch Könige, und die Kinder von Reichen wurden bereits reich geboren. Und die, deren Eltern Sklaven waren, konnten auch für sich nichts Besseres erwarten. Es blieb dabei: Einige kamen auf die Welt, um zu befehlen, und die anderen, um zu gehorchen. Die Gesetze wurden von denen erlassen, die befahlen, für die, die gehorchten. Deshalb waren sie nicht für den verpflichtend, der befahl, sondern nur für die, die gehorchen mussten. Die soziale Rangordnung wurde durch Mythen und religiöse Überzeugungen gerechtfertigt, über die die Priester wachten (wie ich dir bereits sagte, erklärten sich die gerissensten Könige auch zu Oberpriestern, um dadurch das Verfahren zu vereinfachen und Konkurrenz zu ihrer Befehlsgewalt zu verhindern).

Auch die Griechen waren sich der riesigen natürlichen oder ererbten Unterschiede bewusst, die es unter den Menschen gibt. Aber ganz allmählich kam ihnen eine etwas merkwürdige Idee: Die Einzelnen gleichen sich trotz ihrer Unterschiede, weil alle sprechen, alle darüber nachdenken können, was sie gerne möchten oder was ihnen zusagt, alle sind in der Lage, etwas zu erfinden oder von einem anderen Erfundenes abzulehnen – und sie können erklären, warum sie es erfinden oder ablehnen. Die Griechen fühlten eine Leidenschaft für den Menschen, für seine Fähigkeiten, seine positive (und negative!) Energie, seine Gerissenheit und seine Tugenden – sogar für seine Laster. Andere Völker bestaunten nur die Wunderwerke der Natur oder besangen die geheimnisvolle Größe der Götter.

Die Griechen aber erfanden die *polis ,* die bürgerliche Gemeinschaft, in deren künstlichem, auf den Menschen ausgerichteten Raum weder die Notwendigkeit der Natur noch der rätselhafte Wille der Götter regierte, sondern die *Freiheit* der Menschen, das heißt ihre Fähigkeit zu denken, zu diskutieren, Führer zu wählen und abzuberufen, sich Probleme zu schaffen und Lösungen dafür zu finden. Die Bezeichnung, unter der wir diese griechische Erfindung – politisch gesehen die revolutionärste, die es in der Geschichte der Menschheit gegeben hat – heute kennen, lautet *Demokratie.*

Die griechische Demokratie war dem Prinzip der *Gleichheit vor dem Gesetz* unterworfen, das heißt, für alle galten die gleichen Gesetze – für Arme und Reiche, hochgestellte oder einfache Leute, Kluge oder Dumme. Das Besondere aber war, dass die Gesetze von denen ausgedacht wurden, die sich ihnen auch unterwerfen mußten. Man musste also in der Versammlung aufpassen, damit man keinen schlechten Gesetzen zustimmte, weil man ihr erstes Opfer werden konnte. Niemand in der Stadt stand über dem Gesetz, und das Gesetz – das gleiche Gesetz – mußte von allen beachtet werden. Aber es kam nicht von einer übergeordneten Stelle, es war kein unwiderruflicher Befehl der Götter oder der mythischen Vorfahren, sondern ihr Ursprung war die Versammlung der Bürger – die alle Politiker waren, das heißt Verwalter ihrer Polis –, und daher konnten sie das Gesetz ändern oder abschaffen, wenn es der Mehrheit passend schien. Die alten Athener nahmen die politische Gleichheit der Bürger so ernst und waren so davon überzeugt, dass sie nur den Gesetzen gehorchen mussten und nicht Personen ..., so dass die Vergabe der meisten Richterämter und anderer öffentlicher Ämter der Polis durch das Los entschieden wurde. Weil alle Bürger gleich waren, weil niemand es ablehnen konnte, seine politischen Verpflichtungen in der Gemeinschaft zu erfüllen – alle nahmen an den Entscheidungen teil, und jeder konnte eine Führungsposition bekleiden –, schien den Griechen die Verlosung der politischen Ämter die beste Lösung zu sein.

Gleichheit vor dem Gesetz? Das gleiche Gesetz für alle? Politische Gleichheit? – Ich höre schon deinen Protest: Wie konnte das eine echte Gleichheit sein, wenn sie Sklaven hatten! In der Tat haben die Sklaven in Griechenland nicht

am politischen Leben teilgenommen und auch nicht die Frauen (diese mussten volle 26 Jahrhunderte warten, bis gestern sozusagen, bis sie die vollen politischen Rechte erhielten – mit Ausnahme der islamischen Länder, in denen sie immer noch darauf warten). Dein Protest ist berechtigt, aber du darfst nicht vergessen, dass seit jenem alten Griechenland viele Jahrhunderte vergangen sind und viele Überzeugungen geändert wurden. Die Pioniere aus Athen haben nie behauptet, dass alle Menschen gleiche politische Rechte haben; was sie erfanden und einführten, war, *dass alle Athener Bürger gleiche politische Rechte* besaßen.

Aber alle, die diese Bedingungen erfüllten, waren politisch gleich. Ich versichere dir, dass die Änderung der Denkweise ziemlich revolutionär ist im Vergleich zu dem, was es damals in Persien, Ägypten, China oder in Mexiko bei den Azteken gab.

Trotzdem mussten noch fast zweitausend Jahre vergehen, bis die Sklaverei abgeschafft wurde, bis die Frauen wählen und für Regierungsämter gewählt werden konnten, bis eine weltweite Versammlung der Nationen eine allgemein gültige Erklärung der Menschenrechte verabschiedete. Wenn die alten Griechen nicht den ersten, den entscheidenden Schritt getan hätten, würdest du dich wahrscheinlich heute nicht über die Ungleichheiten entrüsten, die sie in ihrer Polis duldeten – und auch nicht über die, die noch immer zwischen uns bestehen, so lange danach!

1.
Welche Ungleichheiten der Menschen zählt Fernando Savater auf?

2.
Wie entstand nach Savaters Meinung eine soziale Rangordnung?

3.
Welche Art von Herrschaft erfanden die Griechen? Welche Prinzipien galten in dieser Gemeinschaft? Wie beurteilst du die Polis der Griechen?

4.
Im Unterschied dazu beschreibt Karl A. Wittfogel in seinem Buch »Die despotische Gesellschaft« frühe orientalische Gesellschaften, in denen die Herrschaft auf Besitz und Verfügung über Wasser gegründet war, was die Menschen von einer gerechten Wasserverteilung (bis hin zur Leibeigen schaft) abhängig machte.
Diskutiert den Unterschied der Grundwerte!

5.
Informiert euch über die allgemeine Erklärung der Menschenrechte der Vereinten Nationen von 1949 und über die UN-Kinderkonvention (bis Anfang 1993 von 131 Staaten unterschrieben).
Wie können Freiheitsrechte für alle gerecht verwirklicht werden?

6.
Wieso hat die Demokratisierung seit der Zeit der griechischen Polis weitere Fortschritte gemacht?
Welche weiteren Fortschritte der Demokratisierung kannst du dir vorstellen (z. B. Wahlrecht für Kinder)?
Gibt es eine Grenze?

Übersetzt den Song der Gruppe »Metallica« (evtl. mit Hilfe eures Englischlehrers). Welches Gefühl spricht aus ihm? Was kann man gegen solche Gefühle tun?

Metallica: And Justice for all ...

Halls of Justice painted green
Money talking
Power wolves beset your door
hear them stalking
soon you'll please their appetite
they devour
hammer of justice crushes you
overpower.
The ultimate in vanity
exploiting their supremacy
I can't believe the things you say
I can't believe
I can't believe the price you pay
nothing can save you.
Justice is lost
Justice is raped
Justice is gone
Pulling your strings
Justice is done
seeking no truth
winning is all
find it so grim
so true
so real
Apathy their stepping stone
so unfeeling
hidden deep animosity
so deceiving.
Through your eyes their light burns
hoping to find
inquisition sinking you
with prying minds.
The ultimate in vanity
exploiting their supremacy
I can't believe the things you say
I can't believe
I can't believe the price you pay
Justice is lost
Justice is raped ...
Lady Justice has been raped
truth assassin
Roles of red tape seal your lips
now you're done in
Their money tips her scales again
Make your deal!
Just what is truth? I cannot tell
Cannot feel.
The ultimate in vanity
exploiting their supremacy ...

Warum Brüderlichkeit?

In Artikel 1 der Allgemeinen Erklärung der Menschenrechte der Vereinten Nationen heißt es: »Alle Menschen sind frei und gleich an Würde und Rechten geboren ... und sollen einander im Geiste der Brüderlichkeit begegnen.« Was heißt das Letztere überhaupt? Gilt das auch für Frauen?

In der Französischen Revolution galt »Brüderlichkeit« als Ideal. »Fraternité ou la mort!« lautete die Losung der Jakobiner, und man kann das auf zwei Arten deuten. Die deutsche Übersetzung »Und willst du nicht mein Bruder sein, so schlag ich dir den Schädel ein« trifft nur eine der beiden Deutungen. Man könnte das auch so interpretieren: Unsere Gesellschaft geht unter, ist zum Tode verurteilt, wenn wir es nicht lernen, in »brüderlicher« Weise miteinander umzugehen. Also könnte man sagen, Brüderlichkeit bedeutet vor allem, sorgsam und einfühlsam mit den anderen umzugehen, ebenso wie mit einem geliebten Bruder.

In Gesellschaften, in denen immer mehr Kinder ohne Geschwister aufwachsen (z. B. ist in China die Ein-Kind-Ehe gesetzlich vorgeschrieben), wird die Bedeutung dieses Ausdrucks schwinden. Und gilt »Brüderlichkeit« nicht ebenso für das andere Geschlecht, müssten wir nicht eher von Geschwisterlichkeit reden? (In der politischen Philosophie redet man daher auch gern von »Solidarität«.) Darüber müssen wir nachdenken.

Geschwister müssen sich nicht immer lieben, sie können sich auch oft streiten. Vielleicht gerade *weil* sie sich mögen und sich nicht gleichgültig sind.

Aber sie haben gemeinsame Eltern, leben in einer Familie, können zusammenhalten und sich gegenseitig helfen, auch wenn sie sich nicht immer gut verstehen. Natürlich haben nicht alle Menschen in einer Gesellschaft gleiche Eltern und können sich im biologischen Sinn als Geschwister bezeichnen. Aber wir verdanken einander viel: Unsere kulturelle Welt, unsere Sprache, unsere Technik, nichts hätte sich so entwickelt, wenn die Menschen nicht voneinander und ihren Erfahrungen profitiert und sich gegenseitig befördert hätten. In den Sprachen vieler Völker wird der Mitmensch als Bruder bezeichnet. Wir sind auch weiterhin aufeinander und auf unsere gemeinsamen Lebensgrundlagen (auf »Mutter Natur«, die mit Wasser, Luft und Nahrung für unsere Existenz sorgt) angewiesen. Deshalb haben wir auch gemeinsame Probleme und Aufgaben und müssen uns in gemeinsamer Verantwortung um unsere Lebensgrundlagen sorgen.

Warum können wir das nicht gemeinsam tun? Paul McCartney drückt es in seinem Song »Ebony and Ivory« so aus: Ebony – Ebenholz – und Ivory – Elfenbein – geben nur zusammen als schwarze und weiße Tasten auf dem Klavier perfekte und vollendete Harmonie. Doch oft arbeiten wir gegeneinander statt miteinander.

»Alle Menschen werden Brüder« – Friedrich Schillers »Ode an die Freude« wurde bei der Feier der deutschen Einheit 1989 in Berlin beim Fall der Mauer gesungen. Bei der Gründung der Schweiz gab es den Rütlischwur, den Schiller im »Wilhelm Tell« so formulierte: »Wir wollen sein ein einig Volk von Brüdern – in jeder Not uns helfen und Gefahr ...« Und auch die deutsche Nationalhymne hebt den Wert der Brüderlichkeit hervor: »Einigkeit und Recht und Freiheit ... danach lasst uns alle streben brüderlich mit Herz und Hand ...« Was also bedeutet das Ideal, nach dem wir uns alle so wenig richten, weshalb ist es sinnvoll? Wird die Jugend der Welt sich jemals so verstehen können?

4.1 William Golding:
Piggy, das Schweinchen

In William Goldings Roman »Der Herr der Fliegen« landen englische Schuljungen nach einem Flugzeugabsturz auf einer unbewohnten Insel. Sie müssen lernen, sich selbst zurechtzufinden und zu organisieren. Schnell bilden sich Herrschaftsstrukturen und Regeln sowie Autoritäten heraus. Doch nach und nach fallen Zivilisation und Erziehung von ihnen ab; eine Gruppe »Wilder« terrorisiert die anderen, die sich aus Angst fügen ...

«Sind wirklich keine großen Leute hier?«

»Ich glaub nicht.«

Der Blonde hatte dies mit ernster Stimme gesagt, aber dann durchströmte ihn mit Wonne das Gefühl, am Ziel geheimer Wünsche zu sein. Mitten auf der Schneise machte er einen Kopfstand und grinste den umgekehrten Dicken an.

»Endlich mal keine Erwachsenen!«

Der Dicke dachte einen Augenblick nach.

»Aber der Pilot –«

Der Blonde ließ sich zurückfallen und setzte sich auf die dampfende Erde.

»Der ist sicher weitergeflogen, als er uns abgesetzt hatte. Er konnte ja hier nicht landen, mit einem Flugzeug mit Rädern.«

»Wir sind doch angegriffen worden.«

»Der kommt schon wieder zurück.«

Der Dicke schüttelte den Kopf.

»Wie wir runtergesaust sind, hab ich mal durch eins von den Fenstern geguckt, da hab ich den andern Teil von dem Flugzeug gesehen und da sind die Flammen rausgekommen.« Er blickte die Schneise entlang.

»Und das da ist von der Passagierkabine.«

Der Blonde legte seine Hand auf einen zersplitterten Baumstumpf. Er zeigte vorübergehendes Interesse.

»Was ist denn mit der passiert?«, fragte er. »Wo ist die eigentlich hingekommen?«

»Die ist beim Sturm ins Meer getrieben worden. War gar nicht so ungefährlich, wo die ganzen Bäume da umgefallen sind. Ein paar von uns waren sicher noch drin.«

Er zögerte etwas und fuhr dann fort.

»Wie heißt du denn?«

»Ralph.«

Der Dicke erwartete von dem andern die gleiche Frage, aber dieses Freundschaftsangebot blieb aus. Der Blonde mit dem Namen Ralph lächelte unbestimmt, sprang auf und wandte sich wieder der Lagune zu. Der Dicke blieb ihm ständig auf den Fersen.

»Es sind bestimmt noch mehr von uns hier in der Gegend. Du hast noch keinen gesehen, was?«

Ralph schüttelte den Kopf und ging schneller. Da stolperte er über einen Ast und fiel in das raschelnde Buschwerk.

Der Dicke trat schwer atmend neben ihn.

»Meine Tante hat immer gesagt, ich soll nicht so rennen«, schnaufte er, »wegen meinem Asthma. Ich krieg dann keine Luft. Ich war der Einzige in der Schule mit Asthma.« Er sagte das mit einem Anflug von Stolz. »Und ich hab schon mit drei eine Brille getragen.«

Ralph befreite sich vorsichtig von den Zweigen und schlich davon. Schon nach wenigen Schritten hatte er das Ächzen des Dicken hinter sich gelassen und suchte eilends den Vorhang zu durchstoßen, der ihn noch von der Lagune trennte. Er kletterte über einen umgestürzten Baum und trat aus dem Dschungel heraus.

Zwölf Jahre und einige Monate war er alt, und er hatte nicht mehr den vorgewölbten Bauch des Kindes, aber auch noch nicht die linkische Haltung des Jünglings. Seine breiten kräftigen Schultern hätten die eines künftigen Boxers sein können, aber seine Augen, ein Zug um seinen Mund sprachen von Empfindsamkeit, die der brutalen Gewalt abhold war. Seine Hand tätschelte zart den Stamm der Palme, und da er schließlich nicht länger daran zweifeln konnte, dass es so etwas wie diese Insel gab, jauchzte er und machte einen Kopfstand. Geschmeidig fanden seine Füße wieder auf den Boden zurück, und er sprang den Strand hinunter, kniete nieder und wühlte sich mit beiden Armen Sand gegen die Brust. Dann lehnte er sich zurück und blickte mit leuchtend erregten Augen auf das Wasser.

»Ralph –«

Der Dicke kam die Terrassenstufe heruntergerutscht und setzte sich vorsichtig auf den Rand dieser natürlichen Bank.

Ralph sah ihn von der Seite an und schwieg.

»Wir müssen uns von allen die Namen sagen lassen und eine Liste machen«, sagte der Dicke. »Am besten berufen wir eine Versammlung ein.«

Da Ralph nicht darauf einging, musste der Dicke fortfahren.

»Mir ist´s egal, wie sich mich nennen«, sagte er vertraulich, »wenn sie mich bloß nicht so nennen wie in der Schule.«

Ralph begann aufmerksam zu werden.

»Warum? Wie denn?«

Der Dicke blickte sich um und beugte sich dann zu Ralph hinüber.

»Piggy haben sie mich immer gerufen«, flüsterte er.

Ralph schrie hell auf vor Lachen und sprang mit einem Satz in die Höhe.

»Piggy, ›Schweinchen‹. Das ist gut! Hahaha!«

»Aber Ralph, bitte«.

Piggy rang verzweifelt die Hände.

»Ich hab doch gesagt, ich will nicht, dass ...«

»Piggy! Hahaha!«

Ralph tanzte vor Übermut in die heiße Luft hinaus, die über dem Strand lag und kam als Jagdflieger zurückgebraust, die Arme ausgebreitet und ahmte das Rattern des Maschinengewehrs nach. »A-a-a-a-sssssschschsch!«

Er ließ sich zu Piggys Füßen in den Sand fallen und blieb lachend liegen.

»Piggy!«

Piggy grinste widerstrebend, schon dass er solch zweifelhaftes Aufsehen erregte, tat ihm gegen seinen Willen wohl.

»Sag´s aber nicht den andern –«

Ralph strampelte vor Vergnügen und kicherte. Der schmerzvolle Ausdruck innerer Anspannung trat wieder auf Piggys Gesicht. ...

»Am besten, jeder sagt seinen Namen«, fiel Ralph ein, »also ich heiße Ralph«.

»Die meisten Namen haben wir schon«, sagte Piggy. »Ich habe grad eben rumgefragt.«

»So rufen sich die Kleinen«, sagte Merridew verächtlich.

»Ich will nicht Jack heißen, ich bin Merridew.«

Ralph wandte dem Sprecher rasch sein Gesicht zu. Dies war die Stimme eines, der wusste, was er wollte.

Filmszene mit Piggy aus »Herr der Fliegen«

1.

»Piggy« hat seine Eltern früh verloren und ist bei einer Tante aufgewachsen, die ihn gut gefüttert hat. Er ist anders als die anderen.
Wie geht der blonde Ralph mit ihm um, wie Jack Merridew?

2.

Hätte Piggy sich anders benehmen können? (Welche Vorbedingungen für sein Verhalten gibt es?) Hätte das eine Änderung in Ralphs wenig brüderlichem Verhalten bewirkt?

3.

Überlegt, wie ihr miteinander (unter Geschwistern, aber auch in der Klasse) umgeht! Seid ihr damit zufrieden? Was möchtet ihr ändern?

4.
Bezieht unten stehende Karikatur in eure Überlegungen mit ein! Was können die Forderungen Immanuel Kants für euch bedeuten? Überlegt euch Beispiele! Was würden sie für die Jungen auf der Insel bedeuten?

5.
Lest das Märchen »Die zwölf Brüder« der Gebrüder Grimm und diskutiert über das Verhalten der vorkommenden Personen! Worin besteht die Solidarität der Geschwister? Machen sie das Unrecht ihrer Eltern wieder gut?

»Und dann der da«, fuhr Piggy fort. »Ich hab vergessen, wie –«
»Du redest zu viel, Fatty«, sagte Jack, »halt lieber die Klappe.«
Es wurde gelacht.
»Haha! Fatty! Dicker«.
»Er heißt nicht Fatty«, sagte Ralph, »sein richtiger Name ist Piggy!«
»Piggy!«
»Schweinchen!«
»Hahaha! Piggy!«
Sogar die Kleinen beteiligten sich an dem allgemeinen Gelächter. Für eine kurze Zeitspanne verband die Jungen der Stromkreis des Einverständnisses, von dem Piggy ausgeschlossen war: er wurde dunkelrot vor Scham, senkte den Kopf und wischte erneut an seiner Brille.
Piggys Brillengläser waren wieder beschlagen, diesmal vor Demütigung.
»Du hast´s ihnen gesagt. Du hast nicht auf mich gehört!«
Sein Gesicht rötete sich, und sein Mund zuckte.
»Ich hab dir doch gesagt, ich will nicht, dass –«

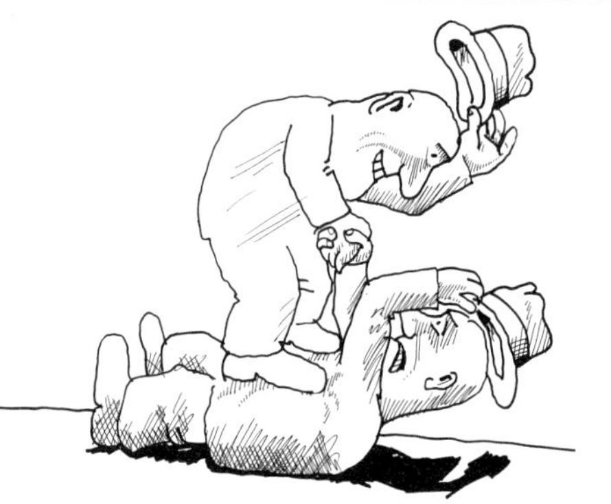
Jan Tomaschoff

»Wovon redest du eigentlich?«
»Von meinem Spitznamen. Ich hab gesagt, es ist mir egal, wenn mich nur die andern nicht so rufen. Und du hättest ihnen nichts sagen sollen, und da hast du´s grad gesagt –«
Schweigen senkte sich herab. Ralph konnte Piggy auf einmal mit größerem Verständnis ansehen und erkannte, dass er im Innersten getroffen war. Er schwankte zwischen zwei Möglichkeiten, sich entschuldigen oder Piggy noch tiefer verletzen.
»Piggy ist immer noch besser als Fatty«, sagte er schließlich mit der Bestimmtheit des geborenen Führers, »aber trotzdem, es tut mir leid, wenn´s dich gekränkt hat. Und jetzt geh wieder zurück und merk dir alle Namen. Wir brauchen dich dazu, Piggy. Bis später.«

Der deutsche Philosoph Immanuel Kant hat folgende Regeln für jedes Philosophieren gefordert:
1. Selber denken
2. Sich jederzeit in einen jeden anderen denken
3. Mit sich selbst einstimmig denken

4.2 Karl May:
Winnetou und Old Shatterhand

Er rief ein Indianerwort, das ich nicht verstand in den Wald zurück, worauf zwei außerordentlich interessante Gestalten erschienen und langsam und würdevoll auf uns zukamen. Es waren Indianer, und zwar Vater und Sohn, wie man auf den ersten Blick erkennen musste.
Der Jüngere war genauso gekleidet wie sein Vater, nur dass sein Anzug zierlicher gefertigt war. Seine Mokassins waren mit Stachelschweinborsten und die Nähte seiner Leggins und des Jagdrocks mit feinen, roten Zierstichen geschmückt.
Sein Gesicht war fast noch edler als das seines Vaters und die Farbe ein mattes Hellbraun mit einem leisen Bronzehauch. Er stand, wie ich jetzt erriet und später erfuhr, mit mir ungefähr im gleichen Alter und machte schon heute, da ich

ihn zum ersten Mal erblickte, einen tiefen Eindruck auf mich. Ich fühlte, dass er ein guter Mensch sei und außergewöhnliche Begabung besitzen müsse. Wir betrachteten einander mit einem langen, forschenden Blick, und dann glaubte ich zu bemerken, dass in seinem ernsten dunklen Auge, das einen samtartigen Glanz hatte, für einen kurzen Augenblick ein freundliches Licht aufleuchtete, wie ein Gruß, den die Sonne durch eine Wolkenöffnung auf die Erde sendet.

»Das sind meine Freunde und Begleiter«, sagte Klekih-petra, wobei er erst auf den Vater und dann auf den Sohn deutete. »Dies ist Intschu tschuna, der große Häuptling der Mescaleros, der auch von allen übrigen Apatschenstämmen als Häuptling anerkannt wird. Und hier steht sein Sohn Winnetou, der trotz seiner Jugend schon mehr kühne Taten verrichtet hat als sonst fünf alte Krieger in ihrem ganzen Leben. Sein Name wird einst genannt und gerühmt werden, soweit die Savannen und die Felsengebirge reichen.«

Welch ein Unterschied zwischen meinen weißen Begleitern und diesen von ihnen verachteten Indianern!

Sie gingen langsam und stolz an uns vorüber und aus dem Gebüsch hinaus. Wir folgten ihnen. Da sah Intschu tschuna die Messpfähle stecken, blieb stehen und wandte sich zu mir zurück:

Filmszene aus »Winnetou und Shatterhand im Tal der Toten«

»Was wird hier getrieben? Wollen die Bleichgesichter etwa dieses Land vermessen?«

»Ja.«

»Wozu?«

»Um einen Weg für das Feuerross zu bauen.«

Sein Auge verlor den ruhigen, sinnenden Ausdruck. Es leuchtete zornig auf, und fast hastig erkundigte er sich:

»Du gehörst zu diesen Leuten?«

»Ja.«

»Und hast mit vermessen?«

»Ja.«

»Du wirst bezahlt dafür?«

»Ja.«

Über das Gesicht des Häuptlings wollte es wie Ärger gleiten; er beherrschte sich aber und sprach:

»Mein weißer Bruder mag uns einige Fragen beantworten und dabei die Wahrheit sagen. Hat er ein Haus dort, wo er wohnt?"

»Ja.«

»Und ein Stück Land dabei?«

»Ja.«

»Wenn nun der Nachbar einen Weg durch diesen Besitz meines weißen Bruders bauen wollte, würde das mein Bruder dulden?«

»Nein.«

»Die Länder jenseits der Felsengebirge und im Osten des Mississippi gehören den Bleichgesichtern. Was würden sie dazu sagen, wenn die Indianer kämen und dort eiserne Pfade bauen wollten?«

»Sie würden sie fortjagen.«

»Mein Bruder hat die Wahrheit gesprochen. Nun mag er auch weiter ehrlich und gerecht urteilen. Die Bleichgesichter kommen hierher in dieses Land, das uns gehört. Sie fangen uns die Mustangs weg, sie töten unsere Büffel, sie suchen bei uns Gold und edle Steine. Jetzt wollen sie gar einen langen Weg bauen, auf dem ihr Feuerross laufen soll. Auf diesem Weg kommen dann

Eine Form der in vielen Kulturkreisen gültigen »goldenen Regel« lautet: »Was du nicht willst, das man dir tu, das füg auch keinem andern zu.« (oder: »Was du willst, das andere dir tun, das tue ihnen.«; Bergpredigt)
Wende die Regel auf konkrete Fälle, zum Beispiel auf das Verhältnis von Weißen und Indianern an!
Was hältst du von dieser Regel?

immer mehr Bleichgesichter, die über uns herfallen und uns auch noch das Wenige nehmen, das man uns gelassen hat. Was werden wir dazu sagen?«
Bancroft schwieg.
»Haben wir etwa weniger Recht als ihr?«, fuhr Intschu tschuna fort. »Ihr nennt euch Christen und sprecht immerfort nur von Liebe. Dabei aber wollt ihr uns bestehlen und berauben. Wir jedoch sollen ehrlich gegen euch sein. Ist das Liebe? Ihr sagt, euer Gott sei der gute Vater aller roten und aller weißen Menschen. Ist er nun unser Stiefvater, dagegen euer richtiger Vater?
Gehörte nicht einst das ganze Land den roten Männern? Man hat es uns genommen. Was haben wir dafür erhalten? Elend, Elend und immer wieder Elend! Ihr jagt uns immer weiter zurück und drängt uns immer weiter zusam-

Jutta Bauer

men, sodass wir in kurzer Zeit elendiglich ersticken werden. Warum tut ihr das? Etwa aus Not, weil ihr keinen Raum mehr habt? Nein, sondern aus Habgier, denn in euern Ländern ist noch Platz für viele Millionen. Doch jeder von euch möchte einen ganzen Staat, ein ganzes Land besitzen. Der Rote aber, der wirkliche Eigentümer, darf nichts haben, wohin er sein Haupt legt. Klekih-Petra, der hier neben mir sitzt, hat mir von euerm heiligen Buch erzählt. Da ist zu lesen, dass der erste Mensch zwei Söhne hatte, von denen der eine den anderen erschlug, sodass das Blut zum Himmel schrie. Wie ist es nun mit den zwei Brüdern, dem roten und dem weißen Bruder? Seid ihr nicht der Kain und

1.
Schildere die erste Begegnung des Häuptlingssohnes Winnetou und Old Shatterhands, der als Weißer mit einem Vermessungstrupp indianisches Land für eine Eisenbahnlinie vermisst. *(Später werden sie zu Blutsbrüdern.)*

2.
Nach welchen Prinzipien führt der Häuptling Intschu schuna das Gespräch? Welches Verhalten beschreibt er als brüderlich? Welche Folgen hätte anderes Verhalten?

3.
Bei den Indianern gibt es einen Brauch, einen Tag im Jahr in den Mokassins eines anderen zu gehen.
Was hältst du davon? Welche anderen Bräuche als Zeichen von Zusammengehörigkeit und zum Wecken von mehr Einfühlungsvermögen könnt ihr euch vorstellen?

4.
Vor 400 Jahren rettete das Indianermädchen Pocahontas einen Weißen vor dem Tode, wurde von ihrem Stamm verbannt, heiratete einen Weißen und hatte als »Rote Lady« Zutritt am englischen Königshof.
Seht euch den gleichnamigen Disney-Film an und bewertet das Verhalten der jeweiligen Personen!

5.
Glaubst du, dass Angehörige verschiedener Völker und Rassen »brüderlich« (geschwisterlich) nebeneinander oder miteinander leben können? Unter welchen Bedingungen? Beziehe auch die Aussage der obigen Karikatur mit in deine Überlegung ein!

wir sind der Abel, dessen Blut zum Himmel schreit? Und dazu verlangt ihr noch, dass wir uns vertreiben lassen sollen, ohne uns zu wehren? Nein, wir wehren uns! Wir sind von Ort zu Ort verjagt worden, immer weiter fort. Jetzt wohnen wir hier. Wir glaubten, einmal ausruhen und ruhig atmen zu können. Aber da kommt ihr schon wieder, um einen Eisenweg abzustecken. Besitzen wir denn nicht das gleiche Recht, das du in deinem Haus, auf deinem Grund und Boden hast? Wollten wir unsere Gesetze gegen euch anwenden, so müssten wir euch alle töten. Doch wir wünschen nur, dass eure Gesetze auch für uns gelten sollen. Tun sie das? Nein! Eure Gesetze haben zwei Gesichter, und die dreht ihr uns zu, wie es zu euerm Vorteil ist. Du willst hier einen Weg bauen. Hast du uns um Erlaubnis gefragt?«

»Das habe ich nicht nötig.«

»Warum nicht? Ist dieses Land euer Eigentum?«

»Ich denke es.«

»Nein. Es gehört uns. Hast du es uns abgekauft?«

»Nein.«

»Haben wir es dir geschenkt?«

»Nein, mir nicht.«

»Und auch keinem anderen. Bist du ein ehrlicher Mann und wirst hierher geschickt, um einen Weg für das Feuerross zu bauen, so musst du erst den, der dich sendet, fragen, ob er das Recht dazu hat, und wenn er ja sagt, dir das beweisen lassen. Das hast du aber nicht getan. Intschu tschuna verbietet euch, hier weiter zu messen.«

Filmszene aus »Pocahontas«

»Es ist nicht nötig, dass ferner noch Reden gehalten werden. Intschu tschuna hat gesagt, dass er euch nicht duldet. Das genügt. Intschu tschuna will, dass ihr noch heute von hier fortgeht, dahin, woher ihr gekommen seid. Überlegt euch, ob ihr gehorchen wollt oder nicht! Jetzt entfernt sich der Häuptling mit Winnetou, seinem Sohn, und wird wiederkommen nach der Zeit, die die Bleichgesichter eine Stunde nennen. Dann sollt ihr ihm Antwort geben. Geht ihr dann, so sind wir Brüder. Geht ihr nicht, so wird das Kriegsbeil ausgegraben zwischen uns und euch.«

John Rawls: Das Prinzip der Brüderlichkeit

4.3

Gegenüber der Freiheit und Gleichheit hat der Gedanke der Brüderlichkeit in der Demokratietheorie weniger Gewicht gehabt. Er gilt als ein nicht so ausgesprochen politischer Begriff, der selbst kein demokratisches Recht bestimmt, sondern bestimmte Einstellungen und Verhaltensweisen anspricht. Oder man versteht die Brüderlichkeit ganz ähnlich als eine gewisse Gleichheit des gesellschaftlichen Ansehens, die sich in verschiedenen öffentlichen Regelungen und in der Abwesenheit von Unterwürfigkeitsgesten zeige. Sicher hat die Brüderlichkeit mit diesen Dingen zu tun, ebenso mit einem Sinn für Bürgerfreundschaft und soziale Solidarität, doch in diesem Verständnis führt sie zu keiner deutlichen Forderung. Wir müssen noch einen Gerechtigkeitsgrundsatz finden, der dem zugrunde liegenden Gedanken entspricht. Nun scheint aber das Unterschiedsprinzip einer natürlichen Bedeutung der Brüderlichkeit zu entsprechen: dem Gedanken nämlich, dass man keine Vorteile haben möchte, die nicht auch weniger Begünstigten zugute kommen. Die Familie ist ihrer

Jordan Pop-Iliev:
Einer trage des Anderen Last!

Idealvorstellung nach und oft auch in der Praxis ein Ort, wo der Grundsatz der Maximierung der Nutzensumme nicht gilt. Familienmitglieder suchen gewöhnlich keine Vorteile, die nicht auch den Interessen der anderen dienen. Genau dazu führt nun der Wille, nach dem Unterschiedsprinzip zu handeln. Die Bessergestellten wollen ihre Vorteile nur innerhalb eines Systems, in dem sie auch den weniger Begünstigten dienen.

Das Brüderlichkeitsideal verbindet man manchmal mit dem Gedanken an Gefühle, die man zwischen den Mitgliedern der größeren Gesellschaft realistischerweise nicht erwarten kann. Das ist sicher ein weiterer Grund für seine Vernachlässigung in der Demokratietheorie. Oft hatte man das Empfinden, es habe keinen rechten Platz in der Politik. Doch wenn man es im Sinne des Unterschiedsprinzips versteht, ist es nicht undurchführbar. Nach dieser Auffassung ist also der Grundsatz der Brüderlichkeit durchaus verwirklichbar.

Trotzdem sollte festgehalten werden, dass es im Allgemeinen nicht dem Vorteil der weniger Begünstigten dient, wenn die Fähigkeiten anderer gesenkt werden. Vielmehr sehen sie gemäß dem von ihnen angenommenen Unterschiedsprinzip größere Fähigkeiten als gesellschaftliches Aktivum, das zum gemeinsamen Vorteil genutzt werden soll. Doch es liegt auch im Interesse jedes einzelnen, bessere natürliche Gaben mitzubekommen. Das hilft ihm bei der Verfolgung seines bevorzugten Lebensplanes. Im Urzustand also möchten die Menschen ihren Nachkommen die besten Eigenschaften mitgeben (ihre eigenen betrachten sie als festgelegt). Eine vernünftige Politik auf diesem Gebiet sind die früheren Generationen den späteren schuldig, denn es handelt sich ja um eine Frage, die zwischen den Generationen entsteht. Die Gesellschaft muss also mit der Zeit dafür sorgen, dass sich die natürlichen Eigenschaften wenigstens nicht verschlechtern und sich keine schweren Mängel ausbreiten. Diese Maßnahmen haben sich nach Grundsätzen zu richten, denen die Beteiligten um ihrer Nachfahren willen zustimmen würden.

1.
John Rawls Unterschiedsprinzip geht davon aus, dass alle Mitglieder der Gesellschaft, so unterschiedlich sie auch sein mögen, untereinander in Beziehung stehen, sodass eine Verbesserung des Zustandes für die am wenigsten Begünstigten auch auf alle anderen Mitglieder der Gesellschaft positiv wirkt. »Es ist also egoistisch, nur für sich allein Vorteile zu wollen, wenn man gleichzeitig auch anderen helfen kann ...«
Findet Beispiele für solche Wechselwirkungen und prüft sie!

2.
Was hältst du von der Aussage, dass in der Gesellschaft jeder den größten Nutzen für sich haben möchte, in der Familie aber nicht?

3.
Wie müssen wir nach Rawls Ansicht unsere Gesellschaft gestalten, damit unsere Nachkommen bestmögliche Bedingungen finden? Stimmst du ihm zu? Welche Möglichkeiten für entsprechende Verhaltensweisen fallen euch dazu ein?

Jan Tomaschoff

Paul McCartney: Ebony and Ivory

Ebony and ivory
live together in perfect harmony
side by side on my piano keyboard –
oh Lord – why don 't we?

We all know
that people are she same wherever you go
there is good and bad in everyone
we learn to live, we learn to give each other
what we need to survive
– together alive –.

Ebony and ivory live together in perfect harmony
side by side on my piano keyboard –
oh Lord – why don 't we?

Ebony, ivory, living in perfect harmony ...

Gerhard Mester

4.

Der in Amerika entstandene Kommunitarismus (von community = Gemeinschaft) setzt sich für ein verstärktes Miteinander in menschlichen Gemeinschaften ein. Er will nicht die Freiheitsrechte des Einzelnen betonen, sondern vorrangig seine Einbindung in die Gemeinschaft erreichen.

Was hältst du davon? Welche Möglichkeiten fallen euch aus eurem Alltag ein?

5.

Stell dir vor, du hilfst in einem Metzgereigeschäft aus und erfährst Bruchstücke einer Unterhaltung, die dich sicher sein lassen, dass dein Chef sehr preiswert Fleisch aus einer dunklen Quelle erstanden hat, das gesundheitlich nicht unbedenklich ist.

Wie verhältst du dich den Kunden gegenüber?

6.

Beziehe die Aussagen der Karikaturen, S. 110 und nebenstehend sowie den Text von Paul McCartneys »Ebony and Ivory« mit in deine Gedanken ein!

7.

Welche Verpflichtungen der Gemeinschaft gegenüber fallen dir ein? Wie kannst du andere von ihrem Sinn überzeugen? Was verdankt ihr der Gemeinschaft?

Martin Buber:
Ich und Du

4.4

Der Mensch wird am Du zum Ich. Gegenüber kommt und entschwindet, Beziehungsereignisse verdichten sich und zerstieben, und im Wechsel klärt sich, von Mal zu Mal wachsend, das Bewusstsein des gleich bleibenden Partners, das Ichbewusstsein.

Je mehr der Mensch, je mehr die Menschheit vom Eigenwesen beherrscht wird, umso tiefer verfällt das Ich der Unwirklichkeit. In solchen Zeiten führt die Person im Menschen und in der Menschheit eine unterirdische, verborgene, gleichsam ungültige Existenz.

Romulus Candea: Solidaritätsgespräch

Nach seinem Ichsagen – danach, was er meint, wenn er Ich sagt – entscheidet sich, wohin ein Mensch gehört und wohin seine Fahrt geht. Das Wort »Ich« ist das wahre Schibboleth der Menschheit.
Hört nur darauf!
Wie misstönig ist das Ich des Eigenmenschen! Es kann zu dem großen Mitleiden bewegen, wenn es aus einem tragischen, vom Verschweigen eines Selbst-Widerspruchs gepressten Munde kommt. Es kann zum Grauen bewegen, wenn es aus einem chaotischen, den Widerspruch wild, sorg- und ahnungslos darstellenden Munde kommt. Wenn es aus einem eitlen und verglättenden kommt, ist es peinlich oder widerwärtig.
Wer das abgetrennte Ich mit großem Anfangsbuchstaben spricht, deckt die Schande des Weltgeistes auf …
Aber wie schön und rechtmäßig klingt das so lebhafte, so nachdrückliche Ich des Sokrates! Es ist das Ich des unendlichen Gesprächs, und die Luft des Gesprächs umwittert es auf allen seinen Wegen, noch vor den Richtern und noch in der letzten Gefängnisstunde. Dieses Ich lebte in der Beziehung zum Menschen, die sich im Gespräch verkörpert. Es glaubte an die Wirklichkeit der Menschen und ging zu ihnen aus. So stand es mit ihnen in der Wirklichkeit, und sie verlässt es nicht mehr. Auch seine Einsamkeit kann nie Verlassenheit sein.

1.
Welche Bedeutung misst der deutsch-jüdische Philosoph Martin Buber dem »Du« bei? *(»Jeder kann ›Du‹ sprechen und ist dann ›Ich‹«.)* **Belege seine Behauptung mit Beispielen!**

2.
Wann ist das Ich unwirklich? Was ist für Buber die wahre Wirklichkeit des Ich?

3.
Welche verschiedenen Arten des Ichsagens zählt er auf? Wie bewertet er sie? Wie bewertet ihr sie?

4.
In Platons Dialog »Kriton« unterhält sich Sokrates mit seinen Freunden über die Gründe, die ihn sein Todesurteil akzeptieren lassen. **Spielt diese Szene nach und diskutiert darüber! Wie habt ihr euch dabei gefühlt?**

5.
Denke auch über die Karikatur nach! Hast du schon »Gespräche« dieser Art erlebt? Wie verhältst du dich im Gespräch mit anderen? Was ist ein guter Zuhörer?

4.5 Udo Kliebisch:
Katze und Fuchs aus »Pinocchio« (Aktionsspiel)

Vielleicht kennt ihr die Geschichte von Pinocchio. Er trifft unterwegs die Katze und den Fuchs. Die beiden ziehen gemeinsam umher, weil der Fuchs lahm und die Katze blind ist. Alleine würden beide schnell »vor die Hunde gehen«. Sie kommen nur weiter, weil die Katze den Fuchs stützt und der Fuchs der Katze den Weg weist.
Ihr nehmt jetzt abwechselnd die Rolle der Katze bzw. des Fuchses ein. Der lahme Fuchs sitzt während des Spiels nur in der Ecke, die Katze hat die ganze Zeit die Augen geschlossen.
Einigt euch zuerst, wie ihr im ersten Durchgang die Rollen verteilen wollt.

Der Fuchs hat die Aufgabe, die blinde Katze nur durch seine Anweisungen zu einem Stück Brot zu leiten, das irgendwo im Raum liegt. Die Katze weiß natürlich nicht wo es liegt.

Wenn die Katze das Brot in der Hand hält, muss der Fuchs sie zu sich zurückleiten. Der Fuchs hat seine Aufgabe erfüllt, wenn die Katze ihm mit geschlossenen Augen das Brot in den Mund gesteckt hat.

Beantwortet zusammen folgende Fragen:

1. Wie habe ich es empfunden »blind« den Anweisungen zu gehorchen? Was ist das für ein Gefühl, »regungslos« jemand anders schicken zu müssen, um ein Stück Brot zu kriegen?

2. Ist es mir leicht gefallen, präzise Anweisungen zu geben?

3. Was hältst du von folgenden Aussagen

– Kooperation ist ohne Vertrauen nicht möglich.

– Kooperation ist ohne Abhängigkeit nicht möglich.

4. Welche konkreten Situationen fallen dir zu dem Spiel ein?

5. Es gibt oft solche extremen Abhängigkeiten wie hier zwischen Fuchs und Katze. Aber was ist mit der alltäglichen Abhängigkeit von unseren Mitmenschen? Wir sind abhängig davon, dass der Bus morgens kommt, ebenso wie wir davon abhängig sind, dass unsere Mitmenschen kooperativ sind, wenn wir irgendwo Schlange stehen oder einfach Auto fahren. Welche anderen alltäglichen Situationen fallen dir ein, in denen wir – fast ohne es zu merken – mit anderen kooperieren, von ihnen auch ein wenig abhängig sind und ihnen auch Vertrauen entgegenbringen?

Lernziel Streitkultur 4.6

Wie du sicher weißt bzw. erfahren hast, streiten sich Geschwister bzw. Klassenkameraden – wie auch die Politiker – häufig. Meinungsverschiedenheiten oder auch Kränkungen führen zu Auseinandersetzungen, diese oft wieder zu neuen Kränkungen.

Hier wollen wir einmal über das Streiten nachdenken, wie es schon der englische Philosoph Thomas Hobbes getan hat.

1. Zunächst soll jeder von euch für sich allein Antworten zu folgenden Fragen notieren:

a) Welche Streitursachen fallen dir ein?

b) Kannst du verschiedene Streitarten und -methoden unterscheiden?
Wie bewertest du sie? Welche Streitarten und -methoden findest du am unangenehmsten?

c) Welche Kränkungen findest du besonders schlimm? Wie reagierst du darauf und weshalb? Beschreibe deine Gefühle!

d) Tun dir manche deiner Reaktionen leid? Weshalb?
Welche Auswirkungen haben sie?

e) Macht dir Streit Spaß? Wann ja, wann nicht? Weshalb bzw. weshalb nicht?

f) Würdest du am Streiten etwas ändern wollen? Was?

2. Tragt eure Antworten an der Tafel oder auf Folien zusammen und verschafft euch so einen Überblick über eure Streiterfahrungen und -bewertungen!

3. Denkt über andere Arten des Streitens nach! Wie kann man Meinungsverschiedenheiten besser klären?
4. Wie findet man Kompromisse, die für alle Seiten annehmbar sind? Untersucht am Beispiel eines echten Streitfalls, ob diese Wege praktikabel sind!
5. Stellt Regeln für gelungenes Streiten auf und schreibt sie auf eine große Tapetenrolle oder Fotokartons! Diese Regeln sollten in der Klasse aufgehängt und von allen unterschrieben werden. Was soll passieren, wenn jemand dagegen verstößt?
6. Richtet in eurer Klasse eine Streitschlichtungsstelle ein, indem ihr eine(n) aus eurer Mitte für dieses Amt wählt, den ihr besonders geeignet findet. (Bei Nichtbewährung kann auch abgewählt werden, es sollte auch auf die Einhaltung der Streitregeln geachtet werden).

4.7 **Fernando Savater:** Rassismus und Menschenrechte

Letztendlich ist nicht unsere Zugehörigkeit zu irgendeiner Nation, Kultur, Gesellschaft oder Weltanschauung von Bedeutung (weil das alles, so einflussreich es in unserem Leben auch sein mag, nur eine Ansammlung von Zufällen ist), sondern unsere Zugehörigkeit zur Gattung Mensch, die wir notwendigerweise mit den Menschen aller Nationen, Kulturen und sozialen Schichten gemeinsam haben. Daher stammt auch die Idee der *Menschenrechte*, einer Reihe von allgemein gültigen Regeln für den Umgang der Menschen untereinander, egal wie unsere zufällige historische Situation auch sein mag. Mit den Menschenrechten setzen wir auf das, was wir grundsätzlich gemeinsam haben, so viel uns auch zufällig trennen mag. Die Verteidigung der universalen Menschenrechte setzt das Zugeständnis gleicher Rechte für uns Menschen voraus, trotz der Unterschiede zwischen den Gruppen, denen wir angehören. Bei der Verteidigung der Menschenrechte geht man davon aus, dass es wichtiger ist, Mensch zu sein, als zu dieser oder jener Rasse, Nation oder Kultur zu gehören. Von daher können nur die einzelnen Menschen Gegenstand solcher Rechte sein. Soweit man diese Rechte für besondere Gruppen oder irgendetwas Abstraktes in Anspruch nimmt (»Völker«, »Klassen«, »Religionen«, »Sprachen«, ganz zu schweigen von den »Noch-nicht-Geborenen«, »den Meeren«, »den Bergen« oder verschiedenen Tierarten), dann verändert man ihren Sinn, auch wenn es mit der besten Absicht geschieht. Ich will dir ein paar Beispiele nennen: Eine Person hat das Menschenrecht, ihre Sprache zu gebrauchen, aber eine Sprache hat nicht das Recht, sich Sprecher zu suchen, die sie verewigen; wir Menschen besitzen das Recht, unser Trinkwasser unvergiftet zu bewahren, aber das Wasser hat nicht das Recht zu verlangen, nicht vergiftet zu werden.

Es gibt besonders verhasste Fanatismen der Zugehörigkeit, weil sie Hierarchien unter den Menschen errichten oder die Menschen in abgeschotteten Abteilungen leben lassen wollen – durch Drahtverhau voneinander getrennt, so als ob wir nicht zur gleichen Gattung gehörten. Der *Rassismus* ist zweifellos die schlimmste dieser kollektiven Greuel. Er legt fest, dass die Hautfarbe, die Form der Nase oder irgendein anderes launenhaftes Merkmal bestimmen, dass eine Person diese oder jene charakterlichen, moralischen oder intellektuellen Merkmale besitzen *muss.* Vom wissenschaftlichen Standpunkt aus sind alle diese Rassenlehren reine willkürliche Fantasien. Während Hunderttausenden von Jahren kannte die menschliche Gattung keine bedeutsame rassische Vielfalt. Die Anthropologen nehmen an, dass vor etwa 60 000 Jahren die ersten genetischen Unterscheidungen erfolgt sein müssen (aus Gründen der klimatischen oder geographischen Anpassung), dass aber wahrscheinlich noch vor 10 000 Jahren die heutigen Schwarzen und Weißen die gleichen dunkelhäutigen Vorfahren besaßen. Außerdem unterteilen die Rassisten die Menschen zum Beispiel nach der Hautfarbe, lassen aber andere Merkmale, die genetisch viel wichtiger sind und sich unterschiedlich verteilen, außer Acht – zum Beispiel die Blutgruppen (A, B oder 0). Zur Blutgruppe B gehören achtzig Prozent der (weißen) Schotten, die (schwarzen) Bewohner von Zentralafrika und die (dunkelhäutigen) Ureinwohner von Australien. Die Gruppe A ist unter Afrikanern, Indern und Chinesen gleich verteilt. Warum kann man dann nicht sagen, dass die Schotten und die Zentralafrikaner zur gleichen Rasse gehören? … Oder dass es eine Rasse gibt, die aus Afrikanern, Indern und Chinesen besteht? Hat die Hautfarbe deshalb größere Bedeutung als die Blutgruppe, weil man sie auf den ersten Blick sieht? Wenn man eine Bluttransfusion erhält, ist es gewöhnlich klüger, die Blutgruppe des Spenders zu überprüfen als seine Hautfarbe, die Form seiner Augen oder der Nase. Natürlich hat nichts hiervon mit der moralischen Eignung der Menschen zu tun oder mit ihrem Recht, als Bürger gleich behandelt zu werden. Die verschiedenen Bildungsniveaus und die kulturellen Traditionen beeinflussen zweifellos die Wesensart der Personen, aber nicht ihre Rasse. Das Verhängnisvollste am Rassismus ist, dass er keine Aussöhnung mit dem »anderen« erlaubt. Man kann eine bessere Bildung erlangen, seine Gewohnheiten, Ideen und seine Religion ändern – aber niemand kann sein genetisches Erbe ändern. Daher können die ideologischen oder religiösen Kämpfe irgendwann einmal beendet werden, während es für den Rassenhass keine mögliche Versöhnung gibt. Ist irgendeine Art von Menschen minderwertiger als die andere? Rassisch gesehen nein; aber ethisch und politisch gesehen ist der minderwertiger, der an die Existenz minderwertiger Menschenrassen glaubt.

1. Welche Bedeutung haben die Menschenrechte für Fernando Savater, welche Bedeutung haben sie für euch?

2. Informiert euch, welche Bedeutung sie in den Ländern Asiens und Afrikas haben!

3. Welchen »Fanatismus der Zugehörigkeit« beschreibt Savater? Denkt über Beispiele nach und wertet sie!

4. Welche Merkmale hält er für viel wichtiger als äußere Merkmale des Menschen? Gibt es seiner Meinung nach minderwertige Menschen? Wie stehst du dazu?

5. Informiert euch über die Zeit der Apartheid in Südafrika! (Vgl. auch Kasten!) Glaubt ihr, dass Ähnliches auch in eurer Nähe passieren kann? (Vgl. Zeitungsartikel!)

6. Was könnt ihr in eurem Umfeld gegen Rassismus tun?

Definition der Apartheid

Im Gesetz über die Einteilung der südafrikanischen Bevölkerung sind die einzelnen Personenkategorien angeführt, die folgendermaßen voneinander unterschieden werden.
Weißer: »Unter einem Weißen versteht man ein Individuum, dessen Aussehen offensichtlich dasjenige eines Angehörigen der weißen Rasse ist oder allgemein dafür angesehen werden kann. Dieser Begriff ist jedoch nicht auf Individuen anwendbar, die, obschon sie offensichtlich das Aussehen von Personen weißer Rasse haben, allgemein als Farbige betrachtet werden.«
(Diese Definition wurde 1962 verbessert, um für die Angehörigen derjenigen Staaten, mit denen Südafrika diplomatische oder konsularische Beziehungen unterhält, die Möglichkeit zu schaffen, den einschränkenden Bestimmungen in Bezug auf Nichteuropäer zu entgehen. Die neue Definition enthält folgende Ergänzungen: »Als Weißer wird betrachtet, wer allgemein als Weißer aufgenommen wird, obschon er im Aussehen offensichtlich nicht weiß ist.«)

Eingeborener: »Unter einem Eingeborenen versteht man ein Individuum, das tatsächlich einer Rasse oder einem Stamm afrikanischer Herkunft angehört oder allgemein als Angehöriger einer solchen Rasse oder eines solchen Stammes betrachtet wird.«
Farbiger: »Unter einem Farbigen versteht man ein Individuum, das weder als Weißer noch als Eingeborener gilt.«
In der Verfügung Nr. 46 von 1959 werden die Farbigen auf folgende Weise unterteilt: Kap-Farbige, Kap-Malaien, Griqua, Chinesen, Inder, übrige Asiaten, übrige Farbige (in diese Kategorie fallen Individuen, die keiner der angegebenen Gruppen angehören und weder Weiße noch Eingeborene sind).«

Apartheid in Deutschland?

dpa Zirndorf. »Im Interesse der Gesundheit der gesamten Bevölkerung« dürfen Asylsuchende aus dem Bundessammellager für Ausländer in Zirndorf ohne ärztliche Unbedenklichkeitsbescheinigung das Hallenbad der mittelfränkischen Stadt bis auf weiteres nicht mehr benutzen. Dies verfügte Bürgermeister Virgilio Roschlein durch eine »dringliche Anordnung«, die vom Stadtrat einstimmig gebilligt wurde. Ein Inder will Klage beim Verwaltungsgericht Ansbach erheben. Die Stadt erklärte, in der Vergangenheit habe sich gezeigt, dass vor allem die Asylsuchenden aus asiatischen Ländern vermehrt mit Krankheiten – von Parasiten und Salmonellen bis zu Geschlechtskrankheiten – in die Bundesrepublik kamen.

Vladimir Kazanevsky

Bruderthum.

Alle für Einen und **Einer für Alle.**

Grundrecht: leben.	Liebe, Gerechtigkeit:	Grundpflicht: arbeiten.

Gegenseitiger Beistand,
Allgemeine Gewährleistung.
Organisation der Arbeit.
Die Maschinen zum Nutzen Aller,
Gleichheitliche Vertheilung der Produkte. —
Aufhebung des Elends. —
Ehe und Familie. —
Unaufhörlicher Fortschritt.

Gleichheit, Freiheit, Einheit, Wahlfähigkeit, Frieden.	Wissenschaften. Künste.	Bildung, Intelligenz, Sittlichkeit, Ordnung.

Jedem nach seinen Bedürfnissen und Jeder nach seinen Kräften.

Gemeinsames Glück.

Gerhard Mester

1.

Die Abbildung zeigt das Titelblatt zu Etienne Cabets Roman »Die Reise nach Ikarien«.

Besorgt euch das Buch und beantwortet folgende Fragen: Welche Werte gelten für die Gemeinschaft in Ikarien? Welches sind natürliche Rechte, welches natürliche Pflichten?

2.

Interpretiert die Anordnung der Begriffe auf Etienne Cabets Titelblatt. (Wie kommt er auf den Namen Ikarien? Vgl. 2.10!)

3.

Welche Ziele sollten Gemeinschaften haben? Beurteile das Verhalten des Lehrers in der Karikatur!

4.

Denke über den Satz nach: »Was du nicht willst, dass man dir tu, das füg auch keinem anderen zu« oder »Was du willst, dass andre dir tun, das tue ihnen« (Bergpredigt).

Welche der Werte , die in der Karikatur an der Tafel stehen, findest du wichtig? Welchen Wert haben sie für dein Leben?

Die Maismutter – Indianischer Mythos **4.8**

Kurz nachdem die Welt erschaffen war, lebten die Indianer in einfachen Hütten, zogen im Lande umher und suchten mühsam ihre Nahrung, wo sie sie finden konnten. Eines Tages tauchte in einem Lager am Ufer eines Flusses eine alte Frau auf, die sehr abgerissen und halb verhungert aussah. Die Männer waren alle auf der Jagd, und die meisten Frauen und Mädchen sammelten am Flussufer Wurzeln und Wildgemüse. Nur ein paar Kinder und junge Mädchen waren im Lager geblieben, um das Feuer zu unterhalten. Als sie das alte Weib sahen, sagten sie zu ihr: »Hier ist kein Platz für dich. Warum gehst du nicht ins nächste Lager? Wir haben nichts zu verschenken.«

Ohne ein Wort zog die Alte weiter und war bald im Walde verschwunden. Aber im nächsten Lager erging es ihr nicht anders. Auch hier wollte man nichts von ihr wissen und schickte sie fort. Auch im dritten Lager sah man sie mit Verachtung an. Schließlich kam sie an ein Lager, das nur aus ein paar Reisighütten bestand, die den Mitgliedern des Alligator-Clans gehörten. Der Alligator-Clan spielte keine eben bedeutende Rolle im Stamm. Und daher zierten weder Kriegstrophäen noch kostbare Felle die Hütten seiner Mitglieder. Als die Alte bescheiden und schüchtern um Nahrung und einen Platz am Feuer bat, sagten die Frauen: »Komm her, Alte, hier bei uns ist Platz genug, und etwas zu essen wird sich auch schon noch finden lassen. Du musst einen langen Weg hinter dir haben und recht hungrig sein.«

Nachdem die alte Frau gegessen hatte, ließen sie sie am Feuer schlafen, denn dort war der beste Platz.

Am nächsten Morgen zogen die Männer des Alligator-Clans wie gewöhnlich hinaus in den Wald, um Hirsche zu jagen, während die Frauen Wurzeln und Beeren suchen gingen. Der alten Frau vertrauten sie das Lager an, damit sie das Feuer nicht ausgehen lasse und auf die Kinder ein Auge habe. Niemand kannte die Alte, doch vertraute ihr jeder, denn bei den Creek-Indianern war noch nie etwas weggekommen. Niemand fürchtete daher, dass die Alte etwas stehlen könnte. Die alte Frau aber war die Maismutter selbst, die in dieser unscheinbaren Gestalt auf die Erde gekommen war.

Als die Männer und Frauen gegen Abend zurückkehrten, erklärten die Kinder, dass sie bereits gegessen hätten. Voller Erstaunen hörten die Erwachsenen: »Die alte Frau hat für uns alle zu essen gehabt! Und ihr Essen schmeckt besser als die Wurzeln und Beeren, die wir sonst bekommen.«

Da sagte der Clan-Älteste zu den Kindern: »Sagt der Alten, dass sie mir etwas von ihrem Essen aufheben soll, denn ich bin gespannt, was das wohl sein könnte.«

Aber auch er musste am nächsten Abend zugeben, dass Brei besser schmeckte als alles, was er bisher gekostet hatte. Vergeblich bemühte er sich, hinter das Geheimnis der alten Frau zu kommen, aber alle Anstrengung war vergeblich. Er fand nie heraus, woher die fremde Frau die Zutaten zu ihrem Essen nahm.

Eines Tages war die Alte verschwunden; ebenso plötzlich, wie sie erschienen war, hatte sie das Lager verlassen. Niemand hatte sie fortgehen sehen, und niemand konnte sagen, wohin sie wohl geraten war. Einer der Jungen jedoch konnte den Geschmack des seltsamen Mahles, das die Alte gekocht hatte, nicht vergessen. Kaum hatte er die Kriegerweihen hinter sich, da beschloss er, auf die Suche nach der alten Frau zu gehen, die ja gewiss nicht weit sein konnte.

Lange wanderte er im Lande umher, durchwatete Flüsse, stieg über Bergketten und durchzog Wälder und Sümpfe. Aber in keinem Lager, an das er kam, wusste man etwas von der alten Frau. Als er eines Abends entmutigt und niedergeschlagen ganz allein am Feuer saß, übermannte ihn der Schlaf. Als er aufwachte, stand vor ihm eine alte Frau mit weißem Haar, das ihr bis über den Rücken herabhing. Der junge Krieger war sehr erschrocken, denn er fürchtete, einem Zauberwesen ausgeliefert zu sein. Erst als die Alte näher ans Feuer trat, erkannte er die lang Gesuchte. Freudig begrüßte er sie und flehte sie an, doch mit ihm wieder ins Lager des Alligator-Clans zurückzukehren. Die Alte aber wehrte ab und sprach: »Ich kann nicht bei dir bleiben, doch wenn du

1.
Kinder Gottes, Vater Staat, Mutter Natur: denkt über diese Begriffe nach! In welcher Weise können wir uns als Geschwister sehen? Welches Verhalten wird von uns erwartet?

2.
Denkt über den indianischen Begriff »Mutter Erde« nach und informiert euch über die indianische Einstellung zur Natur! Können wir davon lernen? Wieso? (Seht euch den amerikanischen Film »Der mit dem Wolf tanzt« an!)

meinen Rat befolgst und tust, was ich dir auftrage, wirst du mich nie vermissen.« Darauf führte sie den jungen Krieger an eine Stelle am Fluss. Hier stand das gelbe vorjährige Gras hüfthoch. »Lege Feuer an und brenne das Gras ab«, befahl sie, »frage nicht nach dem Grunde, du wirst schon sehen.«
So tat der junge Krieger ihr den Gefallen und legte einen Feuerbrand an jene Stelle. Bald stoben die Funken himmelhoch und knatternd fraß sich das Feuer durch die Lichtung. Alsbald war von dem Gras nur noch die Asche übrig. Da sprach die Alte wiederum: »Nimm mich bei den Haaren und schleife mich kreuz und quer über die verbrannte Erde. Überall dort, wohin du mich schleifst, wird neues Gras aus dem Boden schießen, zwischen den Blättern aber wirst du mein Haar hervorschauen sehen. Wenn das der Fall ist, dann ist der Samen reif. Das ist das Geheimnis der Speise, deretwegen du so weit gewandert bist.«
Der Krieger machte sich sogleich an die Arbeit und schleppte die Alte an den Haaren über die Lichtung. Kreuz und quer ging der Weg, bis auch nicht ein Stückchen des Bodens unberührt geblieben war. Kaum hatte er seine Arbeit beendet, da war die Frau aus seinen Händen verschwunden. Langsam ging er zum Feuer zurück und überdachte das Erlebnis.
Als der junge Krieger am nächsten Morgen wieder auf die Lichtung trat, stand dort ein seltsames Gras, das ihm bis über den Kopf reichte. Überall zwischen den Blättern aber sah er ein Stückchen von dem Haar der alten Frau. Bis zum heutigen Tage tragen die Maiskolben am oberen Ende einen Haarschopf und die Indianer wissen, dass die Maismutter sie nicht vergessen hat.

3.
In welcher Weise sorgt die Maismutter im Mythos für die Menschen? Wie sorgen die Menschen für sie? (Wer sorgt zuerst?)

4.
Überlege, wie »Mutter Natur« für uns sorgt! Weshalb könnten wir ohne sie nicht leben? Wie sorgen wir für sie?

5.
Welche Einzelheiten werden im folgenden »Hindu-Preislied an Mutter Erde« erwähnt? Wie steht ihr dazu?
(Der Hinduismus kennt keinen grundsätzlichen Unterschied zwischen Menschen, Tieren und Pflanzen an, alle Lebewesen haben eine göttliche Seele.)

Hindu-Preislied an die Mutter Erde

4.9

Schneebedeckt sind deine Berge und Gebirge, dein Wald, o Erde, soll einladend sein. Die braune, schwarze, rote allfarbige feste Erde, die Indrabeschützte, auf ihr stehe ich unberaubt, ungeschlagen, unverwundet (11).
Aus dir entstanden wandeln die Sterblichen auf dir, du trägst Zweifüßler und Vierfüßler; dein sind, o Erde, diese fünf Menschengeschlechter, die sterblichen, über denen aufgehend die Sonne mit ihren Strahlen das ewige Licht ausspannt (15). Die allgebärende Mutter der Pflanzen, die feste Erde, durch ihren Halt gehaltene, die freundliche, einladende, auf ihr möchten wir immerdar wandeln (17).
Groß bist du, ein großer Sammelplatz geworden, groß ist dein Stoß, dein Zittern und Beben. Der große Indra soll dich ohne Unterlass schützen (18).
Auf der Erde leben die sterblichen Menschen nach ihrem Eigengesetz von der Speise. Die Erde soll uns Odem und Leben verleihen, die Erde soll mich lange leben lassen (22).
Die Erde trägt viele Völker, die in verschiedenen Sprachen reden und je nach ihrer Heimat andere Gesetze haben, diese Erde soll mir in tausend Strahlen ihren Reichtum melken, wie eine stillhaltende Kuh, die nicht ausschlägt (45).
Unter deinen vielen von Menschen begangenen Wegen und Fahrstraßen für Wagen und Karren, auf welchen beide, Gute und Böse, wandeln, lass uns den feinde- und räuberfreien Weg gewinnen. Was Glück bringend ist, damit begnade uns (47)!
Wie ein Ross den Staub, so hat sie die Menschen, die die Erde bewohnen, abgeschüttelt, seit sie bestand, die entzückende, an der Spitze gehende, die Hüterin der Welt, die Bäume und Pflanzen festhält (57).
Mutter Erde, bring mich glücklich in eine gesicherte Lage, im Verein mit dem Himmel, o Weise, verhilf mir zu Glück und Gedeihen (63)!

4.10 Ernest Callenbach:
Das Verhältnis der Ökotopianer zur Natur

In Ernest Callenbachs utopischem Roman »Ökotopia« hat sich ein amerikanischer Staat abgespalten und nach ökologischen Prinzipien neu organisiert. Ein Reporter besucht die Ökotopianer und schickt Berichte an seine Zeitung, aus denen deutlich wird, dass er der neuen Lebensweise langsam verfällt und nicht zurückkehren wird ...

Jan Tomaschoff

Viele Ökotopianer haben eine sentimentale Vorliebe für Indianer, und in gewissem Sinne beneiden sie die Indianer um ihren einstigen natürlichen Lebensraum in der amerikanischen Wildnis. Wahrscheinlich ist das einer der Hauptmythen der Ökotopianer; immer wieder weisen sie darauf hin, was Indianer in einer bestimmten Situation tun würden und was nicht. Einige ökotopianische Erzeugnisse – Kleider, Körbe und persönliche Schmuckgegenstände – sind möglicherweise unmittelbar von der indianischen Tradition inspiriert. Ganz im Vordergrund aber steht der Wunsch, mit der Natur im Einklang zu leben, »leichten Fußes über das Land zu schreiten«, die Erde wie eine Mutter zu behandeln. Kein Wunder angesichts solcher Grundsätze, dass man den meisten industriellen Prozessen, Arbeitsprogrammen und Produkten mit Misstrauen begegnet! Wer wird schon mit einer Planierraupe auf seine eigene Mutter losgehen?

Aus unerfindlichen Gründen fühlen sich die Ökotopianer von ihrer Technik nicht »getrennt«. Sie empfinden offenbar ein wenig so wie einst die Indianer: dass alles, Pferd, Tipi, Pfeil und Bogen, genauso wie der Mensch organisch dem Schoß der Natur entsprungen ist. Selbstverständlich verarbeiten die Ökotopianer natürliche Materialien in einer weitaus umfassenderen und komplexeren Weise, als die Indianer es bei der Herstellung von Pfeilspitzen aus Stein oder von Tipis aus Häuten taten. Aber sie gehen mit den Materialien im gleichen Geist des Respekts und der Kameradschaft um. Neulich bin ich stehen geblieben, um einigen Zimmerleuten bei der Arbeit an einem Haus zuzusehen. Liebevoll markierten und zersägten sie das Holz (nicht mit der Motorsäge wie bei uns, sondern unter Einsatz ihrer Muskelkraft). Die Nagelmuster waren, wie ich feststellen konnte, wunderschön gesetzt, und der Rhythmus ihrer Hammerschläge wirkte ruhig, fast gelassen. Wenn sie Holzteile einfügten, hoben sie sie vorsichtig in die richtige Position und passten sie genau ein (viele Verbindungsstücke werden sowohl vernutet als auch vernagelt). Sie schienen fast mit dem Holz zusammenzuarbeiten, anstatt es in die Form eines Hauses zu zwingen.

1. **Weshalb spielen indianische Vorstellungen bei den Ökotopianern ein besondere Rolle? (Vgl. auch 4.9!)**

2. **Welche Beziehung zur Natur hast du selber? Möchtest du eine andere haben?**

3. **Welches Verhältnis haben die Ökotopianer zu ihrer Technik? Weshalb? Denkt über euer Verhältnis zu Natur und Technik nach.**

Jostein Gaarder:
Die Menschheit als Familie

»Ja, die französischen Aufklärungsphilosophen haben sich nicht mit theoretischen Ansichten über den Platz des Menschen in der Gesellschaft begnügt. Sie kämpften aktiv für das, was sie als die ›natürlichen Rechte‹ der Bürger bezeichneten. Vor allem ging es um den Kampf gegen die Zensur – also für die Pressefreiheit. In Bezug auf Religion, Moral und Politik musste dem Einzelnen das Recht gesichert werden, frei zu denken und seine Ansichten auch zum Ausdruck zu bringen. Außerdem wurde gegen die Skaverei und für eine humanere Behandlung von Gesetzesbrechern gekämpft.«

»Ich glaube, ich könnte fast allem zustimmen.«

»Das Prinzip der ›Unverletzlichkeit des Einzelnen‹ schlug sich schließlich in der ›Erklärung der Menschen- und Bürgerrechte‹ nieder, die im Jahre 1789 von der französischen Nationalversammlung verabschiedet wurde. Diese Erklärung der Menschenrechte war eine wichtige Grundlage für unsere eigene norwegische Verfassung von 1814.«

»Aber noch immer müssen viele Menschen für diese Rechte kämpfen.«

»Ja, leider. Aber die Aufklärungsphilosophen wollten bestimmte Gesetze festlegen, die alle Menschen einfach deshalb haben, weil sie als Menschen geboren sind. Das verstanden sie unter ›natürlichen‹ Rechten. Wir sprechen immer noch vom ›Naturrecht‹, das den offiziellen Gesetzen irgendeines Landes durchaus widersprechen kann. Noch immer erleben wir, dass sich Einzelindividuen – oder ganze Bevölkerungsgruppen – auf diese ›natürlichen Rechte‹ berufen, wenn sie sich gegen Rechtlosigkeit, Unfreiheit und Unterdrückung wehren.«

Alberto hatte sich einfach abgewandt.

»Lass uns reingehen«, sagte er.

Und beide standen auf und gingen in die Hütte.

Sofie trat vor die Bilder von Berkeley und Bjerkely.

Zwischen den Bildern hing jetzt eine Stickerei: FREIHEIT, GLEICHHEIT, BRÜDERLICHKEIT stand darauf.

Sofie drehte sich zu Alberto um.

»Hast du das da aufgehängt?«

Er schüttelte nur mit einer traurigen Grimasse den Kopf.

Jetzt entdeckte Sofie einen Briefumschlag auf dem Kaminsims.

»Für Hilde und Sofie« stand darauf. Sofie wusste sofort, wer der Absender war.

Sie öffnete den Briefumschlag und las laut vor:

Ihr Lieben! Sofies Philosophielehrer hatte noch betonen sollen, wie wichtig die französische Aufklärungsphilosophie für die Ideale und Prinzipien war, auf denen die UNO aufbaut. Vor zweihundert Jahren half das Schlagwort ›Freiheit, Gleichheit, Brüderlichkeit‹ das französische Bürgertum zusammenzuschweißen. Heute müssen diese Worte die ganze Welt miteinander verbinden. Wie nie zuvor ist heute die Menschheit eine große Familie. Unsere Nachkommen sind unsere eigenen Kinder und Kindeskinder. Was für eine Welt erben sie von uns?

Jury Loroljow: »Weltraumbrüder«, 1980

1. *Sofie erhält eine Philosophie-Lektion zur französischen Aufklärung. (Schlagt auch in einem Jugendlexikon nach!)* **Welche Prinzipien waren hier wichtig?**

2. **Weshalb ist die Menschheit – wie nie zuvor – eine große Familie?**

3. **Informiere dich über die Arbeit der UNO und ihre Bedeutung! Welche Rolle spielt dabei der Begriff »Brüderlichkeit« ?**

4.12 Marianne Birthler:
Das Pinguin-Spiel – Die Scholle ist voll

Benötigt wird eine Rolle Tapetenpapier. Diese wird zu Beginn der Veranstaltung in 2 bis 3 Meter lange Streifen gerissen und auf dem Boden zu einer Eisscholle zusammengelegt.
Alle Leute nehmen dann auf der Eisscholle Platz und merken schon bald, dass sie sich auf hoher See wärmeren Gefilden nähern. Denn eh' sich jemand versieht, hat die Sonne (das bist du natürlich) überstehende Ecken und Zacken des Eisberges abgeschmolzen und abgerissen. Es wird eng. Was passiert nun? Klettern die Leute aufeinander, ärgern sie sich? Stoßen sie sich herunter, setzt sich der Stärkste durch? Wehren sie sich gemeinsam gegen die Sonne …

1. Spielt das Spiel mit mehreren Möglichkeiten (in verschiedenen Gruppen)! Diskutiert über die verschiedenen Ideen!
2. Stellt euch vor, neue Pinguine, die im Eismeer frieren, wollen sich auf eurer Scholle sonnen. Es ist aber kein Platz da. Was geschieht? Spielt wieder mehrere Möglichkeiten durch!
3. Informiert euch über Zuwanderungsbestimmungen der einzelnen Länder! Wer ist »Asylant« und darf bleiben? Wer wird zurückgeschickt und aus welchen Gründen?
4. Versucht euch mit Hilfe von Fallbeispielen (sammelt Zeitungsartikel) in Notsituationen einzufühlen! Wie könnt ihr helfen?

4.13 Arthur Schopenhauer:
Die Stachelschweine

1. **Welches Bedürfnis haben Schopenhauers Stachelschweine, welche Hindernisse stehen dem entgegen?**

2. **Kannst du die Parabel auf die Gesellschaft übertragen?**

Eine Gesellschaft Stachelschweine drängt sich, an einem kalten Wintertage, recht nahe zusammen, um, durch die gegenseitige Wärme, sich vor dem Erfrieren zu schützen. Jedoch bald empfanden sie die gegenseitigen Stachel; welches sie dann wieder voneinander entfernte. Wann nun das Bedürfnis der Erwärmung sie wieder näher zusammenbrachte, wiederholte sich jenes zweite Übel; sodass sie zwischen beiden Leiden hin- und hergeworfen wurden, bis sie eine mäßige Entfernung voneinander herausgefunden hatten, in der sie es am besten aushalten konnten. – So treibt das Bedürfnis der Gesellschaft, aus der Leere und Monotonie des eigenen Innern entsprungen, die Menschen zueinander; aber ihre vielen widerwärtigen Eigenschaften und unerträglichen Fehler stoßen sie wieder voneinander ab. Die mittlere Entfernung, die sie endlich herausfinden, und bei welcher ein Beisammensein bestehn kann, ist die Höflichkeit und feine Sitte. Dem, der sich nicht in dieser Entfernung hält, ruft man in England zu: keep your distance! – Vermöge derselben wird zwar das Bedürfnis gegenseitiger Erwärmung nur unvollkommen befriedigt, dafür aber der Stich der Stacheln nicht empfunden. – Wer jedoch viel eigene, innere Wärme hat, bleibt lieber aus der Gesellschaft weg, um keine Beschwerde zu geben noch zu empfangen.

3.
Welche Vorteile, welche Nachteile hat die »Distanz« zwischen den Menschen? Wie bewertest du sie? Wie könnte man die Gemeinschaft verbessern und mehr Wärme erzeugen?

4.
Informiere dich über die Vorschläge des Kommunitarismus! Sucht nach Wegen, sie für eure Schulgemeinschaft umzusetzen!

George Orwell:
Der große Bruder und die Hass-Sendung

4.14

George Orwells berühmter Roman »1984« (geschrieben 1949) zeichnet das Schreckensbild einer Diktatur, in der die Menschen überall von Monitoren beobachtet werden. In diesem totalen Überwachungsstaat ist der »Große Bruder« überall zugegen.
Die Einheitspartei will den totalen Einsatz ihrer Mitglieder, daher sind persönliche Beziehungen, die nicht der Erzeugung von Nachwuchs dienen, verboten und werden verfolgt.
Zur inneren Einheit ist ein Feind von außen nötig, der alle Aktionen des »Großen Bruders« rechtfertigt. Winston ist Angestellter im Wahrheitsministerium und verliebt sich in eine Parteigenossin ...

Die Hass-Sendung hatte begonnen. Wie gewöhnlich war das Gesicht Immanuel Goldsteins, des Volksfeinds, auf dem Sehschirm erschienen. Da und dort im Zuschauerraum wurde gezischt. Die kleine aschblonde Frau stieß ein aus Furcht und Abscheu gemischtes Quieken hervor. Goldstein war der große Abtrünnige, der früher einmal, vor langer Zeit (wie lange Zeit es eigentlich war, daran erinnerte sich niemand mehr genau), einer der führenden Männer der Partei gewesen war und fast auf einer Stufe mit dem Großen Bruder selbst gestanden hatte, um dann mit konterrevolutionären Machenschaften zu beginnen, zum Tode verurteilt zu werden und auf geheimnisvolle Weise zu verschwinden. Die Programme der *Zwei-Minuten-Hass-Sendung* wechselten von Tag zu Tag, aber es gab keines, in dem nicht Goldstein die Hauptrolle gespielt hätte. Er war der erste Verräter, der früheste Beschmutzer der Reinheit der Partei. Alle später gegen die Partei gerichteten Verbrechen, alle Verrätereien, Sabotageakte, Ketzereien, Abweichungen gingen unmittelbar auf seine Irrlehren zurück. Irgendwo lebte er noch und schmiedete seine Ränke: vielleicht irgendwo jenseits des Meeres, unter dem Schutz seiner ausländischen Geldgeber, vielleicht sogar – wie gelegentlich gemunkelt wurde – in einem Versteck in Ozeanien selbst.
Winstons Zwerchfell zog sich zusammen. Nie konnte er das Gesicht Goldsteins sehen, ohne in einen schmerzlichen Widerstreit der Gefühle zu geraten. Es war ein mageres jüdisches Gesicht mit einem breiten, wirren Kranz weißer Haare und einem Ziegenbärtchen – ein kluges und doch irgendwie eigentümlich verächtliches Gesicht, dessen lange dünne Nase, auf deren Ende eine Brille saß, eine Art seniler Blödheit auszustrahlen schien. Es ähnelte einem Schafsgesicht, und auch die Stimme hatte etwas Schafsmäßiges.

Goldstein ließ seinen üblichen giftigen Angriff gegen die Lehren der Partei vom Stapel.

Er schmähte den Großen Bruder, klagte die Diktatur der Partei an, forderte sofortigen Friedensschluss mit Eurasien, trat für Rede-, Presse-, Versammlungs- und Gedankenfreiheit ein, schrie hysterisch, die Revolution sei verraten worden.

Und die ganze Zeit marschierten, für den Fall, dass man noch im geringsten Zweifel sein könnte, was sich in Wahrheit hinter Goldsteins widerlicher Phrasendrescherei verbarg, hinter seinem Kopf auf dem Schirm des Televisors die endlosen Kolonnen der eurasischen Armee vorbei – endlose Reihen kräftig aussehender Männer mit ausdruckslosen asiatischen Gesichtern, die an die Oberfläche des Sehschirms heranbrandeten und wieder zerflossen, um von anderen, genau gleichen, abgelöst zu werden. Der sture rhythmische Marschtritt der Soldatenstiefel bildete die Geräuschkulisse, von der Goldsteins blökende Stimme sich abhob.

1.
Wie erreicht der Große Bruder, der Herrscher in George Orwells utopischem Roman, die Solidarität seiner Untertanen? Ist er »brüderlich«? Seht euch den Film »1984« an und diskutiert darüber! Was haltet ihr vom totalen Überwachungsstaat und einer Gedankenpolizei?

Ehe die Hassovation dreißig Sekunden gedauert hatte, brachen von den Lippen der Hälfte der im Raum versammelten Menschen unbeherrschte Wutschreie. Das selbstzufriedene Schafsgesicht auf dem Sehschirm und die erschreckende Wucht der dahinter vorbeiziehenden eurasischen Armee waren einfach zu viel: außerdem weckte der Anblick oder auch nur der Gedanke an Goldstein schon automatisch Angst und Zorn. Er war ein dauerhafteres Hassobjekt als Eurasien oder Ostasien.

Immer wieder warteten neue Opfer darauf, von ihm verführt zu werden. Nie verging ein Tag, an dem nicht nach seinen Weisungen tätige Spione und Saboteure von der Gedanken-polizei entlarvt wurden. Er war der Befehlshaber einer großen Schatten-Armee, eines Untergrund-Verschwörernetzes, das sich den Sturz der Regierung zum Ziel setzte. Der Name der Organisation sei *»Die Brüderschaft«,* so hieß es. Auch flüsterte man von einem schrecklichen Buch, einer Zusammenfassung aller Irrlehren, dessen Verfasser Goldstein war und das heimlich da und dort zirkulierte. Es war ein Buch ohne Titel. Die Leute sprachen davon, wenn überhaupt, einfach als von *»dem Buch«.* Aber man wusste von derlei Dingen nur durch vage Gerüchte. Weder *»Die Brüderschaft«* noch *»das Buch«* wurde, wenn es sich vermeiden ließ, von einem gewöhnlichen Parteimitglied erwähnt.

Filmszene aus »1984«

In der zweiten Minute steigerte sich die Hassovation zur Raserei. Die Menschen sprangen von ihren Sitzen auf und schrien mit vollem Stimmaufwand, um die zum Wahnsinn treibende Blökstimme, die aus dem Televisor kam, zu übertönen.

2.
Welche Rolle spielt der Staatsfeind Goldstein in der Hass-Sendung? Welche Rolle die Organisation »Die Brüderschaft«? Welche »Brüderschaften« kennst du? Verhalten sie sich im Sinne ihres Namens?

Sogar O'Briens großes Gesicht war gerötet. Er saß sehr gerade aufgerichtet auf seinem Stuhl, seine mächtige Brust hob und senkte sich, als stemme er sich dem Anprall einer Woge entgegen. Das dunkelhaarige Mädchen hinter Winston hatte angefangen »Schwein! Schwein! Schwein!« hinauszuschreien und ergriff plötzlich ein schweres Wörterbuch der Neusprache und schleuderte es gegen den Sehschirm. Es traf Goldsteins Nase und prallte von ihm ab; die Stimme redete unerbittlich weiter. In einem lichten Augenblick ertappte sich Winston, wie er mit den anderen schrie und trampelte. Das Schreckliche an der *Zwei-Minuten-Hass-Sendung* war nicht, dass man gezwungen wurde mitzumachen, sondern im Gegenteil, dass es unmöglich war, sich ihrer Wirkung zu entziehen. Eine schreckliche Ekstase der Angst und Rachsucht, das Verlangen zu töten, zu foltern, Gesichter mit einem Vorschlaghammer zu zertrümmern, schien die ganze Versammlung wie ein elektrischer Strom zu durchfluten, sodass man gegen seinen Willen in einen Grimassen schneidenden, schreienden Verrückten verwandelt wurde. Und doch war der Zorn, den man empfand, eine abstrakte, ziellose Regung, die wie der Schein einer Blendlaterne von einem Gegenstand auf den anderen gerichtet werden konnte. So war für einen Augenblick der Hass Winstons durchaus nicht gegen Goldstein gerichtet, sondern im Gegenteil gegen den Großen Bruder, gegen die Partei und die Gedankenpolizei. Und in solchen Augenblicken schwoll sein Herz über für den einsamen, verachteten Abtrünnigen auf dem Sehschirm, diesen einzigen Verfechter von Wahrheit und Vernunft in einer Welt der Lügen. Und doch fühlte er sich im nächsten Augenblick wieder eins mit den ihn umgebenden Menschen, und alle Behauptungen über Goldstein schienen ihm wahr. In solchen Augenblicken verwandelte sich seine geheime Abneigung gegen den Großen Bruder in Verehrung, und der Große Bruder schien dazustehen als ein unbesieglicher, furchtloser Beschützer, der sich wie ein Felsen gegen die anbrandenden asiatischen Horden stemmte, während Goldstein ihm trotz seiner Vereinsamung, seiner Hilflosigkeit und der Zweifel, die sich allein schon an sein tatsächliches Vorhandensein knüpften, wie ein unheilvoller Betörer vorkam, der es lediglich durch die Macht seiner Stimme fertig brachte, die Fundamente der Zivilisation zu zerstören.

Die Hasswelle erreichte ihren Höhepunkt. Goldsteins Stimme war tatsächlich zu einem Blöken geworden, und einen Augenblick lang verwandelte sich sein Gesicht in das eines Schafes. Dann blendete das Schafsgesicht in die Gestalt eines eurasischen Soldaten über, der riesig und furchtbar mit ratternder Maschinenpistole auf den Besucher zuzuschreiten und aus der Fläche des Sehschirms herauszuspringen schien, sodass manche der Zuschauer in der ersten Reihe auf ihren Sitzen zurückprallten. Aber im gleichen Augenblick während jedem Munde ein tiefer Seufzer der Erleichterung entfuhr, zerschmolz die feindliche Gestalt in das Gesicht des Großen Bruders mit seinen dunklen Haaren und seinem Schnurrbart, das Macht und geheimnisvolle Ruhe ausstrahlte und mit seiner riesigen Größe fast den ganzen Sehschirm ausfüllte. Niemand verstand, was der Große Bruder sagte. Es waren nur ein paar Worte der Ermutigung, Worte, wie sie im Kampflärm einer Schlacht ausgestoßen werden, nicht im Einzelnen unterscheidbar, die aber einfach dadurch, dass sie ausgesprochen werden, die Zuversicht wiederherstellen.

3.
Wie verhält sich der Beamte Winston während der Hass-Sendung, welche Beobachtungen macht er an sich und an den anderen? Denkt in diesem Zusammenhang auch über das Lied »Neandertal« der Gruppe EAV (S. 126) nach! Was wird ironisch als »gute alte Zeit« bezeichnet? Könnt ihr die Behauptungen des Liedes billigen?

4.
Denkt über Politpropaganda und ihre Stilformen nach! Welche Formen akzeptiert ihr, welche nicht? Stellt einen Katalog mit Wahlkampfverboten auf!

5.
Betrachte unten stehendes Bild der »Weltraumbrüder«, die sich gegen die »Blauen« verbündet haben. Brauchen Menschen einen Feind? Begründe deine Antwort!

ERSTE ALLGEMEINE VERUNSICHERUNG: NEANDERTAL

Am Anfang lebte der Mensch im Baum,
doch verändert hat er sich seit damals kaum.
Er geht zwar aufrecht und fliegt ins All,
doch er ist immer noch im Neandertal.
Der Mensch von heute, der telefaxt,
sein Opel Manta ist frisch gewachst,
doch gibt es irgendwo ein Problem,
benimmt er sich wie ehedem.
Im prähistorischen Rachewahn
heißt es Auge um Auge und Zahn um Zahn.
Und bist du nicht willig, schon gibt es Krawall,
und schon sind wir wieder im Neandertal.
Willkommen im Neandertal, willkommen, willkommen!
Willkommen im Neandertal, der Yeti haut den Rübezahl.
Seit Menschengedenken wird emsig aufgebaut,
damit man' s nachher wieder niederhaut.

Denn aus Blut und Schutt und nach jedem Krieg
die Wirtschaft wie Phönix aus der Asche stieg.
Humanismus und menschliche Ethik
bringen keine Kohle, drum ham wirs auch nicht nötig.
Sokrates, Plato, Hegel und Kant
waren an der Börse stets unbekannt.
Voll Bedauern sieht der Homo sapiens
Das Schicksal der Kurden Arabiens
im TV, ganz genau, doch keiner mischt sich ein:
Ich fürchte, da dürfte kein Erdöl sein.
Willkommen im Neandertal, willkommen, willkommen!
Willkommen im Neandertal, der Yeti haut, und noch einmal!

Das zweite Jahrtausend geht zu Ende,
die Mauern sind gefallen, jetzt hamma unsre Wende.
Europa ist frei, Europa wird neu,
nur am Balkan gibts grad a kleine Keilerei.
Auch Zucht und Ordnung kehren wieder ein,
und in Deutschland brennt ein Ausländerheim.
Trotz Mikrochip und Megabyte:
Wir sind wieder in der guten alten Zeit.
Willkommen im Neandertal, willkommen, zum letzten Mal!
Willkommen im Neandertal, wo ich dir einen auf die Rübe knall.
Willkommen im Neandertal, willkommen, willkommen!
Willkommen im Neandertal, es sei denn, du bist in der Überzahl.
Willkommen im Neandertal, willkommen, willkommen ...

Vladimir Wladov

Durch Toleranz zum Frieden? 5

Europa wächst zusammen, und vielen von uns sind durch Reisen und Aufenthalten in anderen Ländern Kultur- und Lebensformen dieser Länder vertraut. Auch verbindet uns ein gemeinsames europäisches Erbe. Doch immer noch gibt es Vorurteile und Vorbehalte, zum Beispiel auch denjenigen gegenüber, die aus anderen Erdteilen in unser Land kommen, weil wir zuwenig von einander wissen. Offene Grenzen sind wie offene Haustüren: Sie laden zur Besichtigung, zum Besuch und auch zum Bleiben ein. So leben inzwischen in vielen Ländern dieser Erde, nicht nur Europas, Menschen unterschiedlicher Sprache, Rasse, Nationalität, Religion und Kultur zusammen. Deshalb spricht man auch von multikultureller Gesellschaft. Offene Türen verpflichten zu mehr Gastfreundschaft und tragfähiger Nachbarschaft. Für den einzelnen Menschen ist das oft ein schwieriger Lernprozess. Denn so unterschiedlich wie die Gründe für das Verlassen der Heimat, das Niederlassen in einem anderen Land sind, so unterschiedlich sind auch die vorgefundenen Bedingungen in dem Land, das zur neuen Heimat werden soll.

Ein friedliches Zusammenleben verschiedener Nationalitäten und Kulturen im Alltag ist oft schwierig, weil wir auch heute immer noch viel zu wenig von anderen Kulturen und Religionen wissen und uns das tiefere Verständnis fehlt. Deshalb müssen wir lernen, uns besser zu dulden; daher kommt das Wort Toleranz (*tolerare* lat. = dulden). Während dies früher ein Gebot zwischen Kirche und Staat war, versteht man heute darunter das gegenseitige Geltenlassen unterschiedlicher Weltanschauungen, Sitten und Gewohnheiten. Auch wenn uns das Andersartige fremd ist, so können wir uns doch um Brücken zueinander bemühen, wie es die Popgruppe PUR formuliert, und verschiedene Lebenswelten akzeptieren und billigen lernen. Im Buddhismus gibt es z. B. das Gebot des unbedingten Wohlwollens gegenüber jedermann, und davon können wir lernen.

Welche Chancen haben wir sonst gegen die ewigen Kriege, mit denen nicht nur unser Lebensraum, sondern auch unsere Zukunft bedroht ist? Zwar hat man noch zu keiner Zeit so intensiv über Wege zum Frieden nachgedacht wie in unserer. Zugleich aber war die Gefahr einer totalen Vernichtung des Planeten Erde durch Kriege noch nie so groß wie in unserer Zeit. Ein Warnsignal dafür war der Rückzug der irakischen Armee aus Kuweit, die brennende Ölquellen hinterließ. Die giftigen Dämpfe belasteten die gesamte Erdatmosphäre.

Mit einem Friedensschluss und Absichtserklärungen der Regierungen ist es nicht getan; kaum sind die »Feuer« des einen Krisenherdes gelöscht, züngeln die »Flammen des Krieges« an anderer Stelle schon wieder gefährlich hoch.

Kaum hatte der israelische Premierminister Jitzhak Rabin den Friedensschluss 1995 mit dem Palästinenserführer Jassir Arafat unterzeichnet und vielen Menschen Hoffnung auf eine bessere Zukunft gemacht, starb er durch die Kugel eines israelischen Extremisten.

Doch die meisten Menschen dieser Welt wollen in Frieden leben. Ihn zu stiften, kann also nicht nur die Sache von Politikern und Diplomaten, also von »Spezialisten« sein. Jeder Einzelne kann sich bemühen, ein Klima, in dem kein Fanatismus gedeihen kann, zu schaffen. Auch wenn die Spur von Hass, Aggression und Gewalt sich wie ein roter Faden durch die Geschichte zieht, dürfen wir nicht resignieren und unsere Hoffnungen auf eine gerechtere

Historischer Händedruck von Jassir Arafat und Jitzhak Rabin im Beisein des US-Präsidenten Bill Clinton am 13. 9. 1995

friedlichere Welt aufgeben. Es hat immer auch friedlichere Zeiten gegeben, in denen humanistische Ideale tonangebend waren. Es liegt an uns allen! Nachdenklichkeit über die Folgen unseres Handelns kann helfen, ebenso wie ein besseres Verständnis füreinander, um Wege eines friedlichen Zusammenlebens zu finden. Mehr Freiheit – in Verantwortung –, mehr soziale Gerechtigkeit, mehr »Brüderlichkeit«, mehr Toleranz könnten Konfliktursachen beseitigen helfen und mehr Frieden möglich machen.

Der Philosoph Baruch de Spinoza sieht im Frieden den Zweck jedes Staates, und auch der englische Philosoph Thomas Hobbes, der den Bürgerkrieg unter Oliver Cromwell erlebt hat, ist der Meinung, dass aus Krieg nie etwas Gutes entstehen kann, dass er immer nur vernichtet. Wir haben eine Verantwortung uns selbst gegenüber und auch gegenüber der Gesellschaft. Carl Friedrich v. Weizsäcker macht das deutlich, wenn er von »Bedingungen des Friedens« spricht: Der Weltfriede erfordert von uns – und zwar von uns allen – eine außergewöhnliche moralische Anstrengung, eine »Ethik des Lebens« in einer technischen Welt und auch in unserem Alltag.

Dieser Weltfriede darf – angesichts der Gefährlichkeit unserer heutigen Waffen – nicht dem Zufall überlassen werden, er darf kein bloßes utopisches Ideal bleiben, damit unsere Welt lebenswert bleibt bzw. es wird.

John Locke:
Ein Brief über Toleranz

Keine Privatperson hat in irgendeiner Weise ein Recht, eine andere Person im Genuss ihrer bürgerlichen Rechte zu benachteiligen, weil diese zu einer anderen Kirche oder Religion gehört. Alle Rechte und Freiheiten, die ihm als Menschen oder Bürger zustehen, müssen ihm unverletzlich erhalten bleiben. Diese gehören nicht zu den Angelegenheiten der Religion. Keine Gewalt, kein Unrecht darf ihm angetan werden, er sei Christ oder Heide. Ja wahrhaftig, wir dürfen uns nicht mit den engen Maßen bloßer Gerechtigkeit begnügen: Barmherzigkeit, Güte und Freigiebigkeit muss hinzukommen. Das schärft uns das Evangelium ein, befiehlt uns die Vernunft und fordert jene natürliche Brüderlichkeit von uns, in die wir hineingeboren sind. Was ich über die wechselseitige Duldung von Privatpersonen sage, die voneinander in der Religion abweichen, versteht sich auch für einzelne Kirchen, die in vergleichsweise demselben Verhältnis zueinander stehen wie Privatpersonen ... Es ist das ursprüngliche und unabänderliche Recht einer aus freier Regung entstandenen Gemeinschaft, dass sie die Macht hat, jedes ihrer Mitglieder auszuschließen, das die Regeln ihrer Stiftung verletzt: aber sie kann durch den Beitritt von neuen Mitgliedern keinerlei Rechtsgewalt über die erwerben, die nicht zu ihr gehören. Und daher müssen die Regeln von Frieden, Billigkeit und Freundschaft jederzeit von den einzelnen Kirchen ebenso wohl wie von einzelnen Personen wechselseitig beachtet werden.

Denn jede Kirche ist in ihren eigenen Augen rechtgläubig, in denen der anderen im Irrtum und ketzerisch. Denn was auch eine Kirche glaubt, davon glaubt sie, dass es wahr ist, und das diesem Entgegengesetzte erklärt sie für Irrtum. Die Entscheidung dieser Frage steht nur dem obersten Richter über alle

Ethnische Reinigung (Chicago Tribune)

5.1.

1.
Weshalb reicht Gerechtigkeit für John Locke nicht aus? Was muss hinzukommen, und weshalb?

2.
Welche drei verschiedenen Formen von Toleranz hält er für wichtig? Kannst du diesen Toleranzbegriff noch ausweiten?

3.
Welches Beispiel gibt Locke für fehlende Toleranz christlicher Kirchen? Welche hat es in der Vergangenheit gegeben? Wie beurteilst du sie?

4.
Wie kann man nach Locke Zwietracht und Krieg, Hass, Raub und Mord mindern? Wie können Frieden, Sicherheit und Freundschaft möglich werden?

5.
Informiert euch über Toleranzvorstellungen im Islam, im Hinduismus und im Buddhismus!

6.
Lest die Ringparabel in Gotthold E. Lessings Drama »Nathan der Weise« (3. Akt, 7. Aufzug)!
Sie verdeutlicht gleichnishaft, dass verschiedene Weltreligionen auf verschiedenen Wegen zu Gott unterwegs sind und sich durch ihr Tun des gemeinsamen Vaters würdig erweisen müssen.
Diskutiert über dieses Gleichnis! Welche Bedeutung hat der Ring? Wie müssen sich die Weltreligionen eurer Ansicht nach untereinander verhalten? Welche praktischen Wege gibt es dafür? Bezieht auch John St. Mills Auffassung von Wahrheit mit ein. (Vgl. 2.15!)

Menschen zu, dem auch allein die Bestrafung der Irrenden zusteht. Mittlerweile mögen diese Menschen sich Rechenschaft geben, wie hässlich sie sündigen, indem sie, wenn nicht ihren Irrtum, so doch sicher ihren Hochmut durch Ungerechtigkeit vergrößern und es vorschnell und anmaßend auf sich nehmen, die Diener eines anderen Herrn zu misshandeln, die ihnen gar nicht verantwortlich sind.

ETHNISCHE SÄUBERUNG

Mit ungläubigem Entsetzen reagiert die westliche Welt auf die Gräuel des Balkan-Krieges. Vergewaltigungen, Grausamkeiten, Demütigungen, welche Menschen zugefügt werden, weil sie einem anderen Volk oder einer anderen Religion angehören, wurden lange als Exzesse bezeichnet, die in Kriegen vorkommen, schon immer vorgekommen sind. Erst die ethnischen Säuberungen, welche Serben zuerst in Kroatien betrieben und dann in großem Umfang in Bosnien-Herzegowina, haben die Aufmerksamkeit darauf gelenkt, dass es nicht um »Auswüchse« geht, sondern ein Konzept verwirklicht wird, ein Programm. In ihrem Buch »Le nettoyage ethnique« (Documents historiques sur une ideologie de serbe. Fayard, Paris 1993. 340 Seiten), haben Mirko Grmos, Mark Gjidara und Neven Simac Dokumente zusammengetragen, ins Französische übersetzt und kommentiert, die zeigen, dass die großserbische Ideologie und in deren Konsequenz ethnische Säuberungen bis in die Anfänge der serbischen Aufstandsbewegung gegen die osmanische Herrschaft zu verfolgen sind.

Frankfurter Allgemeine Zeitung vom 27. 7. 1993

Niemand also, um abzuschließen, weder einzelne Personen noch Kirchen, ja nicht einmal staatliche Gemeinschaften haben einen Rechtstitel, in ihre gegenseitigen bürgerlichen Rechte und weltlichen Güter auf Grund von religiösen Ansprüchen einzugreifen. Die, die anderer Meinung sind, täten gut, sich Gedanken darüber zu machen, mit welch einer verderblichen Saat von Zwietracht und Krieg, was für einer gewaltigen Herausforderung zu endlosem Hasse, Raub und Mord sie dadurch die Menschheit ausstatten. Keinerlei Friede oder Sicherheit, ja nicht einmal so viel wie gewöhnliche Freundschaft kann jemals zwischen Menschen begründet oder bewahrt werden, solange die Meinung herrscht, dass Gnade ein Herrschaftsrecht verleiht und dass die Religion durch die Gewalt der Waffen ausgebreitet werden muss.

Szene aus dem Musical-Film „Westside Story"

7.

Für Nikolaus von Kues (Bischof und Philosoph, 1401–64) war Gott das »Zusammenfallen der Gegensätze«. Von Georg W. F. Hegel (1770–1831) stammt der Ausspruch: »Das Wahre ist das Ganze.«
Diskutiert über diese Sätze und die Annäherungsversuche des Chicagoer »Parlaments der Weltreligionen«!

8.

Diskutiert den Zeitungsartikel über »ethnische Säuberung«. Welche Kriege sind durch religiöse Intoleranz entstanden? Welche durch andere Formen von Intoleranz? Bezieht die Karikatur auf S. 129 in eure Überlegungen mit ein. Was bedeuten die Grabsteininschriften (besonders die hinterste)? Was kann man tun?

9.

Seht euch das Musical »Westside Story« oder den gleichnamigen Film an. Wie gehen Puertorikaner und Amerikaner miteinander um. Welche Parallelen kennst du?

Gabriele Münnix:
Das Verstehen des Fremden

5.2

Eine kleine Maus und eine Schildkröte trafen in einem wunderschönen Garten aufeinander und erschraken zu Tode.

»Was für ein entsetzliches Wesen!«, dachte die Maus. »So plumpe Beine und einen Kopf ohne Schnurrbarthaare!« Ihr Schnurrbart war ihr ganzer Stolz. »Womit will es tasten? Und jetzt zieht es Kopf und Beine ein und sieht überhaupt nicht mehr wie ein Tier aus. Ist das überhaupt ein Tier? Eine gepanzerte Halbkugel scheint das zu sein! Und bewegt sich überhaupt nicht mehr! Seltsam …«

»Ach du lieber Schreck!«, sagte sich die Schildkröte und lugte vorsichtig durch den Spalt zwischen Panzer und Gras. Was ist denn das für ein Tier? Das ist ja so entsetzlich klein und schnell, und weggerannt ist es auch und beobachtet mich jetzt unter dem Busch hervor. Das hat ja gar keinen Panzer! Wohl Augen und Mund und Beine, aber so einen seltsamen langen dünnen Schwanz habe ich noch nie gesehen. Wofür der gut sein soll! Und dieses komische graue Fell! Das bietet ja überhaupt keinen Schutz. Da ist mir mein Panzer schon lieber. Der ist schön sicher. Man müsste eigentlich alle Tiere bedauern, die keinen haben …«

»Jetzt kommt der Kopf wieder etwas unter dem Panzer hervor!«, beobachtete die Maus. »Und es bewegt sich … Wie fürchterlich groß und langsam das Untier ist! Das ist bestimmt unglaublich dumm, wenn es schon mit den Beinen so langsam ist. Das ist ja nicht zu ertragen! Und immer in der prallen Sonne. Das macht doch müde! Na, wer sich Faulheit leisten kann … Ich kann mir das nicht leisten; immer kann von oben ein Mäusebussard kommen, den ich zu spät sehen könnte. Aber das Ding ist ja auch gar nicht attraktiv genug für Bussarde, daran würden sie sich bloß den Schnabel verbiegen. Ich bin wertvoll und muss immer auf der Hut sein, denn meine Jungen brauchen mich. Das Ding da wird bestimmt von niemandem gebraucht …«

»Jetzt frisst das graue Tier auch noch ein Stück Käse«, stellte die Schildkröte zu ihrem Entsetzen fest. »Wie ekelhaft! Da lob ich mir meine Schnecken und Würmer und ab und zu ein Salatblatt. Käse und nun auch noch Speck, das ist ja widerwärtig! Das fressen doch sonst nur Menschen. Jetzt weiß ich, warum es so schnell gelaufen ist. Das ist ein Dieb! Kriminelles Gesindel! Und wie es zu mir herguckt! Und wenn es so schnell frisst, bekommt ihm das sicher nicht gut! Also ein ganz unvernünftiges Tier! Na ja, es wird schon sehen, was es davon hat. Und dass es sich immer ins Dunkle verkriecht, ist ja geradezu abartig! Wo doch die Sonne so schön wärmt!
Aber neugierig scheint das Tier zu sein. Na ja, habe ich nicht nötig … Oh Gott, jetzt kommt es wieder auf mich zu, schnell wieder unter dem Panzer verstecken …«

»Die Luft scheint rein zu sein.«, sagte sich die Maus, denn sie war tatsächlich sehr neugierig. »Mal sehen, ob das Untier nicht doch Schnurrbarthaare hat, und ich habe sie vor Schreck bloß nicht gesehen. Schnurrbarthaare sind so würdevoll! Aber jetzt hat es sich wieder verkrochen. Das ist eigentlich ganz bequem, so braucht man ja nie wegzulaufen, jedenfalls nicht vor Raubvögeln oder Katzen. Ich weiß gar nicht, ob der Panzer dazugehört oder ob das Tier sich bloß darin versteckt … Vielleicht kann ich es ja verjagen und die Panzerschale für mich und meine Jungen benutzen …«

Chaval

Und die Maus schnupperte und tastete und untersuchte den Panzer. »Wie schön warm der ist», sagte sie sich neidisch.
Der Schildkröte innen wurde heiß und kalt zugleich, als sie spürte, wie die Maus an ihrem Panzer schnupperte und ihn mit ihren Pfötchen betastete. »Jedenfalls rennt sie nicht wieder so schnell weg«, dachte sie. »Angst muss man vor mir ja nicht haben, bloß weil ich anders bin.« Und sie wagte es, ihren Kopf ganz vorsichtig wieder ein ganz kleines bisschen herauszustecken.
»Bist du ein Tier?«, fragte die Maus. »Und gehört der Panzer mit zu dir?« – »Wieso kannst du so schnell rennen und fressen?«, fragte die Schildkröte. – »Ich muss!«, erwiderte die Maus. »Überall lauern Katzen und Bussarde, und meine Jungen brauchen mich.«
»Deine Jungen brauchen dich?! Das ist aber schön. Ich habe leider ein so schlechtes Gedächtnis, dass ich immer vergesse, wo ich meine Eier vergraben habe. Aber meine Jungen kommen schon zurecht, sie sind ja gut geschützt, ich sorge mich nicht. Aber du bist überhaupt nicht gut geschützt! Musst du nicht ständig Angst haben?« »Oh, ich bin flink und habe meine Augen überall! Und wenn ich mich in einem Panzer verkriechen müsste, dann würde ich ja ganz viel verpassen! Aber vielleicht kann ich dir gelegentlich Dinge erzählen, die du nicht mitbekommst, weil du so langsam bist.«, sagte die Maus gönnerhaft. »Ich bewege mich nämlich durch viele Gärten und auch Häuser, musst du wissen, und sehe viel von der Welt!«
»Und ich habe viel Zeit zum Nachdenken«, sagte die Schildkröte. »Dazu wirst du sicher nicht viel Zeit haben. Und ich würde mich über Gesellschaft dann und wann freuen, ich bin nämlich ziemlich viel allein. Vielleicht können wir uns ab und zu unterhalten?«
Und so hatten Maus und Schildkröte, so fremd sie sich auch anfangs waren, keine Angst mehr voreinander: Sie unterhielten sich ab und zu, fanden Spaß daran und lernten sich immer besser kennen. Sie fassten Vertrauen zueinander. Die Maus lernte, dass Langsamkeit auch Gründlichkeit bedeuten kann, und die Schildkröte lernte die Schnelligkeit der Maus und ihre Umsicht schätzen und freute sich immer schon auf Neuigkeiten aus der Umgebung.

1. Welche Form von Fremdheit besteht zu Beginn der Fabel zwischen Schildkröte und Maus? Wodurch wird sie verursacht?

2. Wie entstehen welche Vorurteile? Wie bilden beide sich ihre Meinung? Hast du Ähnliches auch schon bei dir selbst oder bei anderen beobachtet? Berichtet von Beispielen und Erfahrungen!

3. Wie bauen Schildkröte und Maus ihre Vorurteile und Ängste ab? Wie lernen sie, sich zu verstehen und zu ergänzen?

4. Kannst du dir ähnliche Vorgänge auch zwischen Menschen vorstellen? Suche dir konkret einen Menschen aus deiner Klasse oder Bekanntschaft aus und versuche, ihn besser zu verstehen. Welche Wege gibt es dazu? Schreibt hinterher einen Bericht über eure Erfahrungen!

5.3 **Was ist ein Elefant?** – Legende aus Indien

unbekannter Zeichner

Fünf Blinde wollten in Erfahrung bringen, was ein Elefant sei.
Man brachte ihnen einen.
Der Erste bekam seinen Rüssel zu fassen, der Zweite seinen Schwanz, der Dritte einen Stoßzahn, der Vierte ein Bein, der Fünfte den Bauch.
Dann stritten sie sich. Der Erste behauptete, ein Elefant sei eine große, dicke Schlange; der Zweite hingegen, der Elefant sei eine Art dünnen Seiles mit einer Quaste. Der Dritte wiederum war bereit zu beschwören, ein Elefant könne nur eine besonders feine Sorte polierten Ebenholzes sein. Der Vierte wußte ganz genau zu berichten: für ihn war das Tier eindeutig von säulenförmiger Gestalt. Und der Fünfte schließlich vertrat felsenfest die Überzeugung, dass es sich um die durchhängende Decke einer Hütte handle.
Sie streiten sich bis zum heutigen Tage …

1.
In welcher Weise sind die Menschen in der Geschichte blind?
2.
Was könnten sie tun, um zu einer Einigung zu kommen?
3.
Kennt ihr Situationen, in denen es ähnlich zugeht?
Wie kann man sich um Klärung und Vermittlung bei solchen Streitigkeiten bemühen?

Heinz Knappe:
Wolfslämmer – Die Grenzen der Toleranz

5.4

Jörg nahm eine National-Zeitung heraus. Sie lag auf einem Stapel hektografierter DIN-A5-Bögen: Handzettel, zum Verteilen. Auf den Zetteln standen nur drei Zeilen. Jörg las die erste Zeile, die zweite, und dann war ihm, als hätte ihm jemand in den Magen getreten.
DEUTSCHE, SCHÜTZT UNSERE HEIMISCHE TIERWELT stand da zu lesen. MACHT ENDLICH SCHLUSS MIT DEN TIERVERSUCHEN, NEHMT TÜRKEN!
Er blickte zur Seite, damit sie sein Gesicht nicht sehen konnten, und atmete ein paar Mal tief durch. Die begrenzte Nachsicht, die er eben noch für Knut oder Otmar hatte empfinden wollen, verging ihm. Er stellte sich vor, wie so ein Zettel auf einen Türken wirken musste, er stellte sich Havas Gesicht vor, wenn sie so etwas las, oder das von Kerim, mit dem er vor zehn Jahren, noch in der Grundschule, »Blutsbrüderschaft« geschlossen hatte. Er stellte sich das alles vor, nicht weil er es sich vorstellen wollte, sondern weil es sich als Zwangsvorstellung in sein Gehirn einbrannte, und er verlor jedes Gefühl für Toleranz.
Er hielt nichts von Denunziation, aber eine solche Ungeheuerlichkeit konnte er nicht nur einfach zur Kenntnis nehmen, als ginge sie ihn nichts an. Polizei? Der Gedanke allein ließ ihn zurückzucken. Während der Nazizeit sollte es so etwas hier in der Kolonie gegeben haben, dass ein Nachbar den anderen denunzierte. Wenn auch aus umgekehrten politischen Motiven. Petzen, anschwärzen, denunzieren, das war für ihn immer so ziemlich das Letzte gewesen. Aber was sollte er machen? Tun musste er etwas.
Er musste mit Christoph reden. Schnellstens. Wenn diese Zettel hier in der Kolonie auftauchten, dann würde es danach keine Gemeinsamkeiten mehr geben zwischen türkischen und deutschen Nachbarn. Keine gemeinsamen Versuche, die alte Zechensiedlung unter Baudenkmalschutz stellen zu lassen und so vor dem Abriss zu bewahren. Mord und Totschlag würde es geben, Krawalle am laufenden Band; die Polizei würde öfter anwesend als abwesend sein, und kein Kommunalpolitiker würde sich für den Erhalt der Siedlung einsetzen und ihren Antrag auf Baudenkmalschutz unterstützen. Die ZYWO würde sich ins Fäustchen lachen, die Zygmont Wohnungsbau- und Verwaltungsgesellschaft. Sie würde endlich die unrentablen alten Zechenhäuser abreißen können und dafür einträglichere Hochhäuser hinsetzen. Für die ZYWO würde ein Schlagzeilen machender Dauerkrawall in der Siedlung wie gerufen kommen. Wie bestellt. Wie bestellt?

Christoph musste diese Sache mit den Zetteln erfahren. Die ZYWO hatte sich schon öfter etwas einfallen lassen, um die alten Häuser unbewohnbar zu machen. Bisher waren es allerdings immer nur leer stehende Wohnungen gewesen, die durch plötzlich fehlende Fensterscheiben oder Dachziegel Schäden genommen hatten.
Sollten jetzt die Bewohner Schaden nehmen?
Er erzählte Chris von seinem Besuch bei Helmfrieds WERWÖLFEN und vom RUDELHEIM, von der zerschossenen Pappkameraden-Zielscheibe und vom Fernseher mit Videorecorder für die Propagandafilme. »Aber was die Sache so dringend macht, das sind die Flugblätter, die sie da stapelweise liegen haben. Ein Aufruf an die Wissenschaftler, mit den Tierversuchen Schluss zu machen und stattdessen Türken zu nehmen. Das ist nicht nur Dekoration wie ihre Plakate. Oder wie die Bücher, die sie im Regal stehen haben. Die Flugblätter sind zum Verteilen bestimmt. Und du kannst dir ja vorstellen, was danach hier in der Kolonie los sein wird!«

Bosc

Chris konnte sich das vorstellen. Die Flugblätter kannte er bereits. Neu war für ihn der Grad der Gefährlichkeit, den Helmfried mit seinen Werwölfen inzwischen erreicht hatte. In seiner Einschätzung war Helmfried bisher auch immer nur ein mehr oder weniger harmloser Spinner gewesen.
»Sonntagvormittag um zehn trifft sich die Bürgerinitiative«, sagte er. »Komm doch hin und erzähl dort alles noch mal, wenn auch die türkischen Mitglieder dabei sind. Die deutschen Nachbarn sollten wissen, was der Helmfried Schmitz für einer ist, und vor allem sollen die türkischen Nachbarn wissen, dass er nicht für alle Deutschen spricht, sondern nur für ein paar Neonazis.«
»Na gut«, sagte Jörg. »Aber hoffentlich ist bis Sonntag noch nichts passiert. In Dortmund wurden den Leuten auch schon ähnliche Zettel in die Briefkästen gesteckt. Nicht bloß Dortmund hat über fünfzehn Prozent Arbeitslose. Wir auch. Und ein großer Teil von denen glaubt gern, dass nur die Ausländer an ihrer Arbeitslosigkeit schuld sind. Da brauchen dann nur noch ein paar so genannte Führer zu kommen, die ihnen sagen, was sie tun sollen, dann haben wir hier Verhältnisse wie in Irland. Oder wie in Deutschland von neunzehnhundertdreiunddreißig. – Aber wem sage ich das. Du weißt das besser als ich. Wenn du irgendwie kannst, dann komm doch heute noch vorbei. Sonst – bis Sonntag. Tschüs!«

»Warum mischst du dich in so was ein?«, fragte Jörgs Mutter, nachdem er aufgelegt hatte. »Du bekommst höchstens Ärger damit. Danken wird es dir keiner. Diejenigen, für die du dich eingesetzt hast, werden es schnell wieder vergessen haben. Vielleicht werden sie es nicht einmal bemerken. Ein paar andere werden froh sein, dass du es bist, der sich den Mund verbrennt. Dann brauchen sie es nicht zu tun. Und später werden sie über dich lachen, weil das einfacher ist, als sich wegen ihrer eigenen Duckmäusigkeit zu schämen. Nur die Feinde, die du dir geschaffen hast, die werden deine Feinde bleiben. Die behältst du bis in alle Ewigkeit!«

Jörg war echt fassungslos.

»Ja«, fauchte er, »das ist ein wirklich guter Rat, den du mir da gibst. Genauso muss man es machen: beide Augen zumachen und die Hände in den Schoß legen. Nichts hören, nichts sehen, nichts sagen. Vielleicht kümmert sich ja ein anderer darum. Oder es regelt sich von selbst.« Er sah sie wild an. »Und so einen Rat gibst du mir? Schämst du dich nicht dabei?«

Aber seine Mutter schämte sich nicht. Sie lächelte bitter, und da fiel es ihm wieder ein.

Erik.

Der kleine blonde Erik, der fast immer langärmelige Hemden trug. Auch mitten im Hochsommer, wenn die anderen Kinder in der Badehose herumliefen. Der manchmal blaue Flecken im Gesicht hatte, weil er vom Stuhl gefallen war. Oder zwei, drei Tage lang überhaupt nicht zum Spielen herunterkam. Und danach dann mit blauen Flecken oder verschorften Stellen im Gesicht.

Es war Jörgs Mutter gewesen, die das Jugendamt benachrichtigt hatte.

Nicht die unmittelbaren Wohnungsnachbarn hatten es gemeldet. Die hatten zwar den Jungen schreien gehört, aber sich »zurückgehalten«, um unnötigen Ärger zu vermeiden.

Nach einigen Wochen fingen dann genau diese Nachbarn an, seiner Mutter die Zivilcourage zu verübeln, die sie selbst nicht aufgebracht hatten. Und langsam wurde ihr Anblick zu einer lästigen Erinnerung.

»Verzeih, Musch«, sagte er. »Ich hatte vergessen, warum wir damals wirklich ausgezogen sind. Dass es gar nicht Rita war, von der sich die Nachbarn gestört fühlten, sondern du, weil du sie zu Duckmäusern deklassiert hattest.«

Er wollte ihr nicht schmeicheln, so billig ging es bei ihnen nicht zu. »Doch, ich erinnere mich wieder an den blonden Erik mit den blauen Flecken. Ob er sich wohl auch noch an dich erinnert und daran, was er dir zu danken hat?«

»Nein«, sagte Frau Westerhoff. »Warum auch. Das ist zehn Jahre her, und hoffentlich hat er es inzwischen vergessen. Das wäre am besten für ihn. Und nun komm, Pizza essen.«

Sie sahen sich an und warteten, einer auf den anderen. Es fehlte noch etwas; man konnte jetzt nicht einfach seine Pizza verspeisen, und fertig.

»Komm essen«, sagte seine Mutter. »Und danach tu das, was du glaubst, tun zu müssen. Und lass dir von niemandem dreinreden und dich von niemandem abhalten. Nie!«

Sie war nicht mehr bitter. Sie war stolz.

1.

Jörg Westerhoff geht mit dem Türkenmädchen Hava in eine Klasse und versteht sich gut mit allen seinen Mitschülern.

Wo sind für ihn die Grenzen der Toleranz? Wo sind sie für euch?

2.

Was unternehmen Jörg und Chris gegen die Flugblätter?

3.

Welche Haltung nimmt Jörgs Mutter ein? Welche Erfahrung hat sie gemacht? Kennt ihr Leute, die ähnliche Erfahrungen haben? Befragt sie! Diskutiert in diesem Zusammenhang über das Sprichwort »Reden ist Silber, Schweigen ist Gold«!

4.

Wie könnt ihr euch für Minderheiten einsetzen und ihnen helfen?

Horst Haitzinger

5\.
Was denkt ihr euch bei dem Titel »Wolfslämmer«? Wofür steht der Wolf, wofür das Lamm? Denkt über die Karikatur, S. 135 nach! Welche Vorurteile werden hier deutlich?

6\.
Was sagt euch der Text des Songs »Neue Brücken«?

7\.
Welche Wege fallen euch ein, von anderen Kulturen zu lernen? Muss man dabei seine eigene Kultur aufgeben?

8\.
Welche Minderheiten gibt es an eurer Schule? Wie geht ihr damit um? Wie viel wisst ihr über sie? Welche Konflikte gibt es (z. B. türkische Mädchen, die nicht schwimmen sollen)? Wie kann man Konflikte besser bewältigen?

9\.
Weshalb wird Fremdes oft abgewertet? Bezieht die Aussage der Karikatur (S. 134) mit ein!

PUR: Neue Brücken

Ich find auf meinem Globus so viel Flächen ohne Brot,
und ehemals bunte Teile färbt ein Blutstrom tödlich rot.
Die Gier, Hass, Neid und Rachsucht sind die Seuchen dieser Welt,
das Immunsystem verlässt sich auf den Waren-Gott, das Geld.
Die Klugheit liegt am Boden,
die Vernunft wird noch verrückt,
die niedrigsten Instinkte schlagen zu,
wohin man blickt.
Das alles scheint weit weg, doch es beginnt vor deiner Tür,
der Nächste, der die Kälte spürt, kann meistens nichts dafür.
Neue Brücken über Flüsse voller dummer Arroganz,
Neue Brücken über Täler tiefster Intoleranz,
Neue Brücken, neue Wege, aufeinander zuzugehen,
ganz behutsam, voller Achtung, miteinander umzugehen.

Brüder gibts am Stammtisch, Schnaps im Kopf, den Geist im Glas,
in Sorge um ihr Vaterland gedeiht ihr Fremdenhass.
Dass Deutsche bessre Menschen sind, wers nicht weiß, kanns dort erfahrn
und dass alles nicht so schlimm war bei Adolf, in den Nazi-Jahren.
Der Scheich ist hochwillkommen,
wenn er für Panzer Dollars gibt,
sein Landsmann auf der Flucht vor Folter
ist weniger beliebt.
Die Tür wird schnell verriegelt, ist das kein Asylbetrug?
Die paar gut gemeinten Lichterketten war' n noch lange nicht genug.
Neue Brücken über Flüsse voller dummer Arroganz,
Neue Brücken über Täler tiefster Intoleranz,
Neue Brücken, neue Wege aufeinander zuzugehen,
ganz behutsam, voller Achtung, miteinander umzugehn.

5.5 Jonathan Swift:
Gulliver in der Republik der weisen Pferde

In seinem Roman »Gullivers Reisen« lässt Jonathan Swift einen englischen Arzt zur See fahren und allerhand fremde Länder und Sitten erleben. Er landet z.B. bei Riesen- und bei Zwergenstaaten und in einer Republik weiser Pferde. Dort erlernt er die Pferdesprache und berichtet von sich und seinem Land. Dabei erkennt er die Fragwürdigkeit dessen, was er nie durchdacht hatte und lernt, andere Lebenswelten zu verstehen und zu achten.

Ich sagte, dass ich von ehrenwerten Eltern auf einer Insel mit Namen England geboren sei, die von diesem Land so viele Tagereisen entfernt liege, wie der stärkste Diener Seiner Gnaden während des jährlichen Umlaufs der Sonne zurücklegen könne. Ich sei als Wundarzt ausgebildet, dessen Gewerbe es sei, Wunden und Verletzungen am Körper, die man sich durch Unfall oder Gewalttat zuziehe, zu heilen. Mein Land werde von einem weiblichen Menschen regiert, den wir Königin nennen. Ich hätte es verlassen, um Reichtümer zu erwerben, von denen ich nach meiner Rückkehr mit meiner Familie leben wollte.

Grandville

Um das klarzumachen, versuchte ich ihm eine Vorstellung von dem Verlangen nach Macht und Reichtümern zu geben, von den furchtbaren Auswirkungen der Wollust, der Unmäßigkeit, der Bosheit und des Neides. All das musste ich definieren und beschreiben, indem ich Fälle konstruierte und Hypothesen aufstellte. Danach richtete er wie einer, dessen Vorstellungswelt mit etwas in Berührung kommt, was er früher noch nie gesehen oder wovon er noch nie gehört hat, die Augen mit Staunen und Entrüstung empor. Macht, Regierung, Krieg, Gesetz, Strafe und tausend andere Dinge hatten keine Bezeichnungen, mit denen man sie in jener Sprache ausdrücken konnte, was die Schwierigkeit, meinem Herrn einen Begriff von dem zu geben, was ich meinte, beinahe unüberwindlich machte. Da er jedoch einen ausgezeichneten Verstand besaß, der durch Nachsinnen und Gespräche weiter geschärft war, erlangte er schließlich eine hinreichende Kenntnis von allem, was menschliche Natur in unseren Teilen der Welt zu leisten imstande ist, und wünschte, ich möchte ihm einen ausführlichen Bericht von jenem Land geben, das wir Europa nennen, besonders aber von meinem eigenen Heimatland.

Er fragte mich, was die gewöhnlichen Ursachen oder Beweggründe seien, die ein Land veranlassten, mit einem anderen Krieg zu führen. Ich erwiderte, die Ursachen seien zahllos; ich würde aber nur einige der hauptsächlichsten erwähnen. Zuweilen sei es der Ehrgeiz der Fürsten, die niemals glaubten, sie hätten genügend Land oder Leute zu beherrschen; zuweilen die Verderbtheit der Minister, die ihren Herrn in einen Krieg verwickeln, um das Geschrei der Untertanen über ihre schlechte Regierung zu ersticken.

Und keine Kriege seien so wütend und blutig oder von so langer Dauer wie diejenigen, die durch Verschiedenheit der Meinungen veranlasst würden, besonders wenn es sich um nebensächliche Dinge handelte.

Zuweilen, fuhr ich fort, geht der Streit zwischen zwei Fürsten darum, zu entscheiden, wer von ihnen einen dritten seiner Besitzungen berauben soll, auf die keiner von beiden irgendeinen Rechtsanspruch hat. Zuweilen fängt ein Fürst Streit mit einem anderen an, weil er fürchtet, der andere möchte Streit mit ihm anfangen. Zuweilen wird ein Krieg begonnen, weil der Feind zu stark, und zuweilen, weil er zu schwach ist. Zuweilen verlangen unsere Nachbarn die Dinge, die wir haben, oder haben die Dinge, die wir verlangen, und dann kämpfen wir beide, bis sie unsere nehmen oder uns ihre geben. Es ist ein sehr berechtigter Kriegsgrund, in ein Land einzufallen, nachdem das Volk durch eine Hungersnot geschwächt, durch die Pest dezimiert oder weil es untereinander in Parteikämpfe verwickelt ist.

Gerd Arntz: Krieg, 1900

Ich wollte noch auf mehr Einzelheiten eingehen, als mein Herr mir zu schweigen befahl. Er sagte, jeder, der sich in der Natur von Yahoos (= Menschen) auskenne, werde es leicht für möglich halten, dass ein so scheußliches Tier jeder Handlung, die ich genannt hätte, fähig wäre, wenn ihre Kraft und Schlauheit ihrer Bosheit gleichkamen. In dem Maße aber, wie meine Darlegung seinen Abscheu vor der ganzen Gattung vermehrt habe, habe er bemerkt, dass sie ihn in einer Weise beunruhigte, die ihm früher völlig fremd gewesen sei. Er glaube, dass seine Ohren, wenn sie einmal an so schreckliche Wörter gewohnt seien, sie allmählich auch mit geringerem Abscheu aufnehmen würden. Obgleich er die Yahoos dieses Landes hasse, tadle er sie doch wegen ihrer abscheulichen Eigenschaften nicht mehr als einen »Gunayh« (einen Raubvogel) wegen seiner Grausamkeit oder einen scharfen Stein, weil er ihn in den Huf schneide. Wenn aber ein Geschöpf, das Anspruch auf Vernunft erhebe, solcher Ungeheuerlichkeiten fähig sein könnte, so fürchte er, dass die Entartung dieser Gabe noch schlimmer als selbst viehische Unvernunft sei. Er schien deshalb überzeugt zu sein, dass wir statt der Vernunft lediglich irgendeine Eigenschaft besäßen, die geeignet sei, unsere natürlichen Laster zu vergrößern.

1.
Wie versucht Gulliver seinem Herrn das Land zu beschreiben, aus dem er kommt? Welche Kriegsursachen erwähnt er dabei?

2.
Wie reagiert das Pferd auf seine Schilderung? Wie wertet es die angebliche Vernunft der Menschen in Gullivers Heimat?

3.
Denkt über das Bild »Krieg« von Gerd Arntz nach. Beschreibt die Elemente des Bildes, die Krieg charakterisieren! Wie beurteilst du sie?

5.6 Baruch de Spinoza: Frieden als Zweck des Staatslebens

§ 2

Von welcher Beschaffenheit aber die beste Form einer jeden Regierung sein soll, ist leicht aus dem Zweck des Staatslebens zu ersehen: er ist kein anderer als Frieden und Sicherheit des Lebens. Die Regierung ist also die beste, unter der die Menschen in Eintracht leben und deren Gesetze unverletzt gehalten werden. Wenn daher in einem Staate die Schlechtigkeit mehr herrscht und mehr Verbrechen begangen werden als in einem anderen, so kommt das sicher daher, dass dieser Staat nicht genügend für die Eintracht gesorgt hat, dass er seine Rechte nicht weise genug angeordnet hat, dass er folglich kein vollkommenes Staatsrecht erhalten hat. Denn ein Staatsleben, aus dem die Ursachen von Empörungen nicht verbannt sind, in dem beständig Krieg zu befürchten ist und in dem endlich die Gesetze oft verletzt werden, ist nicht viel vom eigentlichen Naturzustande verschieden, wo jeder Einzelne nach seinem Sinne lebt und unter großer Gefahr für sein Leben.

§ 4
Von einem Staate, dessen Untertanen aus Furcht nicht zu den Waffen greifen, kann man eher sagen, dass er ohne Krieg als dass er im Friedenszustand sei. Denn Friede ist nicht Freisein von Krieg, sondern eine Tüchtigkeit, die aus der Seelenstärke hervorgeht; Gehorsam ist nämlich … der beständige Wille, auszuführen, was nach dem für alle geltenden Staatsbeschlusse zu geschehen hat. Übrigens kann man einen Staat, dessen Friedenszustand von der Feigheit der Untertanen abhängt, die sich wie Vieh leiten lassen, um bloß dienen zu lernen, mit größerem Recht Einöde als Staat nennen.

Carl Hofer: Mann in Ruinen, 1937

§ 5
Wenn ich also sage, die Regierung sei die beste, unter der die Menschen in Eintracht leben, so verstehe ich unter menschlichem Leben nicht bloß den Kreislauf des Blutes und die übrigen allen Lebewesen gemeinsamen Funktionen, sondern in erster Linie, was man Vernunft, wahre Tüchtigkeit und wahres Leben des Geistes nennt.

Käthe Kollwitz: Die Mütter, 1922/23

1.
Welches ist nach Baruch de Spinoza der Zweck des Staatslebens? Wer trägt die Verantwortung für Unfrieden? Teilst du diese Meinung? Welche Mittel darf man zu diesem Zweck einsetzen? Glaubst du, dass »der Zweck die Mittel heiligt«?
(Dieses Zitat stammt von dem italienischen Staatsdenker Niccoló Macchiavelli, 1469–1527.)
Vgl. auch die Karikatur S. 90!

2.
Welche Verantwortung haben die einzelnen Bürger? Betrachtet in diesem Zusammenhang das Bild von George Grosz »Republikanische Automaten« (Farbbildteil, S. 10). Das Fähnchen schwenkende Dutzendgesicht, der Orden geschmückte Hurraschreier – erfüllen sie die Forderung Immanuel Kants, »selber zu denken«? Wie könnten sie wohl denken?

3.
Wie definiert Spinoza in § 4 »Frieden«? Was versteht er unter menschlichem Leben?

4.
Seht euch den amerikanischen Film »Full Metal Jacket« an und diskutiert über Sinn und Unsinn des Krieges!

5.
Lest oder spielt Szenen aus Bertolt Brechts »Mutter Courage«. Wie habt ihr euch in den einzelnen Rollen gefühlt? Erkundigt euch über »Mütter für den Frieden« und »Die Mütter der Plaza Mayor« (Russland und Argentinien), z. B. bei Amnesty International. Was können solche Organisationen bewirken?

5.7 Immanuel Kant:
Sechs Prinzipien »Zum ewigen Frieden«

1.

»Es soll kein Friedensschluss für einen solchen gelten, der mit dem geheimen Vorbehalt des Stoffs zu einem künftigen Kriege gemacht worden.« Denn alsdenn wäre er ja ein bloßer Waffenstillstand, Aufschub der Feindseligkeiten, nicht Friede, der das Ende aller Hostilitäten bedeutet ...

2.

»Es soll kein für sich bestehender Staat (klein oder groß, das gilt hier gleichviel) von einem andern Staate durch Erbung, Tausch, Kauf oder Schenkung erworben werden können.«

Ein Staat ist nämlich nicht (wie etwa der Boden, auf dem er seinen Sitz hat) eine Habe. Er ist eine Gesellschaft von Menschen, über die niemand anders, als er selbst, zu gebieten und zu disponieren hat.

3.

»Stehende Heere sollen mit der Zeit ganz aufhören.« Denn sie bedrohen andere Staaten unaufhörlich mit Krieg, durch die Bereitschaft, immer dazu gerüstet zu erscheinen; reizen diese an, sich einander in Menge der Gerüsteten, die keine Grenzen kennt, zu übertreffen, und, indem durch die darauf verwandten Kosten der Friede endlich noch drückender wird als ein kurzer Krieg, so sind sie selbst Ursache von Angriffskriegen, um diese Last loszuwerden ...

Ganz anders ist es mit der freiwilligen periodisch vorgenommenen Übung der Staatsbürger in Waffen bewandt, sich und ihr Vaterland dadurch gegen Angriffe von außen zu sichern.

4.

»Es sollen keine Staatsschulden in Beziehung auf äußere Staatshändel gemacht werden.« Zum Behuf der Landesökonomie (der Wegebesserung, neuer Ansiedelungen, Anschaffung der Magazine für besorgliche Misswachsjahre usw.) außerhalb oder innerhalb dem Staate Hilfe zu suchen, ist diese Hilfsquelle unverdächtig. Aber, als entgegenwirkende Maschine der Mächte gegen einander, ist ein Kreditsystem ins Unabsehliche anwachsender gesicherter Schulden ... eine gefährliche Geldmacht, nämlich ein Schatz zum Krieg führen.

5.

»Kein Staat soll sich in die Verfassung und Regierung eines andern Staats gewalttätig einmischen.« Denn was kann ihn dazu berechtigen? ... Es kann dieser vielmehr, durch das Beispiel der großen Übel, die sich ein Volk durch seine Gesetzlosigkeit zugezogen hat, zur Warnung dienen.

Solange aber dieser innere Streit noch nicht entschieden ist, würde diese Einmischung äußerer Mächte Verletzung der Rechte eines nur mit seiner innern Krankheit ringenden, von keinem andern abhängigen Volks, selbst also ein gegebenes Skandal (hier: = Ärgernis) sein, und die Autonomie aller Staaten unsicher machen.

6.

»Es soll sich kein Staat im Kriege mit einem andern solche Feindseligkeiten erlauben, welche das wechselseitige Zutrauen im künftigen Frieden unmöglich machen müssen: als da sind, Anstellung der Meuchelmörder, Giftmischer, Brechung der Kapitulation, Anstiftung des Verrats in dem bekriegten Staat etc.« Denn irgendein Vertrauen auf die Denkungsart des Feindes muss mitten im Kriege noch übrig bleiben, weil sonst auch kein Friede abgeschlossen werden könnte, und die Feindseligkeit in einen Ausrottungskrieg anschlagen würde.

1.
Welche Prinzipien stellt Immanuel Kant »Zum Ewigen Frieden« unter Staaten auf?

2.
Wie begründet er diese Prinzipien?

3.
Wie könnten sie den Staaten helfen, ihre Beziehungen untereinander zu verbessern?

4.
Das Bild auf S. 127 zeigt Jassir Arafat und Jitzhak Rabin beim Friedensschluss.
Weshalb hat der Friede zwischen Juden und Arabern nicht gehalten ? Glaubt ihr, dass beide Länder gegen die Regeln Kants verstoßen haben? Gegen welche?

5.
Erkundigt euch, in welcher Weise die Ideen Kants die Arbeit der UNO beeinflusst haben, indem ihr euch Materialien, z. B. über den Weltsicherheitsrat und den Völkerbund besorgt! (Ihr könnt auch in Jostein Gaarders Buch »Sofies Welt« nachlesen.)

Woraus denn folgt: dass ein Ausrottungskrieg, wo die Vertilgung beide Teile zugleich, und mit dieser auch alles Rechts treffen kann, den ewigen Frieden nur auf dem großen Kirchhofe der Menschengattung stattfinden lassen würde. Ein solcher Krieg also, mithin auch der Gebrauch der Mittel, die dahin führen, muss schlechterdings unerlaubt sein.

5.8

Leo Tolstoi: Krieg und Frieden

»Doch was ist der Krieg? Was braucht es zum Erfolg bei militärischen Aktionen? Wie sind im Militärstand die Sitten?
Das Ziel des Krieges ist der Mord, das Handwerkszeug des Krieges: Spionage, Verrat und Anstiftung dazu, Ruin der Einwohner, ihre Beraubung oder Diebstahl, um die Armee zu versorgen, und Lüge und Betrug, was man Kriegslist nennt. Die Sitten des Militärstandes aber sind: völliger Mangel an Freiheit, was man als Disziplin bezeichnet, Müßiggang, Rohheit, Grausamkeit, Unzucht und Unmäßigkeit. Und trotz alledem ist dies der höchste Stand, der von allen geachtet wird. Alle Kaiser, außer dem von China, tragen Militäruniformen, und dem, der die meisten Menschen totgeschlagen hat, werden die größten Auszeichnungen zuteil. Völker stoßen zusammen, wie es morgen der Fall sein wird, um einander zu morden. Sie schlagen sich tot, machen tausende von Menschen zu Krüppeln, und dann werden Dankgottesdienste abgehalten dafür, dass so viele Menschen erschlagen worden sind, deren Zahl man dabei gerne noch übertreibt, und der Sieg wird ausposaunt, und man denkt, je mehr Leute man totgeschlagen habe, um so größer sei das Verdienst.«

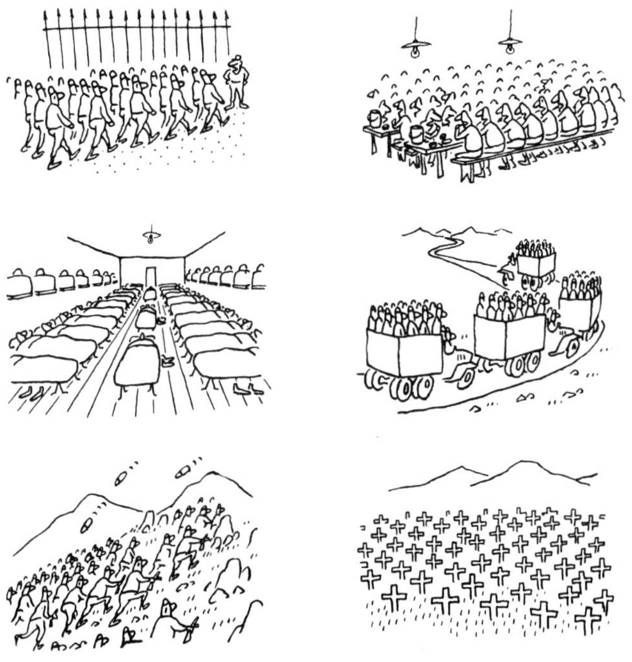

Bosc

1.
Wie bewertet der russische Dichter Leo Tolstoi den Krieg?

2.
Wie wertet eine breite Öffentlichkeit Verdienste im Krieg? Weshalb ist das nach Tolstoi widersinnig?

3.
Betrachte die Karikatur von Bosc! Welche Eindrücke hinterlässt sie bei dir?

4.
Erich Maria Remarque beschreibt in seinem Roman »Im Westen nichts Neues«, wie Jugendliche vom Sinn des Kriegs überzeugt werden sollen, in den sie bald schon ziehen müssen.
Seht euch den gleichnamigen Film an und diskutiert darüber! Können sich Jugendliche wehren? Wie?

5.9 Hannah Arendt:
Macht, Gewalt und Frieden

Hannah Arendt, 1906–1975

Macht gehört in der Tat zum Wesen aller staatlichen Gemeinwesen, ja aller irgendwie organisierten Gruppen. Gewalt jedoch nicht. Gewalt ist ihrer Natur nach instrumental; wie alle Mittel und Werkzeuge bedarf sie immer eines Zwecks, der sie dirigiert und ihren Gebrauch rechtfertigt. … Der Zweck des Krieges ist der Friede; aber auf die Frage: Und was ist der Zweck des Friedens? gibt es keine Antwort. Friede ist etwas Absolutes, obwohl in der uns bekannten Geschichte die Perioden des Krieges nahezu immer länger waren als die des Friedens. Ein solches Absolutes ist auch die Macht; sie ist, wie man zu sagen pflegt, ein Selbstzweck.

Und wenn der Staat seinem Wesen nach organisierte und institutionalisierte Macht ist, so hat auch die gängige Frage nach seinem Endzweck keinen Sinn. Die Antwort wird sich entweder in einem Zirkel bewegen – etwa: er soll das Zusammenleben von Menschen ermöglichen – oder sie wird utopische Ideale aufstellen, das Glück der größten Zahl, die klassenlose Gesellschaft, aber auch Gerechtigkeit, Freiheit und dergleichen mehr, die, wenn man sie im Ernst zu verwirklichen versucht, unweigerlich zu einer Zwangsherrschaft führen.

Was den Menschen zu einem politischen Wesen macht, ist seine Fähigkeit zu handeln; sie befähigt ihn, sich mit seinesgleichen zusammenzutun, gemeinsame Sache mit ihnen zu machen, sich Ziele zu setzen und Unternehmungen zuzuwenden, die ihm nie in den Sinn hätten kommen können, wäre ihm nicht diese Gabe zuteil geworden: etwas Neues zu beginnen.

1.
Hannah Arendt wurde als deutsche Jüdin und Philosophin gezwungen, während der Herrschaft des Nationalsozialismus ihre Heimat Deutschland zu verlassen, hat sich aber ihr Leben lang immer für Versöhnung und nicht für Vergeltung eingesetzt.
Informiert euch über ihr Leben und diskutiert darüber.

2.
Welche Beziehung sieht Arendt zwischen Gewalt, Staatsmacht und Frieden? Was beunruhigt sie? Zeigt die Karikatur (unten) Gewalt oder Macht?

3.
Meinst du, dass der Staat viel Macht haben muss, oder ist auch diese wiederum gefährlich?

4.
Welche Meinung hat Arendt zu utopischen Idealen? Wie denkst du darüber? Welchen Sinn kannst du selbst darin sehen?

5.
Lest Friedrich Dürrenmatts Novelle »Der Sturz« und setzt sie in ein szenisches Spiel um. Diskutiert anschließend mit euren Zuschauern über das Verhältnis von Macht und Moralität in totalitären Systemen! Was kann man dagegen tun, dass »Macht die Moral verdirbt«?

6.
Informiert euch über Mahatma Gandhis Prinzip der Gewaltlosigkeit. (Ihr könnt dazu in Band 1 der Trilogie »Philosophie für Einsteiger« mit dem Titel »Wirklich?« nachlesen.) Was haltet ihr davon und vom Ausspruch Jesu, der rät, dem Angreifer auch noch »die andere Backe hinzuhalten«? Wie kann man die Spirale der Gewalt durchbrechen und Eskalation verhindern?

7.
Findet Beispiele für Arendts Ausspruch: »Macht muss legitim sein, Gewalt kann es nie sein. Gewalt kann gerechtfertigt sein, Macht ist immer gerechtfertigt.« Diskutiert darüber!

Erich Kästner:
Konferenz der Tiere

5.10

Eines schönen Tages wurde es den Tieren zu dumm. Der Löwe Alois, der sich mit Oskar, dem Elefanten, und dem Giraffenmännchen Leopold wie immer freitags zum Abendschoppen am Tschadsee in Nordafrika traf, sagte, seine Künstlermähne schüttelnd: »O diese Menschen! Wenn ich nicht so blond wäre, könnte ich mich auf der Stelle schwarz ärgern!«
Die Giraffe Leopold stand mit gegrätschten Beinen am Wasser und trank in kleinen hastigen Schlucken. Dann meinte sie, ach nein, er: »Schreckliche Leute! Und sie könnten´s so hübsch haben! Sie tauchen wie die Fische, sie laufen wie wir, sie segeln wie die Enten, sie klettern wie die Gemsen und fliegen wie die Adler, und was bringen sie mit ihrer Tüchtigkeit zu Stande?«
»Kriege!«, knurrte der Löwe Alois. »Kriege bringen sie zu Stande. Und Revolutionen. Und Streiks. Und Hungersnöte. Und neue Krankheiten. Wenn ich nicht so blond wäre, könnte ich mich auf der Stelle …«
»schwarz ärgern«, vollendete die Giraffe den Satz. Denn den kannten die Tiere der Wüste längst auswendig.
»Mir tun bloß die Kinder Leid, die sie haben.«, meinte der Elefant Oskar und ließ die Ohren hängen. »So nette Kinder! Und immer müssen sie die Kriege und Revolutionen und Streiks mitmachen, und dann sagen die Großen noch: Sie hätten alles nur getan, damit es den Kindern später einmal besser ginge. So eine Frechheit, was?«
»Diese Dummköpfe!«, brüllte er. »Immer wieder müssen sie Kriege machen, und kaum haben sie alles entzwei gemacht, raufen sie sich die Haare! Wenn ich nicht so blond wäre …«
»Schon gut«, unterbrach ihn die Giraffe. »Aber Schimpfen hilft nichts. Es müsste etwas geschehen!«
»Jawohl !«, trompetete Oskar, der Elefant. »Vor allem wegen der Kinder, die sie haben – aber was?«
»Es ist zum Ausderhautfahren«, brummte er. » … ich denk an die Menschen! An die Flüchtlinge, an die Atombombe, an die Streiks, an den Hunger in China, an den Überfluss in Südamerika, an den Krieg in Vietnam, an die verlorenen Kinder und Eltern, an die Unruhen in Palästina, an die Gefängnisse in Spanien, an den Schwarzen Markt, an die Emigranten…« Er sank erschöpft auf einen Küchenstuhl. Seine Frau spülte gerade die Milchtöpfe der Kinder mit ihrem Rüssel. »Da!«, rief er plötzlich. Sie ließ vor Schreck eins der Töpfchen fallen. »Da!«, brüllte er dumpf und schlug mit der Faust auf den Küchentisch, wo das »Sahara-Abendblatt« lag. »Da! Lies! Wieder eine Konferenz zum Teufel! O diese Menschen! Sie können nur zerstören! Sooft sie aufbauen wollen, wird´s ein Turm zu Babel! Mir tun bloß ihre Kinder leid!«
Telegramm an alle Welt: – .. – Konferenz der Außenminister in Paris abgebrochen – .. – keine Resultate – .. – Verstimmung in den Hauptstädten – .. – Wiederaufnahme der Konferenz Donnerstag in vier Wochen – .. – überall geheime Kabinettssitzungen anberaumt – .. – .. – .. –

Fritz Eichenberg:
Abrüstungskonferenz, 1975/76

1.
Spielt die von Erich Kästner beschriebenen Szenen mit verteilten Rollen nach und überlegt euch, wie es weitergehen sollte!

2.
Plant die Konferenz der Tiere:
a) Legt eure Rollen fest. Jeder stellt ein Tier dar und muss sich Gedanken machen, wie er seine Tierpersönlichkeit einbringen wird.

b) Bestimmt einen Konferenzleiter, der über die Einhaltung von Gesprächsregeln wachen muss!

c) Legt die Gesprächsregeln fest! Achtet dabei auf Verhaltensregeln für Teilnehmer und für den Konferenzleiter. Wie kann man persönliche Eigenarten und Schwierigkeiten, die die Konferenzteilnehmer untereinander haben, bewältigen? Schaut euch dazu die nebenstehende Zeichnung mit verschiedenen Konferenztypen an.

3.

Spielt die Konferenz! Welche Vorschläge zur Sicherung des Weltfriedens ergeben sich im Lauf der Konferenz? Versucht, ein Memorandum (mit Vorschlägen für mindestens zehn Maßnahmen) zu formulieren, das ihr den Menschenkonferenzen vorlegen könntet!

4.

Hört euch die Hörspielkassette »Die Konferenz der Tiere« an und vergleicht mit euren Ideen!

5.

Wie kann man Ideen und Vorschläge für mehr Frieden sammeln und in die Praxis umsetzen? Überlegt euch auch, wie das in eurer Welt, z. B. in der Schule, möglich ist!

Nach einer Nacht voller merkwürdiger Träume rannte der Elefant, noch verschlafen und in Pantoffeln, in aller Herrgottsfrühe zum Telefon und meldete sechs Ferngespräche an: eines mit seinem kleinen Neffen, dem Tapir Theodor, in Südamerika; eins mit dem Känguru Gustav in Australien; eines mit dem alten Eisbären Paul am Nordpol; eins mit der Eule Ulrich in Mitteleuropa; das fünfte mit der Maus Max in Asien und das sechste mit Reinhold, dem Stier, in Nordamerika. Da hatten die Störche und Flamingos, die im ägyptischen Hauptpostamt als Telefonfräuleins angestellt waren, mächtig zu tun. Erst gab es ein paar Fehlverbindungen, aber schließlich klappte es.
»Hört bitte genau zu!«, rief Oskar, der Elefant. »Mit den Menschen geht das so nicht weiter! Versteht ihr mich?« »Ja, Oskar!«, antworteten die sechs, so laut sie konnten. »Ich habe eine Idee gehabt!«, brüllte der Elefant. »Es ist ihrer Kinder wegen, bloß deshalb! Eine ausgezeichnete Idee! Das heißt, mir und meiner Frau gefällt sie sehr gut … sie ist bestimmt nicht übel … Nein, schlecht ist sie nicht … Es gibt dümmere Einfälle … Warum sagt ihr denn gar nichts?«
»Wir warten auf deine Idee!«, rief der Stier Reinhold in Nordamerika. »Ach so!«, sagte der Elefant, und alle sieben mussten lachen. »Nun, verrate sie uns schon!«, kicherte die Maus Max in Asien. »Also, hört zu!«, rief der Elefant. »Die Menschen machen in einem fort Konferenzen, ohne etwas zu erreichen, und so ist meine Idee, dass wir auch eine Konferenz abhalten!« …

5.11 **Fernando Savater:** Krieg dem Kriege

Konzentrieren wir uns nun auf den *Krieg*. Zunächst will ich dir einige alarmierende Daten nennen, die ich der »Weltenzyklopädie der Internationalen Beziehungen« und Statistiken der Vereinten Nationen entnommen habe. In den letzten 5 500 Jahren – um nicht allzu weit zurückzugehen – hat es 14 513 Kriege gegeben, die 1,24 Milliarden Menschenleben gekostet haben und in denen es nicht mehr als 292 Jahre lang Frieden gab (sicherlich hat es in diesem Zeitraum auch kleinere Kriege gegeben). Der Krieg, eine Angelegenheit aus grauer Vorzeit? Kommen wir zu unserem Jahrhundert. Ich übergehe die zwei Weltkriege, die russische und chinesische Revolution, den spanischen

Otto Pankok:
Ausgelöscht, 1937

Bürgerkrieg usw. Also, allein zwischen 1960 und 1982, einer vergleichsweise ruhigen Periode, zählt die erwähnte Enzyklopädie 65 bewaffnete Konflikte – wobei nur die gerechnet werden, die mehr als tausend Tote gekostet haben. Diese jüngsten Kriege sind in 49 Ländern geschehen und haben nicht weniger als 11 Millionen Opfer gefordert. Du kannst noch den Krieg zwischen Iran und Irak, den Golfkrieg, die Bürgerkriege in Somalia, Afghanistan und anderswo dazuzählen – man kommt mit dem Zählen gar nicht mehr mit. Ich glaube nicht, dass mehr Zahlen nötig sind, um zu sehen, dass der Krieg bis jetzt ein zwar verhasster, aber untrennbarer Begleiter der menschlichen Gesellschaften gewesen ist. Immer war er eine glorreiche und großartige Angelegenheit, aber gleichzeitig auch eine Tragödie und Quelle des Schmerzes.

Aber, wirst du mir sagen, wenn die Mehrheit kein Interesse mehr am Krieg hat – warum geben wir dann weiter so viel Geld aus für Heere, Jagdbomber, Panzer und Raketen mit Atomsprengköpfen? Ist jetzt nicht der Augenblick gekommen, den Krieg wirksam zu verbieten, das heißt, ihn unmöglich zu machen, ihn zu verhindern? Du hast vollkommen Recht. Denn genau darum müßte es gehen – ihn zu verhindern, es ist genug gejammert und gezetert worden. Während mehrerer Jahrzehnte war das so genannte »Gleichgewicht des Schreckens« zwischen den beiden großen Atommächten, die die Welt unter sich aufgeteilt hatten, kein Friede, sondern eher ein Einfrieren des Krieges. Der Preis, der dafür gezahlt werden musste, war sehr hoch: eine permanente brutalisierende Drohung der totalen Vernichtung des Lebens auf dem Planeten und riesige Ausgaben für die technisch fortgeschrittenste Bewaffnung. Im Übrigen hat dieses »Gleichgewicht« zwischen Verrückten zahllose kleinere, aber schreckliche Kriege wie den Vietnamkrieg, Invasionen wie die der Tschechoslowakei durch die Sowjetunion 1968, Militärputsche der schlimmsten repressiven Sorte (Chile 1973) nicht verhindert.

Aber alles in allem haben sich die Dinge radikal geändert. Der alte »Kalte Krieg« ist zu Ende, und jetzt sind mit Zustimmung der beiden früheren Rivalen die »heißen« Konflikte wieder möglich, wie der Krieg am Persischen Golf gezeigt hat. Die gegenwärtige Einstellung gegen den Krieg muss die neuen Umstände berücksichtigen. Wenn man vom ewigen Frieden träumt muss man unbedingt die Tatsachen gut kennen.

1.
Wie wertet Fernando Savater den Krieg? Wieso hat er heute seinen »traditionellen Zauber« eingebüßt?

2.
Weshalb wollen die Leute nach Meinung Savaters Frieden?

3.
Wie beurteilst du seine Kapitelüberschrift? Sollte man Gleiches mit Gleichem vergelten? Welche Alternative lässt sich dafür finden?

4.
Wieso haben sich die Dinge seit dem Ende des »Kalten Krieges« 1989 geändert? Welche Veränderungen könnt ihr selbst feststellen? Befragt auch eure Eltern und Lehrer!

5.
Informiert euch über die Pax-Christi-Bewegung und andere Friedensbewegungen!

6.
Betrachtet die Bilder von George Grosz »Sonnenfinsternis« und Gerhard Keller »Der grüne Tisch« (Farbbildteil, S. 11, 12). Welche Rolle spielen bei Grosz die kopflosen Ja-Sager am »grünen Tisch«, das Dollarzeichen vor der Sonne, die Rüstungsindustrie, der Zeitungen fressende Esel mit Scheuklappen, der an einer Schnur über den Tisch gezogen wird? Vergleicht das Bild von Keller mit dem von Grosz!

Daher kann nur die Einsetzung einer über den einzelnen Nationen stehenden Autorität, die die Länder zum Verzicht auf den Einsatz der Gewalt unter sich bewegen kann – zweifellos mit Hilfe der Drohung einer größeren Gewalt – das Ende des Zeitalters der Kriege, in dem die Menschheit bis heute lebt, garantieren. Diese, wenn auch ferne Möglichkeit scheint heute weniger utopisch als in früheren Zeiten, zum Beispiel in der Epoche des »Gleichgewichts des Schreckens«.

5.12 Hans Magnus Enzensberger: Aussichten auf den Bürgerkrieg

Alle Staatsgewalt geht vom Volke aus, Artikel 230, Grundgesetz

Der Krieg, einst das simpelste Mittel der Bereicherung, ist zum Verlustgeschäft geworden. Selbstverständlich ist es nicht einer plötzlichen moralischen Bekehrung, sondern dieser nüchternen Einsicht zu verdanken, dass die Begeisterung für die Friedenspolitik bei den Regierungen der Industrieländer zunimmt. Das Kapital als Friedensstifter ist ein ungewohnter Anblick. Zweifellos versprechen sich manche seiner Fraktionen nach wie vor blühende Zuwachsraten vom Krieg. Doch macht der Rüstungsexport nur 0,006% des Welthandels aus. Insofern ist der Waffenhandel zu einem Nebenerwerbszweig abgesunken, der notfalls sogar gewissen Beschränkungen unterworfen werden kann. Bürgerkriegsländer werfen auf die Dauer keine Rendite ab. Sie werden durch den Entzug von Investitionen bestraft. Die Friedensmissionen der Vereinten Nationen sind der politische Ausdruck dieser späten Erkenntnis. Heutige Bürgerkriege entzünden sich spontan, von innen her. Sie brauchen keine auswärtigen Mächte mehr, um zu eskalieren. Bis vor kurzem trugen sie noch die Larven des nationalen Befreiungskampfes oder des revolutionären Aufstandes. Erst seitdem der Kalte Krieg vorbei ist, zeigen sie ihr wahres Gesicht.

Wir blicken auf die Weltkarte. Wir lokalisieren die Kriege in entfernten Gegenden, am besten in der Dritten Welt. Wir sprechen von Unterentwicklung, Ungleichzeitigkeit, Fundamentalismus. Es kommt uns so vor, als spiele sich der unverständliche Kampf in großer Entfernung ab. Aber das ist eine Selbsttäuschung. In Wirklichkeit hat der Bürgerkrieg längst in Metropolen Einzug gehalten. Seine Metastasen gehören zum Alltag der großen Städte, nicht nur in Lima und Johannesburg, in Bombay und Rio, sondern auch in Paris und Berlin, in Detroit und Birmingham, in Mailand und Hamburg. Geführt wird er nicht nur von Terroristen und Geheimdiensten, Mafiosi und Skinheads, Drogengangs und Todesschwadronen, Neonazis und Schwarzen Sheriffs, sondern auch von unauffälligen Bürgern, die sich über Nacht in Hooligans, Brandstifter, Amokläufer und Serienkiller verwandeln. Wie in den afrikanischen Kriegen werden diese Mutanten immer jünger. Wir machen uns etwas vor, wenn wir glauben, es herrsche Frieden, nur weil wir immer noch unsere Brötchen holen können, ohne von Heckenschützen abgeknallt zu werden.

1. Welche Veränderungen haben sich für Hans Magnus Enzensberger seit dem Ende des Kalten Krieges ergeben? Wieso gilt das »Gleichgewicht des atomaren Friedens« nicht mehr?

2. Diskutiert die Karikatur Gerhard Mesters im Zusammenhang mit Enzensbergers Aussagen zum Bürgerkrieg. Wie wird hier die Freiheit des Einzelnen missverstanden? Schließt die Freiheit auch Freiheit zum Terror ein? (Vgl. Kap. 2!)

Der Bürgerkrieg kommt nicht von außen, er ist kein eingeschleppter Virus.
Begonnen wird er stets von einer Minderheit; wahrscheinlich genügt es, wenn jeder Hundertste ihn will, um ein zivilisiertes Zusammenleben unmöglich zu machen. Noch gibt es in den Industrieländern eine starke Mehrheit von Leuten, denen der Frieden lieber ist. Unsere Bürgerkriege haben sicher nicht die Massen ergriffen. Sie können aber, wie das Beispiel von Los Angeles zeigt, jederzeit eskalieren und zum Flächenbrand werden.

Ein Trend der 90er Jahre, die Telekommunikation wird immer besser!

We shall overcome

1. We shall overcome, we shall overcome,
we shall overcome some day.
Oh deep in my heart, I do believe
we shall overcome some day.

2. Black and white together, black and white together,
black and white together some day.
Oh deep in my heart, I do believe
we shall overcome some day.

3. We'll walk hand in hand, we'll walk hand in hand,
we'll walk hand in hand some day.
Oh deep in my heart, I do believe
we shall overcome some day.

4. We shall live in peace, we shall live in peace,
we shall live in peace some day.
Oh deep in my heart, I do believe
we shall overcome some day.

5. We shall all be free, we shall all be free,
we shall all be free some day.
Oh deep on my heart, I do believe
we shall overcome some day.

6. We are not afraid, we are not afraid,
we are not afraid today.
Oh deep in my heart, I do believe
we shall overcome some day.

7. We shall overcome, we shall overcome,
we shall overcome some day.
Oh deep in my heart, I do believe
we shall overcome some day.

3. ____________
Welche Unterschiede sieht Enzensberger zwischen dem klassischen Staatenkrieg und dem Bürgerkrieg?

4. ____________
Wieso will die Wirtschaft (»das Kapital«) Frieden?

5. ____________
Weshalb brauchen die heutigen Bürgerkriege nach Enzensbergers Meinung keine Rechtfertigung mehr? Wie wertet er das? Sucht Beispiele für seine Behauptungen! Gibst du ihm Recht? Was kann man tun?

6.
Denkt über das Lied »Sag mir, wo die Blumen sind« und über das Spiritual »We shall overcome« nach. Vergleicht die Lieder mit John Lennons »Imagine«! Welcher Text gefällt euch am besten? Weshalb?

John Lennon: Imagine

Imagine there's no heaven
it' s easy if you try
no hell below us
above us only sky
imagine all the people
living for today ...

Imagine there's no countries
it isn' t hard to do
nothing to kill or die for
no religion, too
imagine all the people
living life in peace ...

Imagine no possessions
I wonder if you can
no need for greed or hunger
a brotherhood of man
imagine all the people
sharing all the world ...

You may say I'm a dreamer
but I' m not the only one
I hope some day you'll join us
and the world will be as one ...

5.13 Robinson Crusoe und die Kannibalen
(Rollenspiel)

Eines Tages bekam, wie in Robinson Crusoes Tagebuch nachzulesen ist, die Insel des schiffbrüchigen Robinson, der sich ansonsten ganz gut eingerichtet hatte, Besuch von einer Gruppe von Kannibalen.
Stellt euch nun also vor, einer von euch sei auf einer unbewohnten Insel gestrandet. Er hat genug zu essen und ist mit Messer und Gewehr und etwas Munition bewaffnet. Eines Tages beobachtet er eine Gruppe von fremden Besuchern (sie reisen mit dem Boot an), die offenbar Menschenfresser sind, aber ihm vielleicht auch helfen können, den Kontakt zur Zivilisation herzustellen.
Wie handelt der »Robinson«? Wie könnten die anderen handeln? Welche Möglichkeiten zur Verständigung gibt es? Muss es zu einer gewaltsamen Aktion kommen? Wie kann man das möglicherweise verhindern?
1. Findet zuerst heraus, welche Verhaltensmöglichkeiten es für »Robinson« und welche es für die Kannibalen gibt. Notiert alle Ideen an der Tafel!
2. Verteilt nun die Rollen und spielt die Szenen!
3. Stellt den Zusammenhang zwischen Aktionen und Reaktionen her. Welche Folgen hat welches Verhalten?

4. Bewertet die verschiedenen Verhaltensstrategien! Fragt euch, ob ihr nach dem Erfolg oder nach dem Motiv des Handelns bewertet ?
5. Was würde sich ändern, wenn ihr nicht allein auf der Insel wärt, sondern in einer Gesellschaft mit Institutionen (z.B. Gericht, Polizei, Klinik)?
6. Spielt die Szene noch einmal mit veränderter Besetzung und diskutiert dann beide Versionen!

Carl Friedrich von Weizsäcker: Bedingungen des Friedens

5.14

1. Der Weltfriede ist notwendig, denn die Welt der vorhersehbaren Zukunft ist eine wissenschaftlich-technische Welt.

Die Technik ernährt uns. Was haben Sie heute zum Frühstück gegessen oder getrunken? Vom dänischen Ei über das Brötchen aus kanadischem Weizen zum Kaffee aus Brasilien sind diese Lebens- und Genussmittel auf rationalisierte, technische Weise erzeugt, mit modernen technischen Mitteln herbei gebracht, frischgehalten, gebacken, gekocht. Eine Erinnerung zwanzig Jahre zurück genügt, uns klarzumachen, was geschieht, wenn uns diese Apparatur nicht mehr zuverlässig bedient. Heute müssen die Entwicklungsländer sich industrialisieren und ihre Landwirtschaft technisieren, wenn sie dem nackten Hunger entgehen wollen. Unsere eigene Landwirtschaft wird andererseits in der Weltkonkurrenz höchstens noch bestehen können, soweit sie sich entschlossen modernisiert; wo das nicht zureichend gelingt, werden staatliche Subventionen nur ihr Ende hinauszögern. Die technische Welt gewährt uns zwar ein Leben in bisher beispielloser Fülle materieller Güter. Aber die Gesetze ihres Funktionierens sind nicht minder erbarmungslos als die des Lebens in der Natur.

Heute schon allen sichtbarer geht die Notwendigkeit des Friedens aus der Entwicklung der Waffentechnik hervor. Wissen erzeugt Macht. Die Atomphysik, aus rein wissenschaftlichem Interesse entstanden, hat uns die Möglichkeit der Atomwaffen eröffnet. Der politische und gesellschaftliche Zustand der Menschheit ist so, dass von einer solchen Möglichkeit Gebrauch gemacht wird, einerlei ob Einzelne sich der Teilnahme verweigern. Als Erkenntnis ist die Möglichkeit der modernen Waffen nicht mehr auszurotten; in diesem Sinne müssen wir für alle vorhersehbare Zukunft mit der Bombe leben. Dennoch kann ein manifester Akt der Verweigerung der Teilnahme an ihr seinen Sinn haben. Er kann darauf hinweisen, dass der politische und gesellschaftliche Zustand der Menschheit, der diese Gefahr mit sich bringt, geändert werden muss.

2. Wir haben bereits den Fragenkreis der Weltpolitik betreten. Die zweite These lautete: Der Weltfriede ist nicht das goldene Zeitalter,

Luis Murschetz:
Eine weitere Runde

sondern sein Herannahen drückt sich in der allmählichen Verwandlung der bisherigen Außenpolitik in Welt-Innenpolitik aus. Unter dem Titel Welt-Innenpolitik werde ich hier zwei verschiedene, aber beide aus der Vereinheitlichung der Welt entspringende Phänomene beschreiben: die Entstehung übernationaler Institutionen und die Beurteilung weltpolitischer Probleme mit innenpolitischen Kategorien.
Dass Außenpolitik kleinerer in Innenpolitik größerer politischer Einheiten übergeht, ist ein uns aus der Geschichte vertrauter Vorgang. Es sind noch keine hundert Jahre verflossen, seit zum letzten Mal deutsche Staaten gegeneinander Krieg führten. Damals kämpfte der König von Preußen gegen die Könige von Bayern, von Württemberg, von Hannover und den Kaiser von Österreich.

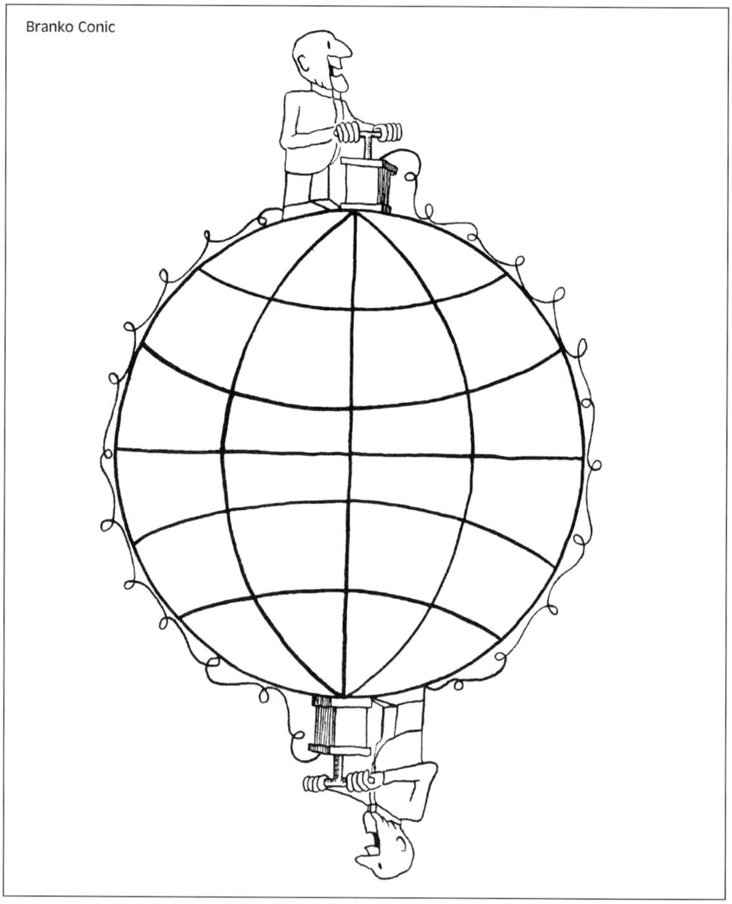

Der jungen Generation von heute ist das schon fast unvorstellbar. Die Interessen- und Temperamentsdifferenzen der deutschen Stämme haben seitdem nicht aufgehört, und moralischer ist die Politik inzwischen gewiss nicht geworden. Aber innerhalb des Bismarck'schen Reiches und heute innerhalb der Bundesrepublik gab und gibt es verfassungsmäßige Wege zum Austrag der Differenzen. Wo diese Wege, noch nicht einmal durch Gewalt, sondern z. B. durch Unwahrheit verlassen werden, erhebt sich berechtigte und in manchen

Fällen erfolgreiche Empörung. Wir müssen hoffen, dass denen, die in hundert Jahren jung sein werden, die vergangenen Kriege zwischen Deutschland und Frankreich, ja die Möglichkeit eines Kriegs zwischen Amerika und Rußland so unbegreiflich sein werden, wie unserer Jugend der politische Zustand Deutschlands, der durch die Kriege von 1866 und 1870 beendet wurde.

Ein Teil dieses Bemühens sind die seit langem fortlaufenden Verhandlungen über Abrüstung. Es ist gleich gefährlich, sie zu über- wie zu unterschätzen. Man darf sie nicht überschätzen: Abrüstung ist technisch und politisch gleich schwer durchzusetzen, und sie löst die bestehenden Konflikte nicht. Sie muss ergänzt und wohl erst ermöglicht werden durch die Schaffung politischer Wege zum Austrag von Konflikten. Ich glaube, dass sie eines Tages in die Übertragung des Polizeimonopols an eine internationale Behörde einmünden muss. Davon sind wir noch sehr weit entfernt. Man darf die Abrüstung aber auch nicht unterschätzen. Die Arbeit an ihr ist ein ständiger Anreiz, eben diese notwendigen weiteren internationalen Regelungen auszubilden. Zudem ist Verachtung des Abrüstungswillens eine der Brutstätten jenes Zynismus, aus dem die Katastrophen hervorgehen.

Allgemein gilt: der Friede muss nicht nur durch friedfertige Absichten, sondern durch feste übernationale Institutionen gesichert werden. Absichten und Gefühle wechseln von Land zu Land, von Generation zu Generation; der Friede aber muss alle Länder umfassen und die Generationen überdauern. Diese Institutionen müssen so gut wie möglich den heranreifenden innenpolitischen Strukturen einer sich vereinheitlichenden Welt angepasst sein. Welches sind diese Strukturen? Welche Ziele müssen wir dem Willen zum Fortschritt und zur Bewahrung setzen, der in jedem Land und jeder Generation immer von neuem erwacht?

Auch in der heutigen Welt ist Freiheit, richtig durchdacht, der eigentlich fortschrittliche Gedanke. Für den größeren Teil der Welt ist innenpolitische Freiheit vor allem deshalb schwer erreichbar, weil sie als konkretes Ziel fast noch zu früh kommt. Diese Völker lösen sich erst in unserem Jahrhundert aus der alten feudalen Ordnung. Sie müssen sich modernisieren, sie müssen einen angemessenen Grad sozialer Gleichheit erreichen, und sie träumen oft einen – angesichts der wahren Verflechtung der modernen Welt – altmodischen Traum nationaler Unabhängigkeit.

Die technischen Notwendigkeiten erzwingen ein weitgehend geplantes Leben, und mit oft kaum erkennbarem Zwang, mit ökonomischem Druck und der Verlockung des Lebensstandards werden die Menschen dem Plan eingefügt. Wenn es in unserer Welt noch eigentliche menschliche Freiheit geben soll, so bleibt uns nicht erspart, auch den Raum dieser Freiheit zu planen. Ein Plan ohne Freiheit wird sich in einer fortschreitenden technischen Welt am Ende als unterlegen, ja als funktionsunfähig erweisen; er widerspricht der Natur des Menschen, der diese Technik und ihren Fortschritt trägt.

3. Der Weltfriede fordert von uns eine außerordentliche moralische Anstrengung, denn wir müssen überhaupt eine Ethik des Lebens in der technischen Welt entwickeln.

Was bedeutet Ethik der technischen Welt?

Ihre Grundlage ist nicht neu. Die alte Ethik der Nächstenliebe reicht aus, wenn wir sie auf die Realitäten der neuen technischen Welt anwenden; und wenn wir sie hier nicht anwenden, so ist es uns mit ihr nicht Ernst.

Es gibt eine eigentümliche Faszination der Technik, eine Verzauberung der Gemüter, die uns dazu bringt, zu meinen, es sei ein fortschrittliches und ein technisches Verhalten, dass man alles, was technisch möglich ist, auch aus-

1.
Welche drei Thesen zur Sicherung des Weltfriedens stellt Carl Friedrich von Weizsäcker auf?
Wie belegt und begründet er diese Thesen?

2.
Weshalb ist für ihn der Weltfriede Lebensbedingung des technischen Zeitalters?
Könnt ihr weitere Argumente finden?

3.
Was versteht er unter Welt-Innenpolitik? An welchen Beispielen belegt er das notwendige Zusammenwachsen der Welt?

4.
Welche Rolle spielt Abrüstung? Wie muss man den Frieden sichern?

5.
Welchen Wert billigt Weizsäcker Freiheit und sozialer Gleichheit zu? (Vgl. Kap. 2 und 3!)

6.
Wie sieht er das Problem von Freiheit und Planung? (Vgl. auch 3.12!)

7.
Was bedeutet für ihn Ethik in der technischen Welt? Was bedeutet sie für euch? Stellt einen Katalog mit weiteren Forderungen auf und versucht, euch in jeder Woche ein anderes Prinzip zur Verwirklichung vorzunehmen!

8.
Wie beurteilt ihr seine Thesen in Verbindung mit der Karikatur auf S. 150?

führt. Mir scheint das nicht fortschrittlich, sondern kindisch. Es ist das typische Verhalten einer ersten Generation, die alle Möglichkeiten ausprobiert, nur weil sie neu sind, wie ein spielendes Kind oder ein junger Affe. Wahrscheinlich ist diese Haltung vorübergehend notwendig, damit Technik überhaupt entsteht. Reifes technisches Handeln aber ist anders. Es benützt technische Geräte als Mittel zu einem Zweck. Den Raum der Freiheit planen kann nur der Mensch, der Herr der Technik bleibt. Mir liegt daran, klarzumachen, dass diese reife Haltung nicht der Technik fremd, sondern erst die eigentlich technische Haltung ist. Jedes einzelne technische Gerät ist von einem Zweck bestimmt: es ist so konstruiert, dass das Zusammenwirken aller seiner Teile eben diesem Zweck dient. Kein Gerät ist Selbstzweck. Eine technische Zivilisation, deren Glieder sich gegenseitig hindern, gefährden und zerstören, ist technisch unreif. Wir müssen also ein Bewusstsein für den richtigen, den technischen Gebrauch der Technik gewinnen, wenn wir in der technischen Welt menschenwürdig überleben wollen. Das verlangt eine moralische Anstrengung, die sich in einer positiven Moral, einer gefestigten Sitte niederschlagen muss. Wir sollen, nach Kant, so handeln, dass wir die Menschheit – wir würden heute sagen das Menschsein – in jedem Menschen nicht nur als Mittel, sondern als Zweck verstehen. Als leitende Regel muss gelten: Kein Mensch ist ein Gerät, und Geräte dürfen nur zum Nutzen, nicht zum Schaden der Menschen gebraucht werden. Diese Forderung ist dem heutigen Menschen bewusst, er verzagt nur oft gegenüber ihrer Realisierbarkeit. Wir befinden uns in einer Übergangszeit, in der der große Krieg schon schlechthin verwerflich, aber doch noch möglich ist. So ist auch unser ethisches Verhalten zur Möglichkeit des Kriegs ein unsicheres Verhalten des Übergangs …

Alle brauchen den Antrieb und den Rückhalt oder Widerstand eines Bewusstseins aller Menschen, auch derer, die unter ihrem Kommando stehen oder ihnen ihre politische Stimme geben; des klar herausgearbeiteten und zu Opfern bereiten Bewusstseins, dass Krieg nicht mehr sein darf.

Jan Tomaschoff

A

absorbieren: in sich aufsaugen, aufnehmen
abstrakt: theoretisch, wirklichkeitsentfernt, unanschaulich
Aeros: Luftautos
Affekt: kurze aber heftige Gemütsbewegung
Aktivum: Teil, der an einer Handlung mitwirkt
aktualisieren: auf den neuesten Stand bringen
altruistisch: selbstlos
analysieren: zergliedern, auflösen, untersuchen
Anarchismus: politisch-ideologische Strömung, die jede Staatsgewalt ablehnt
Anarchist: Anhänger des Anarchismus
Animalismus: *(bei Orwell)* Bewegung für Tiere und ihre Rechte
Anthropologen: die sich mit der Wissenschaft vom Mensch beschäftigen
Apartheid: 1948–1995 in Südafrika angewandter Grundsatz, bestimmte gesetzliche Zuordnung der Rassen unter Vorherrschaft der Weißen
apokalyptisch: unheilbringend, das Weltende betreffend
argumentieren: Streit oder Verhandlung unter Darlegung von Beweisen führen
Aristokrat: Adliger
arminianisch: liberale evangelische Glaubensgemeinde, verlangt mehr Freiheit im religiösen Leben
Auditorium: Gesamtheit der Zuhörer
Autonomie: Eigenständigkeit, Unabhängigkeit eines Staates
autoritär: herrschsüchtig, Geltung besitzen
Autorität: Einfluß, Ansehen, Geltung

B

bipolar: zweipolig
Bonner Diäten: Bezüge der Abgeordneten in Bonn bzw. der Politik
Boykott: Nichtteilnahme, Verweigerung, Ächtung
Bürokratie: schwerfälliges, stur nach Vorschrift arbeitendes Verwaltungssystem

C

Calvinismus: evangelischer reformierter Glaube
Calvinisten: Anhänger der christlich-evangelischen Reformierten Kirche
Chimäre: Trugbild
christianisieren: zum christlichen Glauben bekehren
Collage: Objekt, das aus verschiedenen Teilen zusammengesetzt ist
Credo: Glaube

D

Debatte: Streit
deklassiert: herabgesetzt
Demokratie: Staatsform, in der das Volk politische Macht hat
Demonstration: Protestmarsch, Beweisführung
demoralisiert: entmutigt
Denunziation: Verrat, Anzeige
despotisch: willkürlich, herrisch, rücksichtslos
diagnostizieren: feststellen, bestimmen
Dienstreglement: Dienstvorschrift
Diktatur: Gewaltherrschaft
Diskriminierung: Abgrenzung, Herabsetzung
disponieren: aufgrund der Gegebenheiten planen
Distanz: Entfernung
domestizieren: zähmen
Dualismus: Gegensätzlichkeit, Zweiheit

E

East End: Londoner Arbeiterviertel
effektiv: wirkungsvoll
Ekstase: übermäßiges Entzücken, Rausch
elementar: grundlegend, wesentlich
Emanzipation: Befreiung aus einem Zustand der Abhängigkeit; Verselbstständigung
Elimination: Entfernung, Zerstörung
Emanzipationsproklamation: Verselbstständigungs-, Befreiungserklärung
embryonal: ungeboren, gerade entstehend
Emigranten: Auswanderer, Flüchtlinge
Eskalation: Steigerung
eskalieren: verschärfen, steigern
Estrich: fugenloser Bodenbelag aus schnell bindender Masse
Ethos: sittliche Lebenshaltung, die die Grundlage des Wollens und Handelns bildet
Etymologie: Wissenschaft von Herkunft, Geschichte und Wandlung der Wörter
Exekution: Hinrichtung
Exil: Verbannung
Exkommunikation: Ausschluß aus der katholischen Kirche
Exzess: Ausschweifung, Maßlosigkeit

F

faktisch: tatsächlich, praktisch
Faktum: Tatsache
Fanatismus: blinde Begeisterung
feudal: vornehm, das Lehnswesen betreffend
Feudaleigentum: Besitz des Adels bzw. der Feudalherren
Fiskus: Staatskasse
Fixation: Festigung, Ruhigstellung
Frustration: Enttäuschung
Fundamentalisten: Anhänger des Fundamentalismus
Fundamentalismus: kompromissloses Festhalten an radikalen politischen oder religiösen Ideen

G

griechischer Archipel: Inselgruppe vor Griechenland

H

Havanna: *(hier)* Zigarre
hektografiert: vervielfältigt
Hierarchie: Rangordnung
Hostilität: Feindseligkeit
Hugenotten: französische Calvinisten
Humanismus: Bildungsideal des späten Mittelalters, an Antike orientiert
Humanität: Menschlichkeit
Hypothese: Annahme, Vermutung

I

identifizieren: wiedererkennen, sich gefühlsmäßig gleichsetzen
Ideologie: politische Idee einer Bewegung, die dogmatisch vertreten wird und als allgemeingültig gelten will
Imperialismus: Streben nach Ausweitung des Herrschaftsbereiches
Impuls: Anregung
individuell: persönlich angemessen
Individuum: der einzelne Mensch, das einzelne Wesen
Indra: hinduistischer Regengott
infantil: kindlich
inspiriert: angeregt, erleuchtet
Instinkt: angeborener Trieb, Ahnung
institutionalisiert: einen rechtlich einwandfreien Status haben
instrumental: als Werkzeug dienend
instrumentalisieren: etwas zum Hilfsmittel machen
Integrität: Unbestechlichkeit, Makellosigkeit; Unverletzlichkeit eines Staates oder Rechtes
Intellekt: Verstand, Denkvermögen
intellektuell: geistig, künstlerisch tätig
intern: das Innere betreffend
Internierungslager: Kriegsgefangenenlager
Invasion: Eindringen, gewaltsames Inbesitz nehmen
Investition: Einbringen von finanziellen Mitteln oder Materialien
isoliert: abgeschottet, ohne Kontakt

J

Jakobiner: politischer Klub während der französischen Revolution, Verfechter des unbedingten Freiheitsbegriffes
Jupiter: römischer Gott, Erhalter der kosmischen und sittlich-sozialen Ordnung

Fremdworterklärungen

K

Kapitulation: Unterwerfung
Kaskade: stufenförmig verlaufender Prozess mit zunehmender Stärke
Koexistenz: Nebeneinanderbestehen
kommunikationswissenschaftliche Analyse: gesprächswissenschaftliche Zergliederung
Kommunitarismus: amerikanische Sozialphilosophie, die sich um Förderung des Gemeinschaftsdenkens bemüht
komplex: viele Zusammenhänge umfassend
Konfrontation: Gegenüberstellung
konterrevolutionär: gegen eine Revolution oder ihr Ergebnis gerichtet
krude: bloß

L

labil: unsicher, schwach
lamentieren: jammern
legitim: erlaubt
lokalisieren: genauen Ort feststellen

M

manifester Akt: offenkundige Handlung
Marxismus: System, das auf historischem Materialismus und wissenschaftlichem Sozialismus basiert
Maximierung: Höchstwert anstreben
Megaphon: Schalltrichter, Lautsprecher
Memorandum: zusammenfassende Stellungnahme
Metastase: Tochtergeschwulst
Monotonie: Eintönigkeit
Mutant: verändertes Wesen
Mysterium: Geheimnis
Mythos: überlieferte Sage, verfälschte Überlieferung eines Geschehens

N

Nationalsozialismus: faschistische, rassistische, nationale Bewegung in Deutschland nach dem ersten Weltkrieg bis 1945
Nektar: *(hier)* ewige Jugend spendender Göttertrank
Niveau: Rang, Standard
Normung: Festsetzen eines zur Pflicht werdenden Richtwertes

O

obligatorisch: pflichtmäßig
Odem: Atem
Okkupanten: Besatzer
Oligarch: Angehöriger einer kleinen Personengruppe, die die Macht besitzt
Ovation: begeisterter Beifall

P

Pantheismus: Lehre, die Gott und Natur gleichsetzt
Parabel: Gleichnis
Phönix: sich im Feuer verjüngender Vogel der altägyptischen Sage; wurde in verschieden Versionen zum Sinnbild ewiger Erneuerung
physisch: körperlich
Plausibilität: Verständlichkeit, Begreiflichkeit
pneumatisches Fauteuil: gasgefüllter Lehnsessel
Poem: Gedicht
politisieren: über Politik diskutieren
Politpropaganda: Werbetätigkeit für politische Ideen
populär: beliebt, allgemein verständlich
potentiell: möglich, denkbar
prähistorisch: vorgeschichtlich
praktikabel: handhabbar, nutzbar
primitiv: einfach, roh
Prinzip: Richtschnur, Grundsatz
Privileg: Vorrecht
privilegiert: bevorrechtigt sein
Produktionsmittel: Gesamtheit der Arbeitsmittel und -geräte
profitieren: Nutzen ziehen
Propagandafilm: Werbefilm zum meist politischen Gebrauch
Prophet: Seher, Verkünder göttlicher Botschaften
Proportion: Größenverhältnis, Ebenmaß
Proportionalität: Verhältnismäßigkeit
provozieren: herausfordern
Psychoanalytiker: Facharzt , der Störungen von Seele und Geist feststellt
psychologisch: die Seele betreffend
Pythagoreer: Anhänger der Lehren des Pythagoras

Q

Quadratur des Kreises: unlösbare Aufgabe

R

radikal: kompromisslos
rangieren: sich auf einer bestimmten Position befinden
Ränke schmieden: veraltet für Machenschaften
rational: vernünftig, von der Vernunft bestimmt
rationalisieren: zweckmäßiger, vernünftiger gestalten
real: wirklich
Realität: Wirklichkeit
reflektieren: spiegeln, wiedergeben
Reflexion: Spiegelung
relativ: von einem bestimmten Standpunkt gesehen
Relativierung: ins Verhältnis setzen, ins Lot bringen
repressiv: unterdrückend, hemmend
resignieren: aufgeben
Rivalität: Konkurrenzkampf oder -verhalten

S

Sabotageakt: Akt verdeckter Störtätigkeit
satirisch: spöttisch-kritisch
Schibboleth: Erkennungszeichen, Losungswort
Sciencefiction: Unterhaltungsabenteuerliteratur mit utopischer oder futuristischer Handlung
senil: vergreist, verkalkt
sentimental: rührselig, empfindsam
Solidarität: Gefühl der Zusammengehörigkeit
sozial: gesellschaftlich
Sozialismus: Staatsform mit gesellschaftlichem statt privatem Eigentum
sozialkritisch: gesellschaftskritisch
Sozialreformer: Gesellschaftsveränderer
Spekulation: auf bloßer Annahme beruhende Erwartung oder Behauptung
Staatssouveränität: Staatsunabhängigkeit
Subvention: staatliche finanzielle Unterstützung
suspekt: fragwürdig, verdächtig
symbolisch: sinnbildlich dargestellt
Symphonie: harmonisches Gesamtwerk
Syphilis: Geschlechtskrankheit
Syphroganten: Aufseher im Staat Utopia bei Thomas Morus

T

Theoretiker: der sich rein geistig mit etwas befasst
Tipi: Indianerzelt
Topos: Ort
totalitär: *(hier)* alles erfassend und sich unterwerfend
Totalität: Vollständigkeit

U

Uniformität: Gleichheit
universal: vielseitig, allgemeingültig
Universum: Gesamtheit der Welt

V

vagabundieren: herumtreiben
variieren: abwechseln, abwandeln
Voigt: *(früher)* Schirmherr, Richter, Verwalter

W

Werg: Flachs-, Hanfabfall

Z

ziseliert: Ornamente, in die polierte Oberfläche von Metall geritzt
Zivilisation: Gesamtheit der Entwicklungen und Errungenschaften der Kultur, Technik und des Sozialwesens des Menschen
zynisch: spöttisch-verletzend

***Aquin, Thomas* von**
1224 oder 1225–1274
Dominikanermönch; lehrte in Rom und Paris; 1323 heilig gesprochen; machte Aristoteles' Philosophie zur beherrschenden des christlichen Mittelalters

Aristoteles
384–322 v.Chr.
griech. Philosoph und Naturforscher; studierte bei Platon; Erzieher Alexanders des Großen; begründete die wissenschaftliche Philosophie und etliche wissenschaftliche Disziplinen

Arendt, Hannah
1906–1975
studierte Philosophie und Theologie; emigrierte 1933 nach Frankreich, 1941 in die USA; politisches, weltzugewandtes philosophisches Denken

Beecher-Stowe, Harriet
1811–1896
Tochter eines amerikan. presbyterianischen Geistlichen; Lehrerin; schrieb aus christlich-humanistischer Sicht lebensechte Bilder ihrer Zeit

Bellamy, Edward
1850–1898
absolvierte Jurastudium, dann Journalist; schrieb gesellschaftskritische, sozialistische Bücher

Birthler, Marianne
ehemalige Bildungsministerin des Landes Brandenburg

Bloch, Ernst
1885–1977
studierte Musik, Philosophie, Germanistik und Physik; nach dem Exil in den USA zunächst Philosophieprofessor in Leipzig, später in Tübingen; beschäftigte sich u.a. mit dem Begriff der Utopie als Entwurf für eine bessere Welt

Bradbury, Ray
geb. 1920
Werkstudent der Hochschule in Los Angeles; seit 1943 freischaffender Schriftsteller utopischer und phantastisch-makabrer Kurzgeschichten und Romane

Buber, Martin
1878–1965
deutsch-jüdischer Religions- und Sozialphilosoph; 1938–51 Professor für Sozialphilosophie in Jerusalem; wollte die Gesellschaft durch eine neue Einstellung von Mensch zu Mensch (»dialogisches Prinzip«) erneuern

Callenbach, Ernest
geb. 1929
nach 1958 Herausgeber der Zeitschrift »Film Quarterly«; schrieb positive utopische Zukunftsvisionen auf konsequent ökologischer Basis

Chaplin, Charlie
1889–1977
seit dem 7. Lebensjahr beim Theater; ab 1913 Filmschauspieler, später auch Regisseur und Drehbuchautor seiner Filme; Mitbegründer von United Artists

DeCrescenzo, Luciano
ital. Autor populärphilosophischer Bücher

Dickens, Charles
1812–1870
engl. Schriftsteller und Journalist; gründete 1846 die »Daily News«; hoffte auf Überwindung der sozialen Widersprüche durch Wohltätigkeit der Reichen; sozialkritische Jugendromane

Eich, Günther
geb. 1907
studierte Rechtswissenschaft und Sinologie; lebt seit 1932 als freier Schriftsteller; Kritik an der Wertvorstellung der bürgerlichen Gesellschaft

Ende, Michael
1929–1995
Schriftsteller; erhielt mehrmals den deutschen Jugendbuchpreis; machte in seinen Büchern die philosophische Suche nach dem Sinn des lebens zum Thema

Enzensberger, Hans Magnus
geb. 1929
studierte Germanistik und Philosophie; deutscher Publizist; Verfasser kultur-, besonders medienkritischer Essays; außerdem Lyriker, Hörspielautor und Übersetzer

Fährmann, Willi
geb. 1929
Lehrer und Schulrat; Jugendbuchautor; dt. Jugendliteraturpreis

Gaarder, Jostein
norweg. Philosophielehrer; bemüht sich in seinen Büchern um Philosophie für Jugendliche

Golding, William
geb. 1911
engl. Erzähler und Dramatiker; schrieb philosophische Romane über das Individuum im Konflikt mit der Umwelt; Lehrer, Psychoanalytiker und kritischer Realist

Grimm, Jacob und Wilhelm
1785–1863 und 1786–1859
Forschungen über Literatur und Sprachgeschichte, Altertumskunde, Mythologie, Märchen und Sagen; Sammler und Herausgeber der Kinder- und Hausmärchen

Heinisch, Klaus
Philosoph; Herausgeber und Kommentator utopisch-philosophischer Texte

Hobbes, Thomas
1588–1679
engl. Philosoph; seine Erfahrungen aus dem Bürgerkrieg in England unter Cromwell flossen in seine Sozialphilosophie ein; flüchtete 1640 nach Frankreich, kehrte mit Erscheinen seines Buches »Leviathan« nach England zurück

Huxley, Aldous
1894–1963
brach Medizinstudium ab; wurde Journalist und Kunstkritiker; Dozent für engl. Literatur in Oxford; viele sozialkritische Schriften

Autorenverzeichnis

Kant, Immanuel
1724–1804
studierte Mathematik, Naturwissenschaft und Philosophie; einer der bedeutendsten deutschen Philosophen; bemühte sich um Förderung der Aufklärung durch Anregungen zum »Selberdenken«

Kästner, Erich
1899–1974
studierte Germanistik, Geschichte und Philosophie; schrieb satirische Zeitgedichte, karikierte die bürgerlichen Konventionen und Heucheleien; humanistische Oppositionshaltung zur Verbesserung der Welt

King, Martin Luther
1929–1968
amerikan. Prediger und Essayist; studierte Theologie; ab 1955 einer der Führer der Bürgerrechtsbewegung der USA; bekam 1964 den Friedensnobelpreis; 1968 von weißen Bürgerrechtsgegnern erschossen

Kliebisch, Udo
studierte Philosophie, Pädagogik und Deutsch; arbeitet als Gymnasiallehrer; Autor psychologischer und pädagogischer Bücher

Knappe, Heinz
arbeitete 27 Jahre als Bergmann; seit 1978 freier Schriftsteller; zahlreiche Buchpreise

Liebknecht, Karl
1871–1919
studierte Jura und Nationalökonomie; Rechtsanwalt, Publizist; seit 1900 politisch aktiv stand er an der Spitze des Spartakusbundes aus dem er die KP gründete; kommunistische Einstellung

Locke, John
1632–1704
engl. Philosoph; studierte Philosophie und Medizin; lehrte als Dozent; forderte die freie Entwicklung und Ausbildung der Persönlichkeit in der Erziehung

Marx, Karl
1818–1883
Politiker und Philosoph; Begründer einer Philosophie der Ökonomie und des dialektischen/historischen Materialismus; emigrierte aus Deutschland über Paris nach London und veröffentlichte mit Hilfe von Friedrich Engels seine Werke

May, Karl
1842–1912
Schriftsteller; demonstrierte in seinen Romanen Mut, Nächstenliebe, Gerechtigkeit, Friedensliebe, Sympathie für Unterdrückte

Mill, John Stuart
1806–1873
engl. Philosoph und Politiker; setzte sich für Freiheit und Individualität ein; maß den moralischen Wert einer Handlung an ihren Folgen

Morus, Thomas
1478–1535
engl. Humanist und Dichter; Verfasser von Sozialutopien; wurde wegen seiner Prinzipientreue durch Heinrich VIII. hingerichtet

Münnix, Gabriele
Studium der Philosophie, Pädagogik, Mathematik, Physik; früher Lehrtätigkeit an Gymnasien, heute Dozentin für Philosophie am Institut für Lehrerfortbildung Mülheim/Ruhr; Lehrauftrag für Kinderphilosophie an der Universität Innsbruck

Novalis (Friedrich Leopold Freiherr von Hardenberg)
1772–1801
Philosophiestudium, Jurastudium; dt. Dichter der Romantik

Orwell, George
1903–1950
Lehrer, dann Publizist; nach Annäherung an den Kommunismus, schließlich erbitterter Feind des Sozialismus; schrieb sozialkritische Romane

Ovid
43 v. u. Z.–18 u. Z.
römischer Dichter, dessen Stoffe griech. Mythen und eigenen Lebenserfahrungen entstammten

Platon
427–347 v.Chr.
griech. Philosoph; Schüler des Sokrates, dessen Dialoge mit Freunden und Schülern er aufzeichnete; glaubte an die geistige Existenz einer Welt vollkommener Ideen, die durch das Denken erfasst werden können

Popper, Karl
1902–1993
in Wien geborener britischer Philosoph und Wissenschaftstheoretiker; Lehrtätigkeit in Neuseeland und England; Begründer des kritischen Rationalismus und einer Philosophie der offenen Gesellschaft

Rawls, John
geb. 1921
Professor an der Harvard Universität; Anschluß an die praktische Philosophie von Aristoteles, Kant, Rousseau

Rousseau, Jean-Jacques
1712–1778
franz. Schriftsteller und politischer Philosoph; philosophisch-pädagogische Ideen; Recht des Menschen auf unumschränkte Ich-Realisation; Ideal naturgemäßer Erziehung; forderte gleiche Rechte für alle Bürger unter einem demokratischen Modell sozialer Kontrolle

Samjatin, Jewgeni
1884–1937
russ. Dozent für Schiffsbau; sozialkritischer Schriftsteller; grotesk-phantastische Schilderungen des Kriegskommunismus und der Furcht vor dem reglementierten Maschinenzeitalter; beeinflusste Huxley und Orwell

Savater, Fernando
geb. 1947
Professor für Ethik an der Universität Bilbao/Spanien; bekannt durch seine Rundfunksendungen und zahlreichen philosophischen Bücher, auch für Jugendliche

Schopenhauer, Arthur
1788–1860
deutscher Philosoph; brach seine Lehrtätigkeit an der Universität Berlin ab, lebte von da an als Privatgelehrter; von der Fachwelt seiner Zeit nicht zur Kenntnis genommen; begründete eine Ethik des Mitleids

Scholl, Hans und Sophie
1918–1943 und 1921–1943
Mitglieder der gegen den Nationalsozialismus gerichteten Widerstandsgruppe »Weiße Rose«; veranstalteten ab Herbst 1942 Flugblattaktionen; warfen am 18.2.43 Flugblätter in den Lichthof der Münchener Universität; dabei wurden sie verhaftet, am 22.2.43 zum Tode verurteilt und hingerichtet

Skinner, Frederic B.
1904–1990
Psychologe und Verhaltensforscher; Vertreter der naturwissenschaftlich orientierten (neo-)behavioristischen Psychologie, auch Autor sozialphilosophischer Bücher

Spinoza, Baruch de
1632–1677
niederländ. Philosoph; stark von Descartes beeinflußt, von dem er sich dann aber wieder absetzte; trat für eine rationale, wissenschaftliche Ethik ein

Swift, Jonathan
1667–1745
bedeutender engl. Satiriker und Aufklärer; warnte vor dem Missbrauch der menschlichen Vernunft und stellte sich gegen Korruption und Fanatismus in Religion und Wissenschaft

Tolstoi, Leo
1828–1910
russ. Schriftsteller; hatte utopische Vorstellungen von einer besseren Welt; führte pädagogische Reformen auf seinem Gut durch

Voltaire
1694–1778
franz. Schriftsteller und Philosoph; setzte sich für Gewissensfreiheit, religiöse Toleranz und politische Gleichheit ein; erreichte durch sein Engagement in Frankreich die Rehabilitierung von Opfern der absolutistischen Justiz

Weizsäcker, Carl Friedrich von
geb. 1912
Physiker und Philosoph; arbeitete mit Heisenberg und Bohr; verband die physikalisch-naturwissenschaftlichen und metaphysisch-religiösen Fachbereiche; Leitung des Institutes für Friedensforschung

Wilde, Oscar
1854–1900
engl. Schriftsteller; kritisierte soziale Widersprüche, hatte eine kritische Haltung gegenüber der Scheinmoral der spätviktorianischen Gesellschaft

Textquellenverzeichnis

Die Aktions- und Rollenspiele, für die kein Autor ausgewiesen ist, wurden von Gabriele Münnix erdacht.

1

Aquin, Thomas v.: Über das Königtum I/14. – In: Denker über Staat und Politik / hrsg. v. Schwartz; Bayer; Dietz. – Frankfurt a. M.: Hirschgraben, 1974. – S. 21 f.

Bloch, Ernst: Antizipierte Realität. Was ist und was leistet utopisches Denken? – In: Abschied von der Utopie? / hrsg.v. H. Gekle. – Frankfurt a. M.: es, 1980. – S.103 f. ; S. 106.

Eich, Günther: Träume. Vier Spiele. – Frankfurt a. M.: Suhrkamp, 1968. – S. 143; S. 145 ff.

Ende, Michael: Jim Knopf und Lukas, der Lokomotivführer . – München: dtv, 1987. – S. 161 ff.

Fährmann, Willi: Der überaus starke Willibald. – Zürich: Diogenes, 1974; Würzburg: Arena, 1983. – S. 95 ff.

Gaarder, Jostein: Sofies Welt. – München: Hanser, 1993. – S. 315 f.; S. 323 ff.

Heinisch, Klaus (Hrsg.): Der utopische Staat. – Rowohlts Klassiker. – Bd. 3. – Hamburg: Rowohlt, ; 1960. – S. 219 f. (Nachwort)

Heller, André: Die wahren Abenteuer sind im Kopf. – Aus: Die Sprache der Salamander. Lieder 1971–1981. © Hoffmann und Campe Verlag, Hamburg, 1981.

King, Martin Luther: Ich habe einen Traum. – In: Martin Luther King / hrsg. v. F. Hetmann.– Hamburg: Dressler, 1979. – S. 91 ff.

Liebknecht, Karl: Vorwort zu William Morris, Kunde von Nirgendwo. – Köln: Dumont Schauberg, 1974. – S. 37 ff.

Ovid: Das goldene Zeitalter. – In: Der utopische Roman / hrsg. v. H. Gnüg. – München: Artemis, 1983. – S. 7.

Platon: Politeia .– In: Denker über Staat und Politik / hrsg. v. Schwartz; Bayer; Dietz. – Frankfurt a. M.: Hirschgraben, 1974. – S. 21 f.

Popper, Karl R.: Die offene Gesellschaft und ihre Feinde. – Bd. 2. – Tübingen: UTB Mohr, 1992. – S. 277 f.

2

Beecher-Stowe, Harriet: Onkel Toms Hütte. – Wien: Überreuther, 1990. – S. 6 ff.

Bradbury, Ray: Fahrenheit 451. – Zürich: Diogenes, 1981. – S. 42 ff.

Chaplin, Charlie: Schlußrede aus dem Film »Der große Diktator«. – Mitschrift.

Dädalos und Ikarus. – In: Alte griechische Sagen. – Prag: Artia, 1981. – S. 92 ff.

DeCrescenzo, Luciano: Also sprach Bellavista. – Zürich: Diogenes, 1988. – S. 174 ff.

Fährmann, Willi: a. a. O. – S. 19 ff.

Gaarder, Jostein: a. a. O. – S. 441 f.

Hobbes, Thomas: Leviathan. – Stuttgart: Reclam, 1970. – S. 112 ff.

Huxley, Aldous: Schöne neue Welt. – Frankfurt a. M.: Fischer, 1972. – S. 158 ff.

Mill, John Stuart: Über Freiheit. – Stuttgart: Reclam, 1988. – S. 25 ff.; 48; 63 f.; 77 ff.; 88 ff.

Novalis: Der Kuckuck sprach zur Nachtigall. – Berlin; Weimar: Aufbau, 1988. – S. 153.

Samjatin, Jewgeni: Wir. – Köln: Kiepenheuer, 1990. – S. 16 ff.; 39.

Savater, Fernando: Sei kein Idiot. Politik für Erwachsene von Morgen. – Frankfurt a. M.: Campus, 1994. – S. 43 ff.; 49 f.; 54; 62.

Scholl, Inge: Die weiße Rose. Studenten gegen Hitler. – Frankfurt; Hamburg: Fischer, 1953. – S. 123 ff.

Skinner, Frederic B.: Futurum Zwei. – Hamburg: Wegner, 1970. – S. 173 ff.

3

Aristoteles: Nikomachische Ethik. – In: Aristoteles: Hauptwerke. – Bd. A. – Stuttgart: Kröner, 1953. – S. 254 ff.

Bellamy, Edward: Das Jahr 2000. Ein Rückblick auf das Jahr 1887. – Stuttgart: Magnus, o. J. – S. 11 ff.

Dickens, Charles: Oliver Twist. – Bayreuth: Loewes, 1976. – S. 9 ff.

Grimm, Gebrüder: Die Märchen der Gebrüder Grimm. – München: Goldmann, 1990. – S. 540 f.

Marx, Karl; Engels, Friedrich: Das Manifest der Kommunistischen Partei. – Berlin (West): Verlag Das Europäische Buch, 1987. – S. 46 ff.

Morus, Thomas: Utopia. – Stuttgart: Reclam, 1970. – S. 52 ff.; 71 f.

Orwell, George: Die Farm der Tiere. – Zürich: Diogenes, 1974. – S. 26 ff.; 37 ff.; 134 ff.

Rousseau, Jean-Jacques: Diskurs über die Ungleichheit. – Paderborn: Schöningh, 1984. – S. 195 ff.; 205 ff.

Savater, Fernando: a. a. O. – S. 64 ff.

Voltaire: Recht und Politik / hrsg. v. G. Mensching. – Frankfurt a. M.: Syndikat, 1986. – S. 94 ff.

Wilde, Oscar: Die Seele des Menschen unter dem Sozialismus. – In: Oscar Wilde: Dorian Gray. Essays. Gedichte. – München: Winkler, 1972. – S. 390 ff.; 401.

4

Atharvaveda. 12, 1 / übers. v. K. F. Geldner. – In: K. F. Geldner: Vedismus und Brahmanismus. – Zitiert nach: Lesehefte Ethik. Hinduismus / hrsg. v. P. Antes u. a. – Stuttgart: Ernst Klett, 1991. – S. 37.

Birthler, Marianne: Die Scholle ist voll. – Nach: Posselt; Schumacher: Projekthandbuch Gewalt und Rassismus. – Mülheim: Verlag an der Ruhr, 1993. – S. 143.

Buber, Martin: Ich und Du. – Stuttgart: Reclam, 1995. – S. 28 f.; 63 f.

Callenbach, Ernest: Ökotopia. – Berlin: Rotbuch, 1990. – S. 41 f.; 49 ff.; 65.

Die Frau im Mond. Indianerinnengeschichten / hrsg. v. G. Dietz. – Berlin: Elefanten Press, 1989. – S. 21 ff.

Gaarder, Jostein: a. a. O. – S. 374 ff.

Golding, William: Herr der Fliegen. – Frankfurt a. M.: Fischer, 1991. – S. 8 ff.; 24; 28.

Kliebisch, Udo: Kooperation und Wertehaltung. – Mülheim: Verlag an der Ruhr, 1995. – S. 83.

May, Karl: Winnetou I. – Stuttgart: DBB, o. J. – S. 74 f.; 77; 82 ff.

Orwell, George: 1984. – Frankfurt a. M.: Ullstein, 1984. – S. 14 ff.

Rawls, John: Eine Theorie der Gerechtigkeit. – Frankfurt a. M.: stw, 1993. – S. 126 ff.

Savater, Fernando: a. a. O. – S. 86 ff.

Schopenhauer, Arthur: Die Stachelschweine. – In: Deutsche Parabeln / hrsg. v. J. Billen. – Stuttgart: Reclam, 1984. – S. 65.

5

Arendt, Hannah: Macht und Gewalt. – München: Piper, 1993. – S. 7 ff.; 51 ff.; 86.

Enzensberger, Hans Magnus: Aussichten auf den Bürgerkrieg. – Frankfurt a. M.: Suhrkamp, 1993. – S. 12 ff.

Kant, Immanuel: Zum Ewigen Frieden. – In: Werke. – Bd. 6 / hrsg. v. W. Weischedel. – Darmstadt: WBG, 1975. – S. 195 ff.

Kästner, Erich: Die Konferenz der Tiere. – Wien: Überreuther, 1983. – S. 5 ff.; 10 ff.

Knappe, Heinz: Wolfslämmer.– Reinbek: Rowohlt, 1987. – S. 34 f.; 73 ff.

Locke, John: Ein Brief über Toleranz. – Hamburg: Meiner, 1957. – S. 29 ff.

Savater, Fernando: a. a. O. – S. 129 ff.

Scheibe, Ernst: Christsein lässt sich lernen. – 3., veränd. Aufl. – Leipzig: EVA, 1994. – 4. 8.

Spinoza, Baruch de: Abhandlung vom Staate. – Hamburg: Meiner, 1977. – S. 87 ff.

Swift, Jonathan: Gullivers Reisen. – Frankfurt a. M.: Insel, 1974. – S. 324 ff.; 336 ff.; 340 ff.; 349 ff.

Tolstoi, Leo: Krieg und Frieden. – Zitiert nach: Fernando Savater: a. a. O. – S. 139 f.

Weizsäcker, Carl-Friedrich v.: Bedingungen des Friedens. – Göttingen: Vandenhoeck & Ruprecht, 1963. – S. 5 ff.

Bildquellenverzeichnis

1. Farbbildteil:

S. 7 Jaques Dopagne: Magritte. Weber Verlag, Genf 1984, Privatsammlung © VG Bild-Kunst, Bonn 1996

S. 7 ARTOTHEK, Peissenberg Museum of Modern Art, New York

S. 8 AKG (D. Hoppe), Berlin Huntington New York Nachlass George Grosz © VG Bild-Kunst, Bonn 1996

S. 9 Aus: Ausstellungskatalog Berliner Nationalgalerie Privatsammlung © VG Bild-Kunst, Bonn 1996

S. 9 © by Walter Klein, Düsseldorf Kunstsammlung NRW, Düsseldorf © VG Bild-Kunst, Bonn 1996

S. 10 AKG, Berlin Metropolitan Museum of Art, New York © VG Bild-Kunst, Bonn 1996

S. 11 AKG, Berlin Heckscher Museum, Huntington New York, © VG Bild-Kunst, Bonn 1996

S. 12 Landesbildstelle Rheinland Stadtmuseum Düsseldorf, Leihgabe aus Privatbesitz

S. 13 © Photo RMN-R.G. Ojeda Kapelle von Vallauris, (Musée Picasso) © Succession Picasso/VG Bild-Kunst, Bonn 1996

S. 14 Photographie GIRAUDON, Paris Photothéque Joseph Bronka, New York © VG Bild-Kunst, Bonn 1996

2. Textteil:

S. 4 Picture Press (M. Hüller), München

S. 16 H.P. Muster: Who is Who in Satire & Humour, Bd. 3. Wiese Verlag, Basel 1990, S. 182

S. 17 Photographie GIRAUDON, Paris, Photothéque Privatsammlung, Sylvester 1 © Bild-Kunst, Bonn 1996

S. 18 Aus: Sempé, Halb gewonnen © 1986 by Diogenes Verlag AG Zürich

S. 19 © 1996 M. C. Escher, Cordon Art – Baarn – Holland

S. 22 Illustration von Werner Blaebst aus: Der überaus starke Willibald von Willi Fährmann, S. 69 © 1983 by Arena Verlag GmbH, Würzburg

S. 23 © 1996 M.C. Escher Cordon Art – Baarn – Holland

S. 25 AKG, Berlin

S. 26 Dr. Jan Tomaschoff, Düsseldorf

S. 29 © 1996 M.C. Escher Cordon Art – Baarn – Holland

S. 30 Cartoon 80 – 3. Weltausstellung der Karikatur Berlin. PRISMA Verlag, Gütersloh, 1980, o. S.

S. 31 Gerd A. Müller (Hg.): Karinatur – Spötter sehen unsere Welt, S. 89 Pro Natur Verlag, Stuttgart 1984

S. 32 H.P. Muster: Who's Who in Satire & Humour, Bd. 1. Wiese Verlag, Basel 1989, S. 92

S. 34 CCC (Erik Liebermann), München

S. 35 © Plantu, Chantal Meyer, Paris

S. 36 Aus: Sempé, Bonjour-Bonsoir, S. 53 © 1976 by Diogenes Verlag AG Zürich

S. 37 Bilderdienst Süddeutscher Verlag, München

S. 38 Dr. Jan Tomaschoff, Düsseldorf

S. 39 Photographie GIRAUDON, Paris Puschkin Museum, Moskau

S. 39 bpk, Berlin

S. 41 CCC (Fritz Wolf), München

S. 42 Aus: Cartoon 80 – Weltausstellung der Karikaturen der Welt. a.a.O., o. S.

S. 43 Bilderdienst Süddeutscher Verlag, München © photoagentur vario-press (Ulrich Baumgarten)

S. 44 Illustration von Werner Blaebst aus: Der überaus starke Willibald von Willi Fährmann, S. 15 © 1983 by Arena Verlag GmbH, Würzburg

S. 45 E. Kästner (Hrsg.): Heiterkeit braucht keine Worte. Fackelträger Verlag, Hannover 1962, o. S.

S. 46 Dr. Jan Tomaschoff, Düsseldorf

S. 47 © Disney

S. 48 CCC (Frank Hoffmann), München

S. 48 Aus: Bosc, Du mich auch, S. 47 © 1982 by Diogenes Verlag AG Zürich

S. 50 Dr. Jan Tomaschoff, Düsseldorf

S. 52 Bildarchiv Engelmeier, München

S. 53 Bilderdienst Süddeutscher Verlag, München

S. 55 F. Behrendt (Hrsg.): Glasnost und Perestroika in Cartoons. Teleboek b.v. Amsterdam, o. J., S. 42

S. 56 CCC (Jules Stauber), München

S. 58 Bosc: Du mich auch, S. 11 © 1982 by Diogenes Verlag AG Zürich

S. 59 Nachlass F. Barberis

S. 60 F. Behrendt (Hrsg.): Glasnost und Perestroika in Cartoons. a.a.O., S. 8

S. 61 Aus: Bosc, Du mich auch, S. 45, © 1982 Diogenes Verlag AG, Zürich

S. 62 E. Kästner (Hrsg.): Heiterkeit kennt keine Grenzen. a.a.O., o. S.

S. 63 Aus: Sempé, Umso schlimmer, S. 54 © 1978 by Diogenes Verlag AG, Zürich

S. 66 Deutsches Institut für Filmkunde, Wiesbaden-Biebrich

S. 67 © Deutsche Presse-Agentur GmbH, Bildbüro München

S. 69 CCC (Erik Liebermann), München

S. 70 CCC (Walter Hanel), München

S. 71 Bavaria Bildagentur, Gauting

S. 73 Jean Jouret (Hrsg.): Fernando Botero. Gemälde, Aquarelle, Pastelle. Diogenes Verlag AG Zürich, 1983 Aberbach Fine Art, New York

S. 74 bpk, Berlin © VG Bild-Kunst, Bonn 1996

S. 76 H. P. Muster: Who's Who in Satire & Humour, Bd . 2. a.a.O., S. 171

S. 77 Bildarchiv Engelmeier, München

S. 79 Deutsches Institut für Filmkunde, Wiesbaden-Biebrich

S. 81 bpk, Berlin Staatliches Russisches Museum, St. Petersburg

Bildquellenverzeichnis

S. 82 CCC (Luis Murschetz), München

S. 82 E. Kästner (Hrsg.): Heiterkeit braucht keine Worte. a.a.O., o. S.

S. 84 Photographie GIRAUDON, Paris
Privatsammlung
© VG Bild-Kunst, Bonn 1996

S. 86 Dr. Jan Tomaschoff, Düsseldorf

S. 87 H.P. Muster: Who's Who in Satire & Humour, Bd . 2. a.a.O., S. 173

S. 88 Thomas Plaßmann, Essen

S. 89 Dr. Jan Tomaschoff, Düsseldorf

S. 90 CCC (Walter Hanel), München

S. 91 Aus: Les Gens de Justice, 1835, Paris, Bibliotheque Nationale

S. 92 Bilderdienst Süddeutscher Verlag, München

S. 93 E. Kästner (Hrsg.): Heiterkeit braucht keine Worte, a.a.O., o.S.

S. 97 Aus: Die Biene Maja (Illustr. Milada Krautmann). UNIPART Verlag, Stuttgart 1993, S. 10

S.98 M. Klant: Schulspott – Karikaturen aus 2500 Jahren Pädagogik, Fackelträger Verlag, Hannover 1983, S. 25

S. 101 Aus: Bosc, Alles bloß das nicht
© 1982 Diogenes Verlag AG Zürich

S. 103 Bilderberg (Eberhard Grames), Hamburg

S. 105 Bildarchiv Engelmeier (Chris Furrh), München

S. 106 Dr. Jan Tomaschoff, Düsseldorf

S. 107 Deutsches Institut für Filmkunde e.V., Frankfurt a. M.

S. 108 CCC (Jutta Bauer), München

S. 109 Deutsches Institut für Filmkunde e.V., Frankfurt a. M.

S. 110 S. Hähnel; T. Jehrmann (Hrsg.): Rassismus nein. edition aragon, Moers o.J., S. 32

S. 110 Dr. Jan Tomaschoff, Düsseldorf

S. 111 CCC (Gerhard Mester), München

S. 112 CCC (Romulus Candea), München

S. 113 F. Behrendt: Glasnost und Perestroika in Cartoons. a.a.O., S. 9

S. 114 H.P. Muster: Who's Who in Satire & Humour, Bd. 2, a.a.O., S. 152

S. 115 Aus: Bosc, Alles bloß das nicht, S. 78
© 1982 Diogenes Verlag AG, Zürich

S. 116 Aus: Bosc, Alles bloß das nicht, S. 81
© 1982 Diogenes Verlag AG, Zürich

S. 116 S. Hähnel; T. Jehrmann (Hrsg.): Rassismus nein. a.a.O., S. 81

S. 117 Etienne Cabet: Reise nach Ikarien. Karin Kramer Verlag, Berlin 1979

S. 117 CCC (Gerhard Mester), München

S. 120 Dr. Jan Tomaschoff, Düsseldorf

S. 121 P. Olsen: Arbeitsbuch zu »Sofies Welt«. Verlag a. d. Ruhr, Mülheim a. d. Ruhr 1995, S. 80

S. 122 NOWOSTI
Staatliche Tretjakow Galerie, Moskau

S. 124 Deutsches Institut für Filmkunde e.V., Frankfurt a. M.

S. 125 S. Hähnel; T. Jehrmann (Hrsg.): Rassismus nein. a.a.O., S. 94

S. 126 F. Behrendt(Hrsg.): Glasnost und Perestroika in Cartoons. a.a.O., S. 84

S. 128 dpa, Frankfurt a. M.

S. 129 Chicago Tribune. Entnommen: Spiegel 53/1992

S. 130 Bildarchiv Engelmeier, München

S. 131 Aus: Zum Lachen und zum Heulen, S. 77
© 1969 by Diogenes Verlag AG, Zürich

S. 132 R. Simon-Schaefer: Kleine Philosophie für Berenike. Philipp Reclam jun. GmbH & Co., Stuttgart 1996, S. 50

S. 134 Aus: Bosc, Alles bloß das nicht
© 1982 Diogens Verlag AG, Zürich

S. 135 CCC (Horst Haitzinger), München

S. 137 J. Swift: Gullivers Reisen. Insel Verlag, Frankfurt a. M. 1974, S. 325

S. 138 Aus: Schrecken und Hoffnung – Künstler sehen Frieden und Krieg. Ausstellungskatalog 1987/88, Hamburg, München, Moskau, Leningrad, S. 179
© VG Bild-Kunst, Bonn 1996

S. 139 Staatliche Kunstsammlungen, Kassel
Foto: A. Hensmanns

S.139 Kunsthalle Bremen
© VG Bild-Kunst, Bonn 1996

S. 141 Aus: Bosc, Alles bloß das nicht
© 1982 Diogenes Verlag AG, Zürich

S. 142 Bilderdienst Süddeutscher Verlag (Ricarda Schwerin), München

S. 142 Aus: Bosc, Alles bloß das nicht, S. 18
© 1982 by Diogenes Verlag AG Zürich

S. 143 W. Pleister; W. Schild (Hrsg.): Recht auf Gerechtigkeit im Spiegel der europäischen Kunst. DuMont Verlag, Köln 1988, S. 187
© VG Bild-Kunst, Bonn 1996

S. 144 A. Fiemelt; F. Oser: Den Frieden lernen, Modelle 6. Walter Verlag, Olten, Freiberg 1973, S. 105

S. 145 Otto Pankok-Museum, Haus Esselt, Drevenack

S. 146 CCC (Gerhard Mester), München

S. 147 Dr. Jan Tomaschoff, Düsseldorf

S. 149 CCC (Luis Murschetz), München

S. 150 H. P. Muster: Who's Who in Satire & Humour, Bd. 2. a.a.O., S. 39

S. 152 Dr. Jan Tomaschoff, Düsseldorf

3. Umschlag:
Photographie GIRAUDON, Paris
The Israel Museum, Jerusalem
© VG Bild-Kunst, Bonn 1996